城市交通的理性思索

The Rational Meditation of Urban Transportation

杨涛 著

中国建筑工业出版社

图书在版编目(CIP)数据

城市交通的理性思索/杨涛著. —北京：中国建筑工业出版社，2010.10
ISBN 978-7-112-12552-4

Ⅰ.①城… Ⅱ.①杨… Ⅲ.①市区交通-研究-中国
Ⅳ.①F572

中国版本图书馆CIP数据核字(2010)第197434号

责任编辑：陆新之 焦 扬
责任设计：张 虹
责任校对：姜小莲 王雪竹

城市交通的理性思索
杨涛 著
*
中国建筑工业出版社出版、发行(北京西郊百万庄)
各地新华书店、建筑书店经销
北京天成排版公司制版
北京云浩印刷有限责任公司印刷
*
开本：787×960毫米 1/16 印张：14¾ 字数：300千字
2010年10月第一版 2010年10月第一次印刷
定价：**40.00**元
ISBN 978-7-112-12552-4
(19819)

谨以此书

敬献给为治理城市交通拥堵而费心劳神的中国城市市长们！

序一

杨涛博士写的《城市交通的理性思索》是一本对中国城市交通问题进行思考与评述的好书。近年来，有关城市交通研究的理论著作和翻译介绍国外交通理论研究的著作和论文为数不少，但是这本书却有其突出的特点，读后令人耳目一新，感到亲切而“解渴”。我想这是因为作者始终运用理论与实践相结合的方法，分析城市交通发展中的内在矛盾，提出自己独到的见解，而不像“纯学术”那样的枯燥和不着边际。

中国的城市交通问题反映着中国的国情，包括政治、经济、法制、体制以至文化、民俗等特点，与外国相比较，既有共性的一面，又有特性的一面。充分认识中国的特性是重要的关键。作者既是学者、专家，又参与了南京、北京、广州、杭州等多个特大城市以及江苏省内众多城市的很多交通研究与决策咨询。由于是全国人大代表，还具有一定的全国性视野。多重的身份使作者视角“多向性”，对研究城市交通的具体问题，无疑是一个优势。

城市交通与城市规划密切相关，这是交通专家学者“人所皆知”的道理。但具体相关在哪里？往往比较模糊、抽象。作者在书中通过一些实际案例的讨论和分析，比较生动地说清了规划与交通的“结合点”，以及这种结合的重要性，给读者以很大的启发。

邹德慈

中国工程院　院士

中国城市规划设计研究院　原院长

2010年4月

序二

杨涛教授撰写的《城市交通的理性思索》一书，既不是一本大学教科书，也不是一本系统性的学术专著，但却是关于城市交通问题的一本相当严肃的并富有理性和睿智的思想文集。

中国交通发展处在敏感时期，需要理性思维、审慎决策；需要专业人士以应有的职业良知，敢于坦陈己见，用科学的研究与实践成果为各级领导提供决策支持，并引导社会公众理性参与。作者长期从事城市交通的理论研究和教学工作，又有丰富的规划设计与咨询服务实践经验；作者担任了全国人大代表、市人大常委会委员、政府咨询专家和城市交通学术团体领导等多重职务，无疑有助于他对当代中国城市交通问题做出多角度的思考。

作为理论与教学工作者，本书从理论体系和专业学科的角度对城市交通问题进行了较为系统简明的阐述；作为工作在第一线的交通规划设计专业人员，本书对城市交通规划建设中的一些核心问题，如公交优先、道路网系统结构、停车规划等，从规划设计和工程技术深度上提出了有针对性和操作性的解决途径和对策建议。作为人大代表委员，从政策法治、社会公平、交通文明等层面对政府和社会关注的城市交通热点问题，如小汽车发展、低碳交通、费改税、拥堵收费、电动自行车、交通事故、交通防灾减灾等等，提出了自己的观点和建议。这本书尽管并没有系统完整地来阐述城市交通问题的来龙去脉，但却较直接、也较深刻地揭示了城市交通问题的复杂性、系统性、关联性。我知道，作者承担的社会角色较多，工作十分繁忙，但是能够抽出时间精力主动就城市交通众多热点、难点给政府出谋划策，给媒体和公众发表中肯的观点和点评，作者的职业良知、从谏如流的勇气与学者风范令人钦佩。

中国城市交通规划学术委员会　副主任委员

北京交通发展研究中心　原主任

2010 年 4 月

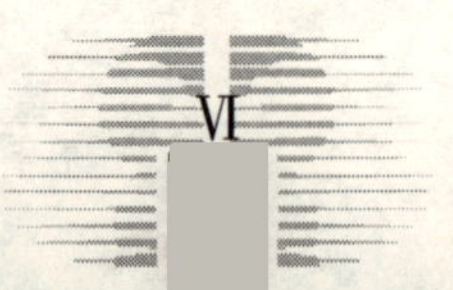

成长的烦恼与理性的选择

（代前言）

中国城市交通拥堵又一次成为从中央到地方和社会各界关注的热点问题。新一波交通拥堵来势凶猛，不仅大城市拥堵，中小城市也出现拥堵；不仅中心区严重拥堵，城市外围道路也比较拥堵；不仅高峰期拥堵，平峰期也较拥堵，大有类似20世纪80年代亚洲四小龙经济起飞时期所谓“黑暗交通年代”的态势。

如何客观正确地估计和看待当前城市交通拥堵状况？中国城市正处在快速成长过程中，规模和形态急剧变化，交通需求总量快速增长，需求层次变化多样，而基础设施建设和城市框架却需要相当长时间才能形成和稳定。交通拥堵有其必然性，在发达国家城市快速成长过程中也都经历过。如果说20世纪80年代曾经出现过的交通拥堵可以理解为“饥饿型拥堵”的话，那么，新一轮城市交通拥堵却是在城市经济和百姓收入达到小康情况下形成的一种“体质性交通拥堵”。前者主要原因是城市道路交通基础设施严重短缺，无法满足经济起飞、人口大量返城等带来的交通需求。通过加大道路交通基础设施投入和建设，城市交通拥堵可以很快得到缓解。而当前城市交通拥堵的原因则是综合性的、源发性的。首先是交通供求矛盾更为突出、更为广泛，同时更为棘手的是：不合理的城市空间布局、土地开发以及建设时序引发了诸多交通问题；交通管理体制、机制、政策、法治等方面存在的深层次问题加大了治理交通问题的难度。

就像一个正在快速成长中的少年，他的外在和内在的表现与变化都是他在成长过程中必然要经历的。无论是体型、骨骼、相貌、心态、行为的多变，甚至一些出轨和问题，都是正常的、可以理解的。理智的家长不会取笑、苛责他们，会有足够的耐心来理解、等待他们自己成长和成熟起来，会努力去引导和帮助他们沿着健康的方向成长。当前较为普遍的城市交通拥堵也是中国城市快速发展过程中难于避免的，是“成长中的烦恼”。

令人欣慰且幸喜的是，党中央及时提出了“科学发展观”指导方针，提出了构建“和谐社会”、“节约型社会”和可持续发展等目标和战略。这些为我们理性地选择和推行缓解城市交通拥堵的对策举措指明了方向。

首先，我们判断当前城市交通拥堵不太可能在短期内得到有效缓解，甚至将进一步加剧。这种状况很难单单靠加快道路基础设施建设就能得到有效缓解，必须采取综合性的对策措施，近远兼顾、软硬兼施、标本兼治，经过相当时期的艰苦努力才能有望得到明显改善！

其次，我们理解城市交通根本目的是完成人和物的移动运送，而不是车辆的移动运送。因此，解决城市交通问题的出发点和落脚点应充分体现“以人为本”而不是“以车为本”。交通供应与服务必须体现公平性，为城乡居民、投资者、外来宾客等全体交通使用者提供公平、安全和满意的生产生活、商务交流和休闲娱乐等必需的交通服务；要充分保障大众出行、行动不便者和低收入阶层出行的经济性、便利性；要保障非出行者的合法权益；要充分保护文化、生态和环境。

第三，我们必须倡导和推行公交优先和“绿色交通”。尽管我们承认应该尽可能让普通大众享受小汽车交通带来的便利、舒适和机会，但是由于小汽车交通消费的外部不经济性（土地和空间高占用性、能源高消耗性、污染高排放性等），我们不得不对其采取必要的引导、调控和管制。政府首要职责和任务是优先发展公共交通，为出行者提供可选择的高效、经济、舒适、可靠的替代小汽车出行的方式。同时，要为步行交通、自行车交通创造良好的通行条件，积极推行机动车辆的绿色能源、替代能源。

第四，治理城市交通拥堵要建立长效机制，既要有前瞻性的战略纲要，更要有分阶段并定期检讨、滚动和修正的行动计划。要建立强有力的指挥决策和协调机构，整合各种政策法规和各部门的职能，形成综合治理的合力。要大力推行道路交通工程设计、交通影响评价制

度，大力推动交通管理领域的技术进步，充分挖掘既有道路交通设施的潜力。

第五，我们必须坚决推行“法治交通”。要在倡导和推行公平法治的前提下，强化交通法规的科学性、严肃性和威慑性。

目录 CONTENTS

综 述 篇

评 论 篇

附录——访谈

综述篇

中国城市交通发展基本态势与主要对策

我国国民经济和社会发展正处于持续快速增长时期，在今后的15~20年里，城市居民生活将逐步由小康型向富裕型转化，市民出行将要求更为舒适、方便和快捷；小汽车进入居民家庭的高潮将很快到来，预计在未来几十年内机动车的增长速度和总体规模将会大幅度提高。城市交通将面临新的更为严峻的压力和挑战。同时，城市化进程将明显加快，城市人口规模、形态、空间结构、功能布局都将发生重大改变。根据国际经验，这将是城市交通发生质变的关键时期。

1.1 城市交通与城市发展

1.1.1 城市交通在城市现代化进程中的地位和作用

城市是一个有机的整体。城市土地(或者也可以说“城市空间”)与交通是现代城市发展进程中相互关联、密切互动的两大基本要素。城市交通与城市土地利用密不可分，就像人的肉体、骨骼、血脉完全是一个有机的整体一样。城市交通之于城市如同人体的骨骼和血脉。众所周知，从19世纪末至今的一二百年历史表明，现代城市的成长发育，与现代交通技术的发展和进步有着十分密切的关系，不必赘述。

城市交通的现代化既是城市现代化的支撑条件，也是城市现代化的重要标志之一。进入21世纪，城市在国民经济发展中的地位和作用日益突出，被称为是“城市的世纪”。城市交通将扮演何等角色，发挥什么作用呢？我认为主要体现在三个方面：

首先，交通是决定一个城市区位优势的关键因素，是一个城市竞争力的重要组成部分。城市资源优势和产业优势等的发挥必须依赖交通条件的有效支撑，否则，这些优势只能是潜在的优势，而无法转化为现实的优势。在经济全球化和区域一体化的大背景下，城市与国际间、区域间、城市间以及城市内部各功能组团间的联系越来越频繁、越来越紧密、越来越重要。这种联系的快捷性、方便性和可靠性成为决定这个城市发展机会和地位的关键之一，对城市投资环境和经济增长具有重要的甚至决定性的影响。

其次，交通是城市机能的重要构件，是体现城市活力的重要方面。城市交通效率的高低直接影响城市活动效率的高低。城市交通体系的完备性和运输组织管理的有效性，直接影响城市的成长和发育，影响到城市功能的正常发挥。城市框架的形成和扩展，城市功能的集聚与疏散，首先也要靠交通基础设施。这对于快速城市化进程中的各个城市的发展都十分重要。

第三，交通是城市人居环境的重要体现和保障。城市的现代化首先是人的现代化。交通是人的一项基本活动。随着市民的收入水平和素质的提高，人们对时间价值的判断和出行质量的要求也随之提高，包括快捷、安全、方便、舒适以及自由、私密、信息、环保等各个方面。城市交通要充分满足富裕化了的市民出行需求心理，提供满意的、高品质的出行服务。城市交通设施的供应和交通管理与服务要充分体现人性化和社会公平性。城市交通的规划建设与管理要保护和发扬城市特色、文化遗产和生态环境。这些都是现代城市文明和优良人居环境的基本要求和重要体现。

1.1.2 我国城市交通的基本特点

（1）交通需求总量迅速增长。伴随着国民经济高速增长，我国的城市化水平也在迅速提高，人口快速向大城市集中；经济转轨过程中，城市的经济职能不断加强，居民的经济、文化活动更加频繁。城市人口的迅速增长以及城市社会经济活动的增强，往往使城市交通总量增长高于人口增长速度的增长。城市土地的高强度开发和缺乏管理的郊区化，引发了市民出行次数增多和出行距离增大，一些大城市的居民出行调查显示，从20世纪80年代后期到20世纪90年代中期，人均出行次数和出行距离增长了15%～30%（一些特大城市已超过30%）。

（2）机动化水平快速提高。随着居民收入水平的提高，居民对出行方便、快捷与舒适的要求也不断提高，出租车、空调公共汽车在交通市场中的份额不断增大，机动化的进程不断加快；在一些经济较发达的沿海城市，私人机动化的交通方式正在取代传统的自行车方式，并与公共交通发生强烈的竞争。一些城市私人小汽车和摩托车的拥有率正在以每年30%～50%、甚至更高的速度增长，个体化机动交通方式的出行比例已经达到总量出行的10%～30%。

（3）城市交通基础设施的投资不断扩大，但供需不平衡的矛盾却日趋尖锐。为了适应城市经济发展的需要，满足急剧增长的交通需求，城市建设部门投入了大量的资金进行城市交通系统的扩充建设，城市交通基础设施的投资在城市财政中的份额不断提高。虽然城市道路网络扩展和道路面积增加的速度很高，一些城市的交通拥挤暂时得到了缓和，但总体上看，我国紧缺的土地资源和大城市高密度的土地利用模式决定了道路空间资源的有限性，道路供给与交通需求之间的矛盾还会加剧。

（4）城市公共交通发展受到重视，但整体服务质量不高，吸引力不强。过去的几年中，我国城市公共交通行业的改革，形成了公交服务供给主体的多元化和竞争机制，许多城市公共汽车和电车的数量以及公交线路增长很快。由于公交服务质量不高，公交保护和鼓励政策不落实，导致公交吸引力不强，客运量增长缓慢。另一方面，虽然目前我国拥有地铁的城市很少，但最近几年却是我国城市地铁建设速度最快的时期，不少大城市寄希望于地铁、轻轨等大中运量轨道交通方式成为城市公共交通系统中的骨干，使城市公共交通的竞争力加强，使城市交通状况得到改善，然而其昂贵的投资和运行成本、相对较长的建设周期使人们对其短期内见效的期望难于乐观。

（5）机动化交通的快速发展加剧了城市环境质量的恶化。我国在机动车的污染控制方面，近年来取得了一些进展，如北京、上海、广州、深圳等大城市实施了强制性使用无铅汽油的法规和其他治理交通污染的法规；许多城市正在进行出租车和公共汽车的燃料替代，以液化石油气或天然气替代汽油；我国在实施排放法规方面也逐渐向国际主导的排放标准靠拢。但机动车的快速增长和尾气排放控制不力，使交通成为一些大中城市的主要污染源，加剧了城市大气和声环境质量恶化；在城市中心地区和历史传统街区修建宽马路、立交桥的做法，破坏了城市建筑环境的和谐，割裂了社区结构的完整性。

(6) 交通结构没有根本转变，城市“摊大饼”集聚，交通负荷进一步加重。目前，我国大部分大城市主导交通方式依然是步行、自行车和地面公共交通(三种方式累计大约占80%以上)，中小城市主要是步行、自行车和摩托车(三种方式累计大约占90%以上)。对大城市而言，这样的交通方式结构决定着居民的平均出行距离只能在5～6km以内，城市的结构只能是紧凑集中型的。城市人口和就业、生产和生活等各种功能只能集中在主城区以内，从而形成摊大饼式的城市发展格局。许多大城市的中心区、老城交通不堪重负，居住环境和生态环境恶化。对小城市而言，则表现为交通秩序混乱，交通事故居高不下。

(7) 混合交通依然是影响城市交通功能和效率的关键问题。混合交通尽管不是中国所独有的，但却是最为突出和严重的。尽管近几年大连、广州、深圳、青岛、厦门等沿海发达城市自行车出行在大幅度下降，但是，大部分城市的自行车出行占总出行比重接近甚至超过50%；道路网体系结构依然严重失衡；交叉口没有作渠化处理，因此，道路和交叉口机非混行交通的矛盾和冲突还是十分普遍。这使道路网的交通功能得不到有效发挥，运输效率大打折扣。

1.1.3 新世纪城市交通面临的挑战

进入新千年后，我国的城市化发展形成了前所未有的浪潮。不仅是经济增长、市场化和人口流动等客观因素促成城市化的加速发展，更重要的原因是城市化已经确立为我国国民经济和社会发展的一项重要发展战略。在城市化浪潮的背景下，我国的城市交通面临着城市化与机动化联动发展的新挑战，同时还面临着市场化的新挑战。

（1）城市化导致城市交通影响面的扩大和升级。对特大城市和大城市而言，国家已经转变了从建国初提出到20世纪90年代初一直实行的严格限制大城市发展的政策，明确了要以中心城市为龙头，辐射和带动周边区域和整个国家的国民经济发展的政策。这样的政策调整无疑是符合国际大城市发展趋势和规律的，是有利于发挥中心城市对国民经济发展的核心带动作用的。在这样的政策引导下，新世纪我国特大城市和大城市发展的总体态势是功能全面提升和规模进一步扩张。这种发展态势给大城市交通发展提出了新的挑战和压力。主要表现为以下五个方面：

第一，大城市人口规模的进一步扩张和城市功能的集聚使本已先天不足、相当紧张的大城市交通基础设施压力继续加大。特别是人口流动性的加大，外来人口的大量增加，使按照计划经济模式下制定的交通基础设施供应标准难以适应新的市场经济条件下的城市客货运输需求。

第二，大城市中心区、CBD的发育和增强使中心区交通矛盾进一步激化。在大城市中心区道路网、停车供应都十分紧张，公共交通又很不发达，没有大容量轨道交通支持，同时出行吸引量和机动车交通量大量增长的情况下，大城市中心区交通问题将日益突出，甚至不堪重负。

第三，老城区路网整理和交通模式选择是许多具有悠久历史的大城市的紧迫课题。在“发展是硬道理”的政策背景下，大城市政府的发展压力是很大的。因此，各大城市政府都在积极推进老城改造。在这过程中如何处理发展与保护的关系是关系到城市特色的保护和城市能否可持续发展的大问题。就城市交通而言，老城路网改造和交通模式的选择是老城改造过程中的一个关键。许多大城市利用老城改造的机会，拓宽老路、开辟新路、建设停车场，这无疑可以增加老城道路交通容量，一定程度上缓解老城交通紧张状况。但是，老城往往都是最能反映这个城市传统风貌特色、历史文化遗产最集中的地区。粗暴地进行大拆大建，只能解一时之渴，不能保长远之利，是很不可取的做法。

第四，大城市郊区化和机动化的联动发展使城市交通拥挤范围从中心区、老城向城市外围地区迅速蔓延。与国外大城市类似，我国大城市出入口交通拥堵必将日益凸现出来。而如果单纯进行道路停车设施建设，不注意人口和功能的同步疏解以及交通方式结构的合理调控，那么很可能使道路交通拥堵状况不但得不到及时缓解，反而将进一步加剧。这种现象已经在北京、南京、沈阳、成都等许多大城市出现。

第五，随着时间推移，人口老龄化问题将日渐突出；随着经济改革深化，失业问题及贫富差距问题也将可能加剧。因此，老年人和低收入阶层的交通保障值得引起重视。

对中小城市而言，城市规模小、出行距离短，主导交通方式主要是步行、自行车、助力车等个体化交通方式。目前，东部地区中小城市正处于机动化的高增长起步期，表现为自行车增长相对趋缓，摩托车、助力车高速增长，小汽车开始进入居民家庭。同时农村城市化和农民富裕化也带来机动车的高增长，并大量进入中小城市。中西部地区则仍然以步行、自行车交通为主，摩托车也在较快增长。在中小城市建设和管理中，比较普遍的问题一是缺乏合理的道路网体系规划，盲目与大城市攀比，建大马路，不重视城市合理的尺度和道路网的密度；二是重建设，轻管理，交通秩序混乱，交通事故率居高不下。

（2）机动化发展来势凶猛，城市交通供求矛盾更加突出。国民经济持续高速增长，极大地提高了城市经济实力，也改善提高了市民的生活水平，这也是城市客运交通结构转变的关键因素。新世纪对中国城市发展，尤其是特大城市和大城市发展最大的挑战就是机动化的挑战。根据国际经验，当人均 GDP 达到 3000 美元，小汽车将开始进入家庭；当人均 GDP 超过 5000 美元，小汽车私有化将逐步加快。根据世界银行及国家发改委权威机构在“九五”计划时所作的预测研究，中国的宏观经济将在较长时期内持续高速增长。从 1995 ~ 2020 年的 25 年间，国内生产总值年均增长率 7.5%。其中：1995 ~ 2000 年为

9.5%，2001～2010年为7.5%，2011～2020年为6.5%（Vikram Nehrud *et al*，1997）。还有专家认为，我国的国内生产总值增长速度为：2010年前为8.6%，2011～2030年为6%，2031～2050年为4%～5%（徐巨洲，1998）。按照这样的发展态势，到2020年我国人均国民生产总值（GDP）总体水平可达3000～4000美元，到本世纪中叶可达10000美元以上。而事实上，中国新世纪头10年发展速度远远超出“九五”预期。人均GDP已经提前十年达到3000～4000美元的目标，人均10000美元的目标更可能提前到“十二五”末实现。因此，可以预见，今后10～15年，将是我国小汽车进入家庭的关键时期。在经济持续高速增长、鼓励消费升级和汽车购买等多重因素的作用下，机动化已成为现实的需要。在这种情况下，我国现有的甚至规划的道路基础设施很难适应机动化的高增长需求。对大城市和特大城市而言，如何在小汽车进入家庭高潮到来之前，将大众出行方式更多地向公共交通方式吸引和引导，形成一种高效合理、满足可持续发展需要的交通方式结构，是城市交通面临的重大课题。从长远观点看，必须考虑收入、消费水平达到充分富裕，文明水平达到充分高度情况下，居民对出行质量的要求（如出行方式的可选择性、舒适性、在途时间和安全的可靠性等）和可能的选择决策（如交通工具的购买和交通方式的选择等）。可以预见，现有的一些不得已的出行方式，如长距离自行车出行，必将向能满足其提高了的出行质量要求的机动化（小汽车或公共交通）方式转移。

（3）市场化趋向使城市交通问题进一步复杂化、尖锐化。一是开发商出于对自身利益的最大追求，总是选择有利可图的区位，尽可能提高容积率，而且在市场化初期往往带有较大的盲目性，而将社会公共利益放在次要位置，或者根本忽视。交通基础设施（轨道交通空间、道路、停车场、公交场站等）是社会公共设施，其建设和运行空间往往受到挤占、蚕食；城市局部地区交通需求过分集中，道路及交叉口交通不堪重负；居住区停车供应不足，车辆出入困难，公交场站无处布设，等等。这些现象在中国无论特大城市、大城市还是中小城市，也无论是旧城、市中心区还是外围新区都不同程度存在。二是人们的就业和居住选择将具有更大的自主性、灵活性(特别是国家正进行城市户籍制度改革)。这种选择既受到交通供应(道路、公交、停车等)的制约和影响，反过来，在群体的选择下，形成新的交通流分布格局，产生新的交通矛盾。三是交通税费制度和价格体系(包括道路使用费、停车收费、公交票价、出租票价、车辆购置和使用税费等)将影响交通方式的选择和交通设施使用效率。税费价格的不合理将直接导致交通工具的不合理发展和使用，交通结构的严重失衡，交通设施的低效率运输和不合理拥堵等。

1.1.4 城市交通发展基本战略

面对我国城市交通上述特点和面临的挑战，从国家到各级地方政府，从领导到专家技术人员和社会各界，对城市交通发展问题都越来越给予极大的关注。而城市交通以及与其关联的城市社会经济、土地利用是一个十分复杂的巨系统，就事论事或“头痛医头、脚痛医脚”的做法，不但不能从根本上解决城市交通问题，反而会使问题变得更加严重和复杂。英国政府早在 1963 年就委托著名的 COLIN. BUCHANAN 小组研究制定了战略性的研究报告《城市交通》(Traffic in Towns)，欧美其他国家和日本、澳大利亚等国也都在20 世纪六七十年代制定了相应的城市交通发展政策或法案。我国香港政府也从 1971 年开始每隔十年左右制定发布城市交通政策白皮书。我国政府在 1990 年代初明确了汽车产业政策，提出了推进城市化的发展战略，采取了用基础设施建设拉动国民经济增长的措施等。这些政策、战略和措施都对城市交通产生或将要产生不同程度、不同效应、不同后果的影响。各个城市本身在“发展”的主旋律下在快速地建设、发展着。城市交通发展既取得了巨大成就，创造了许多成功的范例和经验，但不可否认，又存在许多问题和缺憾，面临的危机也许更为严重。中国幅员辽阔，全国有近 680 座大中小城市。城市规模、性质、经济发展水平、地理条件、形态特征千差万别，城市交通特征、问题以及发展趋势有共性，更有各自的个性。在此背景下，我们既迫切需要研究制定国家层面的城市交通发展导向性政策和战略，更迫切需要各个城市针对自己城市的个性和特点，制定相应的交通发展战略和对策。

根据国际经验，国家对城市交通发展的战略和政策是宏观层面上起指导、引导作用的。不少国家还利用财政、税收、金融等手段对地方政府的城市交通建设和发展进行支持、调控和奖励；主要目的不在于为具体城市交通建设解决资金困难（偏远、欠发达地区和困难城市除外），而是引导城市交通向期望的方向发展。国家城市交通发展战略和政策的重点可能在以下方面：

（1）城市综合交通调查与规划制度。欧美、日本等国在上世纪40～60年代先后建立了强制性的定期规范的居民出行调查、综合交通调查制度和相应的城市交通政策与规划编制、检讨制度。有全国性定期出版的出行特征数据手册，有各城市自己定期颁布的交通发展白皮书或规划法案。新世纪我国城市交通问题的复杂性和严峻性，要求从中央到地方对此项工作进一步引起重视，切实地加大此项工作的力度。

（2）大（特大）城市公共交通发展战略。大城市优先发展公共交通既是世界大城市交通发展的规律和经验，也是中国大城市交通发展的必由之路。尽管“公交优先”的口号在国内大城市已相当普及，也有北京、广州、昆明、杭州、厦门等城市的快速公交和公交专用道这样勇敢而且成功的实践，但是总体上我国公交优先的政策、措施、实效还远远不能适应城市交通发展和市民出行的需要。如果不能痛下决心，从现在起抓紧实施，在小汽车发展浪潮汹涌的情况下，我国大城市交通面临的紧张被动局面恐怕难于避免。国家要尽快制定出台《城市公共交通法》，产业政策上要积极支持和推动大城市轨道交通建设，积极推进广泛的公交优先发展战略和举措，积极推进公交行业体制改革，同时明确对公共交通发展的倾斜政策，建立公共交通发展基金等。200万人口以上的大城市必须抓紧推进大容量轨道交通建设，100万～200万人口的城市有条件的也要积极考虑适当的城市轨道交通建设。与此同时，各大城市要积极推进公交系统的体制改革，加大对公交的投入和支持力度，积极探索和实施公交优先的政策和技术措施，力争3～5年内抓出成效来，使公交出行比重能有明显提高。

(3)城市汽车交通发展政策。国家颁布了汽车产业发展政策，对推动我国汽车和相关产业的发展、拉动国民经济的增长发挥了积极作用，取得了明显的实效。但是，汽车的快速增长对我国城市交通和城市整体发展的影响既有积极的一面，也有消极的一面，而且都是巨大而深远的。如何积极地给予引导和调控，事关我国城市交通的有效运转和城市整体的健康发展。因此，迫切需要研制出台相应的城市汽车交通发展政策(下章详述)。

(4)城市交通基础设施发展政策。最近5～10年是我国城市交通基础设施建设发展最快的时期，取得的成绩是有目共睹的。但是，也存在两大突出问题：一是建设资金来源单一，主要靠地方政府财政拨款、银行贷款和土地出让。前两种方式在大规模交通基础设施建设的情况下很难满足投资需求，因此，不少城市寅吃卯粮，负债经营，包袱越背越重。后一种方式许多城市采用“以地补路”的方式运作，不但造成城市土地这一宝贵公共资源的低效开发利用，更对法定的城市规划造成巨大冲击。二是许多城市只重视建设快速路、主干道，不重视次干道和支路建设，不顾城市道路网合理的功能结构和与城市景观相协调的道路空间尺度。对前一个问题，城市政府既有责任，也有难处。其出路一是期望千呼万唤难出台的公路养路费“费改税”政策早日出台，能使承担60%～70%道路交通量的城市道路建设取得比较固定的资金渠道；二是城市政府要认真学习先进的城市经营理念和经验，提高对土地经营运作的水平。对后一个问题，主要责任不在规划本身(当然，规划本身也值得反思)，而在城市政府的行政决策。国家要以《城乡规划法》为依据，加大对城市政府建设决策的监管、检查和行政追究力度，树立城市规划的权威性和严肃性。

除了以上述及的主要政策、战略之外，为确保城市交通高效、有序和可持续发展，还应当研究制定城市交通管理智能化发展战略和政策、城市交通环境保护政策等。

1.2 汽车增长与城市交通

1.2.1 对汽车发展的基本认识

(1)正确理解汽车工业和汽车交通。汽车是工业革命的结晶。汽车文明是人类现代文明的标志之一。自从它诞生起发展到今天不过100多年历史，对人类发展，包括经济增长、技术进步、生产方式、生活方式、城市布局、生态环境、能源利用等各方面都产生了巨大而深远的影响。可以说人类对汽车是既爱又恨，欲罢不能！究其原因，是由汽车交通本身的特点所决定的。一方面，汽车交通相对其他交通方式具有巨大优点：相对人力交通方式，它快速、舒适、机动化、大运量；相对火车、轮船、飞机，它自由、灵活、经济、门到门。就小汽车而言，它是在现有的各种交通方式中最能体现人性的发展需要。随着人的潜能的开发，自身价值的提高，时间对人越来越重要，自由、自主对人越来越重要，私密对人越来越重要，远距离的休闲、观光、旅游对人越来越有诱惑力……小汽车的快捷、舒适、私密、门到门等都远胜过其他交通工具。我们没有理由在不损害社会整体利益和他人利益、不破坏生态环境的前提下，不让人们拥有和使用自己的小汽车。汽车的发明和发展尽管从现在看给人类社会、尤其是大城市带来很大麻烦甚至威胁，但它更多的是作为现代工业经济的主要推动力，促进了人类的富裕；更多的作为人的代步工具，扩大了人的活动范围，开发了人的潜力，促进了人类文明进步。另一方面，私人小轿车是城市中单位乘客运行成本最高的客运交通工具，这种高成本不仅体现在使用者的成本高，而且其社会成本和边际成本也最高，社会资源的消耗大(能源、土地、环境等)。随着拥有量的增加，城市交通供需的矛盾日益突出，交通拥挤加剧。尤其对中国这样高密度的大城市和特大城市，如果不对城市私人机动车交通出行进行有效的管理，将会造成城市交通系统的瘫痪，严重影响城市经济运行和日常活动。从国外发展的经验也可以表明，轿车(个体交通)不能成为大城市交通的主体。

总体上看，中国需要而且可能适度发展自己的汽车工业，需要而且可能适度发展汽车交通。首先，中国经济发展需要新的增长点。汽车工业可以带动一大批相关产业、基础设施和高科技的发展和进步。其次，中国正全面进入小康社会，东部发达地区正逐步向富裕化过渡。人的富裕化，收入水平、生活水平的提高，必然要求交通服务质量的提高，就有欲望、也有能力购买私人小汽车。从公平的或者尊重个人权利的角度讲，政府不能强制性地剥夺人的这种自由选择的权利。第三，中国汽车化水平，特别是私人小汽车拥有水平很低。国内市场在保证大城市小汽车不过度发展和膨胀的前提下，仍然有巨大的发展空间，足以支撑汽车工业的市场需求。第四，中国私人小汽车发展（近期、中期）主要地域是东部发达的大城市外围郊区、远郊和新城，中小城市及农村地区。在大城市旧城和中心区则必须加以必要的限制和控制。

（2）正确理解“汽车化”和“机动化”。汽车的增长和发展，特别是小汽车的增长和发展过程，通常被理解为“机动化”。实际上，“汽车化”不能等同于“机动化”。所谓机动化，确切地说就是用机动的方式替代人力、畜力方式完成人和物移动的过程。将小汽车的私有化、汽车拥有和使用的普及化理解为机动化，这是一种误解，或者至少是一种片面的理解。机动化在不同国家、地区，在不同城市，在其发展的不同阶段都有不同的表现，这种不同主要在于占主流的机动化交通方式的不同。摩托车化、小汽车化、公共汽车化、轨道化等都是机动化的表现形式。以摩托车为主要交通方式，曼谷、台湾、广州是典型；以小汽车为主要交通方式，这类城市以美国城市居多；以公共汽车为主要交通方式，即这些城市的公共汽车交通方式占到65%左右，代表城市有香港、新加坡、巴西的库里蒂巴等城市；以轻轨或地铁为主要交通方式，这些城市以高度发达的经济作支撑，城市高度密集，都具有高度发达的地铁、轻轨网络，以伦敦、巴黎、东京等为典型。

摩托车化即摩托车的高速发展和广泛使用。这尽管不是机动化的普遍形式，但也是我国大城市应该尽量避免的。日本的摩托车化是发生在机动化到来的初期20世纪40年代，持续时间很短(不到10年)，但给当时日本城市的冲击却是很大的，使他们经受了一段时间的城市道路交通状况恶化，交通拥挤，秩序混乱，事故高发，污染严重。随后，很快转入大量发展私人小汽车的时期，加强了交通管理，同时，不断修建地铁、轻轨等大运量公共交通设施，交通状况逐步好转。20世纪70年代后，东南亚国家和地区经济先后起飞，开始了机动化进程。曼谷、台北的摩托车保有量急剧增长，摩托车的使用也不受任何限制，在10年左右的时间迅速达到普及化的程度。城市交通状况随之急剧恶化，陷入拥挤混乱和空气严重污染的泥潭，台北人称为“黑暗交通”时代。20世纪80年代中后期，台北开始从噩梦中觉醒，着手交通整治和发展公共交通，修建城市轨道交通，交通状况逐步改善。实行改革开放后的社会主义国家中国和越南，经济持续快速增长，一些经济比较发达的城市的交通发展也发生了类似于台北和曼谷的情况，如中国的广州、南宁、越南的河内、胡志明。20世纪80年代末、90年代初，摩托车也处于高速增长阶段，道路交通状况同样变得非常糟糕！

机动化不等于汽车化，更不等于小汽车化。所谓小汽车化是指小汽车逐步进入居民家庭，人们的出行方式不断以小汽车取代其他出行方式的过程。小汽车化是机动化最重要、最具影响力的方面，对城市交通面貌的影响最深刻。那么，从东西方、发达不发达国家来看，都有正例和反例。反例：发达国家如美国，已经是积重难返，欲罢不能。但毕竟靠其强大的国力财富支撑，城市交通状况并不比不发达国家和发展中国家的城市更差！发展中国家如泰国、墨西哥。虽然人均小汽车拥有水平相比发达国家还相差不少，但对小汽车拥有和使用不加任何限制，已大大超出路网及环境的承受能力，已经成为让人难以容忍的交通沼泽地！正例：发达国家如英国伦敦、法国巴黎等，准发达国家和地区如新加坡、香港。他们都走的是优先发展公共交通，有限制(节制)地发展小汽车的道路，保持了城市交通供求的适度平衡，保证了城市整体有序、健康发展。当然，发达国家和准发达国家(地区)或发展中国家在实现公交优先发展、有限制发展小汽车的道路上是有很大不同的。发达国家(英法等西欧国家)在经历了资本原始积累、大肆掠夺弱国资源财产的基础上，有较雄厚的财力来大规模建设城市轨道交通，自然地吸引中低收入及一般市民乘用公共交通，减少对小汽车的依赖。而香港、新加坡的情况则不同。他们能维持今天的交通结构和良好的交通状况，更主要的是依靠政府有力的限制调控措施。在严格限制调控小汽车发展的同时，根据政府的财力和政策的导向来逐步发展城市公共交通。这个过程显然要比西欧城市走过的路困难许多！中国又何尝不是这样的呢？幸运的是中国政府是强有力的政府，中国各级政府领导应当更多地向香港、新加坡政府学习。

(3) 正确理解优先发展公交和适度发展小汽车。近年来，关于大城市发展小汽车和优先发展公共交通的争论很多，而且观点相当尖锐激烈。赞成发展小汽车的，是从保持国民经济持续快速增长、增强中国的国际竞争力和满足老百姓生活富裕后对小汽车的客观需求等出发的。而且，国家已明确将汽车工业列为国民经济支柱产业之一，出台了一系列鼓励私人购买小汽车和不允许对私人小汽车发展设置任何限制措施的政策。不少从事城市规划、交通规划和环境保护等方面的专家，甚至一些著名学者多表示忧虑。这些担心和忧虑完全是出于强烈的责任感和忧患意识。他们认为，中国土地资源十分紧张，城市人口密集，环境承载能力薄弱，而且许多大城市具有悠久而丰富的历史文化遗产，具有鲜明的空间布局特色，小汽车的大量发展和普及不可避免对大城市的整体发展形成巨大冲击。因此，主张解决大城市交通问题的根本出路惟有优先发展公共交通，对小汽车发展必须持慎重态度。应该说上述两种观点都是有一定道理的。

我们认为，这两种观点不应该也不必要是对立的。大容量城市公共交通与私人小轿车相比，单位运输效率高，占用街道和停车用地少，综合客运成本低，能源消耗低，环境效益好。从国际经验看，即使小汽车十分普及的发达国家，大城市交通都必须依赖发达的轨道交通与地面公交共同构成的城市公共交通，小汽车只是辅助性的出行工具(如图 1-1)。发展公共交通是解决大城市交通的根本出路。这是被世界大城市交通成功经验和失败教训所同时证明了的真理。

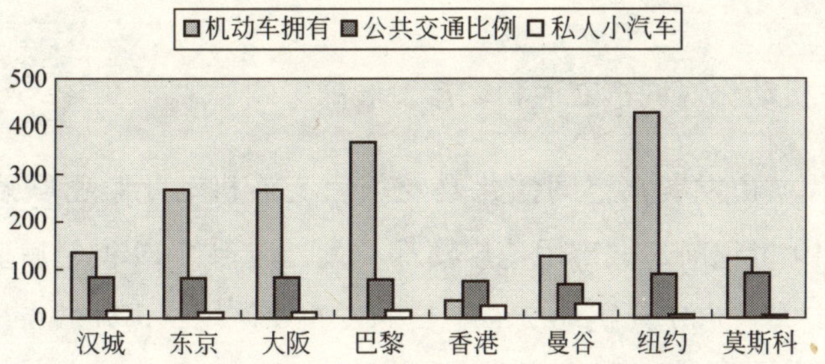

图 1－1　国外车辆拥有与公共交通、私人小汽车出行比例

中国人口基数大，城市人口密度高，人均土地和能源少，路网交通容量和环境承载力低，加上历史文化遗产保护要求高等众多因素决定了中国城市不应该也无法允许小汽车无节制使用，必须走公交优先发展的道路。优先发展公共交通体现了科学发展观的根本要求，体现了党和政府为老百姓谋福利的根本宗旨，体现了可持续发展的基本国策。

在落实优先发展公共交通基本政策的同时，还必须统筹考虑我国的汽车产业政策。必须澄清，发展公共交通并不意味着一定要限制我国汽车工业的发展。只要我们采取适当措施和正确步骤，发展公共交通只会促进我国的汽车工业，最终实现公共交通与汽车产业和汽车交通协调发展。这是因为：第一，城市公共交通的发展有利于城市交通出行结构的合理化，既为人们提供了高效的可替代小汽车出行的机动交通方式，又为私人小轿车的合理使用腾出了更多的城市道路空间资源。第二，大力发展高效、方便的城市公共交通可以促进自行车交通向公共交通的转化，减少混合交通对城市机动车交通的影响。第三，搞好轨道交通、快速公交与小汽车、自行车等停车换乘，可以合理引导小汽车、自行车等个体交通方式与公共交通方式的优势互补、共生共赢。第四，高效、方便的城市公共交通的发展为城市交通需求管理提供了必须的支持手段，使城市交通的有效管理成为可能，从而缓解城市交通拥挤，提高城市交通的效率，降低城市交通系统的运行成本，也就降低了私人小汽车运行的成本，为私人小汽车的发展创造了良好的经济和运行环境。因此，优先发展公交与适度发展小汽车是不矛盾的。

1.2.2 机动化对城市交通和城市发展的影响

现代城市发展和空间演化是与城市交通机动化紧密联系在一起的。在19世纪前，城市用地规模都不大，但到了19世纪后期，随着火车、电车、汽车等机动交通工具的发明和使用，国外城市出现了城市扩展、蔓延现象。英国伦敦的城市扩展过程比较典型地反映了机动化带来城市用地不断扩张的现象(如图1-2所示)。1801年，伦敦人口已达100万，但是人口主要集中分布在距离市中心2英里(约3.2km)的范围内。1851年，人口增加了一倍，半径还没有超过3英里，绝大多数居民根本没有任何公共的或私人的交通工具，主要靠步行上班。到了1914年，人口增加到650万，蒸汽火车和马车组成的城市公共交通，使城市形成了独特的触须状形态，离市中心区15英里距离内有了非常方便的交通联系。1939年，人口增长到850万，电气火车和公共汽车提供了更为快捷、通达性更好的公共交通服务，形成了一个自市中心起12~15英里的大致圆形的城市。此时的伦敦每10户家庭有一辆小汽车，小汽车不是主要的交通方式。二战结束后的数十年中，伦敦的汽车化程度不断提高，人口分布跨越了伦敦的环形绿带，向周边新城疏散。形成了郊区小汽车交通与内城轨道交通相衔接的交通模式。城市用地空间进一步向周围地区扩展，形成内城与周围新城组合的多中心大伦敦地区。

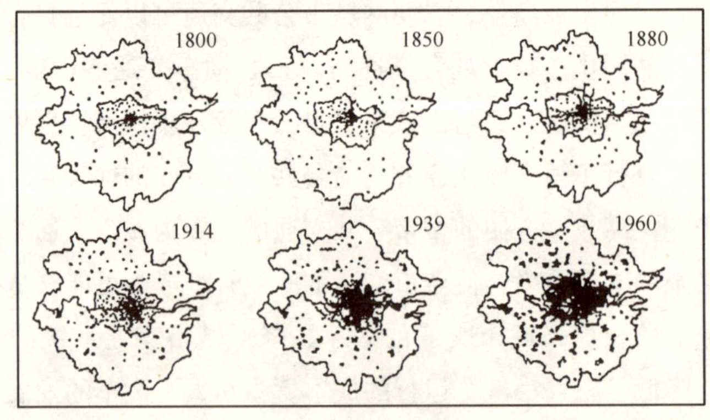

图1-2 1800~1960年伦敦的空间扩展

就居民个人而言，机动化实际意味着他(她)可以大幅度地扩大活动空间，提高机动性也就意味着改变人的生活方式。“尽管利用小汽车出行所产生的费用明显高于乘用公交车或自行车出行的费用，但对于出行者而言，舒适、便捷、准时的运输方式才是构成满意的真正原因”(S·斯岱而斯，刘志，1997)。小汽车的使用，改变了人的时空观念，用出行时间(多少车程)来取代空间距离。可以在几十公里、甚至上百公里范围内选择其就业、购物、交往、公务等，而休闲、旅游等活动在几百公里范围内也可朝发夕归。小汽车的普及，也使西方城市中心区人口密度大幅度下降。借助便利而自由的交通，郊区清新的空气、幽雅的环境吸引越来越多的中心区居民向郊区、远郊区居住。

小汽车化给居民个人带来了交通的自由和灵活性，但同时给也城市带来一系列问题。首先，像美国这样高度依赖小汽车的国家，人口低密度分布和蔓延，连城市的边界都几乎消失了，不仅土地资源极其浪费，是中国国情所无法应许的，而且城市传统的邻里关系和社区氛围被打破或消失。其次，小汽车进入居民家庭不同于电视机、冰箱、DVD 进入家庭。有位交通专家说得好“小汽车进入家庭，实际上是进入了街道”。购买了小汽车，一方面改变了居民个人的出行方式，另一方面必须占用城市道路行驶，消耗了社会资源，社会要为其付出成本。第三，“道路系统是开放的，但交通不可能是均匀分布的，总是有的地方多，有的地方少。交通拥挤也就不可避免”(S·斯岱而斯，刘志，1997)。这样，不但他自己要在道路上浪费时间，而且有更多的人(公交乘客、步行者、骑自行车者和其他开车者)在道路上浪费时间。这又是另一部分社会成本。第四，小汽车消耗的是石油——不可再生的能源，排出的是废气，以及噪声、震动等，都是其带来的负面影响。如此种种，尽管不是无药可治、或者无药可救，但也都是城市领导者、规划专家、交通专家必须要正视的问题。

1.2.3 应对机动化的基本对策

如前所述，未来的 10 ~ 20 年是我国城市机动化加速发展的关键时期，东部发达地区可能还要更快一些。如果能将这段时间交通问题处理好、解决好，那么中国城市长远可持续就有了一个良好的依托和基础；否则我们也许将面临无可挽回的遗憾和损失，我们将愧对子孙后代。我们需要如何为机动化的到来做好准备呢？

（1）我们需要有一个好的规划。一个好的规划必须将交通与土地利用融为一体、有机协调起来。墨尔本、多伦多、名古屋、库里蒂巴等城市提供的城市交通与土地利用整体规划优秀蓝本以及成功的实践可以成为我们学习的典范。中国的城市发展正处在一个非常关键的时期，而且许多城市正在进行城市总体规划的修编或调整。这是我们从源头上、根本上研究解决城市交通长远发展规划和近期建设管理方向的最好机会，而且对许多重大问题（如路网规模、结构、功能、布局问题，交通结构问题，轨道交通和地面公共交通规模、方式、布局问题，对外交通、城际交通通道、方式、布局问题，城市内外交通的有效衔接、转换问题等）来说也可能是最后的机会。一旦城市发展到了相对成熟、交通模式基本形成以后，再想改变那就已经为时已晚。

对中国的大城市来说，首先要突出强调的是面向公共交通的土地布局模式，以城市快速轨道交通或有足够吸引力的公交优先走廊引导新区开发建设。要做好新区接驳公交线网的规划，要结合轨道交通站点布局，规划好停车换乘系统，预留足够的停车空间。要特别重视大型公交枢纽设施的规划和其周边的土地利用规划。其次，建立科学合理的路网布局框架和等级结构，特别要注意提高路网密度，尤其要提高支路网密度。提高路网密度必须结合土地利用规划才能真正得到落实。第三，道路功能定位必须与沿线土地使用性质相协调。快速路不允许直接穿越居民生活区、城市商业区（街）、城市中心区、文物保护区、景观风貌区。交通性主干道也应尽量避免这种穿越。大城市中心区外围则需要规划建设能吸引和疏解长距离穿越性机动车的城市快速（环）路或交通性主干道。反过来，在城市快速路、交通性主干道两侧以及交叉口四周，不应布置密集居民区、大型商业设施。第四，要用定量分析的手段，科学评估城市中心商业区和大型公建设施的合理规模和开发强度，高度重视旧城与新区之间、城市峰腰地带的通道规划。第五，在新区组团和中小城市规划中，对小汽车发展要有足够的估计，规划控制好道路网络、公共停车和配建停车设施，等等。

（2）要有正确的交通战略和政策。

首先，应建立小汽车发展的区域差别政策。根据国家汽车产业政策，鼓励私人小汽车发展已经成为一条既定方针。如前所述，中国幅员辽阔，有足够的汽车发展市场空间。但是我们对机动化给城市带来的影响和冲击要有足够的认识和重视，主要是特大城市和大城市。对城市机动车发展尤其是小汽车发展不能不讲条件，不计后果，应当取其利而弃其弊。国家对不同规模、不同性质、不同经济发展水平的城市要制定不同的汽车发展引导性政策，也应当应许特大城市和一些条件特殊的城市（如重要的历史文化名城）制定自己的汽车交通发展政策。城市本身对中心区、主城区、外围新区、新城等不同区域的汽车发展和使用应区别对待，有不同的政策，该鼓励则鼓励，该限制则限制。

其次，明确大城市公交优先发展政策。我国大城市交通正处在非常关键的历史发展时期。日本名古屋大学河上省吾教授一针见血地指出，中国大城市必须在小汽车大量进入居民家庭前，确立城市公共交通的主体地位，才能应付未来居民出行机动化高潮的到来。坚定不移地坚持公交优先发展应当成为大城市交通发展长期坚持的战略。因为，购买和使用小汽车是居民个人的消费行为，城市政府不应或者也难以对其采取限制（当然，也有严格限制的，如新加坡、香港等）；惟有通过大力发展公共交通，为市民提供值得信赖的公共交通服务，才能引导和影响居民的出行选择。

第三，以人为本，而非以车为本，建立一体化城市综合交通体系。城市交通的根本目的是完成人和物的移动或输送，而非车辆的移动。城市交通本身也是一个有机整体，满足多种多样的交通需求。从这个根本目的出发，城市交通发展规划和建设切不可一味强调解决机动车交通问题，而要建立一体化的综合交通的理念（下节详述）。

（3）要继续加强城市交通基础设施建设。经过改革开放30多年的建设和发展，我国城市经济实力显著增强，城市交通基础设施水平有了很大提高。但是应该看到，目前居民出行个体化和机动化趋向还刚刚起步，城市机动化水平还较低，未来必有巨大的增长。另一方面，受经济发展水平制约，我国绝大部分大城市尚没有大运量轨道交通，城市交通系统依然是单一的地面道路交通系统，居民主要出行方式是自行车、步行和地面公交，且以自行车为主导方式。城市道路网结构性、功能性矛盾还比较突出。因此，城市目前的道路交通供求平衡是一种暂时的、低水平上的平衡。

经济发展带来的机动化加速使城市交通面临更为严峻的挑战，交通需求持续增长与相对薄弱的交通基础设施之间的矛盾将长期存在。因此，我国大城市在相当长一段时间内要坚持将城市交通基础设施建设作为城市建设的重点。从长远看，大城市交通基础设施建设的根本出路和重点是快速轨道交通。同时也要高度重视地面公共交通设施建设。另一方面，对小汽车发展一味采取严格限制既不现实也不合理，因此，还要继续适度进行道路改、扩、新建，特别是支路网的建设，并且要高度重视必要的快速路和停车场建设，以满足人们一定的机动化需求。

（4）科学地管理交通，理智地使用资源。现代城市要完全避免城市交通拥挤是不可能的。这种观点也许很悲观，但世界大城市交通发展历程可以证明，这是不得不承认的事实。城市交通需求总是大于城市交通供给，而且道路供应的增加往往诱发更多的交通需求。因此，指望仅仅依靠扩大道路交通供给来满足交通需求是不现实的。国内外城市交通发展经验证明了科学地管理城市交通，理智地使用道路交通资源与建设城市交通基础设施是同等重要的。而且，从某种意义上讲城市交通管理的效益比单纯的道路设施建设成效更为显著和直接。

面对机动化的趋势，在加强道路交通基础设施建设的同时，要更加重视城市交通管理。特别强调以下三点：第一，要充分应用现代交通工程理论和技术，积极应用高科技手段（如ITS、GPS、GIS等），强化城市道路交通管理，最大限度地挖掘和发挥道路设施的潜力。第二，合理分配道路路权，还道路以应该承担的功能。大城市道路交通管理中也要突出公交优先的理念，在城市中心区和主要通勤交通走廊的主次干道上，给公共交通以优先通行权。切实解决人车混杂、机非混杂、长距离交通与短距离集散交通混杂的矛盾。城市交通管理更应当体现以人为本的理念，对行人与自行车交通的安全性和可达性给予足够的关怀。第三，充分重视交通需求管理（TDM）政策和措施，合理调节交通需求增长、交通方式结构和交通流的时空分布。

1.3 大城市综合交通体系

1.3.1 大城市综合交通体系基本要素与要求

大城市综合交通体系是一个非常庞大和复杂的系统。按服务对象分客运和货运两大系统。按联系和服务的地域分对外交通和城市内部交通，发达国家则称为城际交通和城市交通。按交通方式（交通工具）分，对外交通（或城际交通）包括公路、铁路、航空、水运和管道运输五种方式；而城市交通包括使用人力的步行、自行车和使用机械动力的轨道交通、汽车、电车、摩托车、轮渡等。按交通系统构成要素分：承受荷载和输送通道的轨道、道路、航道、管道以及配套的港站停泊设施，承担客货运输的各种交通工具，保障运输有效、安全的各种管理设施、机构或组织，以及被运输的人或物。

前面已经述及城市交通体系对城市国民经济发展和现代化建设过程中的三方面地位和作用。由此出发，可以认为现代城市交通体系发展的根本目的和目标是：**能够适应经济全球化和区域一体化的发展态势，促进和提升城市的功能和竞争力，支持和改善城市的合理布局和优良人居环境；形成高效率、一体化和人性化的城市综合交通体系。**所谓高效率，对中国大城市而言，是要形成一个以公共交通为主体的高效率、低费用、低污染的城市交通体系，以此支撑高密度、高强度的城市基本特征和保护城市特色、文化遗产以及城市环境的要求。所谓一体化的城市综合交通体系体现在：城市交通与土地利用协调发展，对外交通与城市交通有机衔接，不同交通方式换乘方便等方面。所谓人性化的城市综合交通体系则要充分体现以人为本的指导思想，应当承认各阶层公民具有平等地享受交通服务的权利。在社会利益公平分配原则下满足如下要求：具有满意的公交服务，能吸引更多的市民乘用公交；具有布局合理的骨架道路网和停车设施，满足适度的汽车化要求；具有安全优质的自行车和步行系统，满足市民购物休闲、老幼病残和低收入者的出行需求；具有宁静清洁、安全舒适的道路交通环境，与现代化文明城市相适应。

无论是对外交通还是城市交通，判断交通体系优劣的根本标准是人和物运输的有效性、经济性、可靠性以及与外部系统的相容性。但是应当注意，这些标准对不同的评价主体会有不同的价值判断。用系统工程学的语言来表述，可以从“个体最优”和“系统最优”两种不同角度来评判。所谓“个体最优”，是以每一个运输服务对象作为评价主体，以他自己的立场和利益来判断寻优的。由于运输服务对象个体特性(就旅客而言，其性别、年龄、收入、文化、性格、修养以及出行的目的、要求等)的千差万别，对运输服务质量的要求、判断和选择也是分层次的、多样化的，带有极大的随机性。所谓“系统最优”，则是从运输体系以及所处的外部系统环境整体的角度出发，根据上述标准进行价值判断和行动决策的。作为城市政府领导，首先应当从城市的整体利益和长远利益出发，从追求城市整体发展的效率、效益和可持续发展等目标出发，对城市交通体系的发展战略、政策和具体建设进行决策，而不是片面追求形象、气派和机动车辆的畅通；同时，也要从交通服务对象需求的层次性和多样性出发，考虑交通供应和服务的多样性以及社会公共利益分配的公平性。决策判断的基本准则是政策和方案的四个性质：经济的可行性、财政的可承受性、社会的可接受性、环境的可持续性。

1.3.2 城市对外交通

城市的交通区位最重要的是它的对外交通条件，包括对外交通设施的方式种类、数量、水平、区位和布局等。面对经济全球化和区域一体化的趋势，以及城市间合作与竞争的需要，大城市对外交通设施的规划建设是至关重要的。**首先要考虑的是大城市与国际间的便捷联系和国际物流组织。**东部沿海地区大城市主要靠航空和海运。其中直接临海的大城市如香港、上海、天津、广州、海口、大连、青岛、厦门、宁波、南通、连云港、温州、烟台等，具有得天独厚的岸线和港口条件。这些既是城市自身发展的基础和优势，更是整个国家综合运输体系中最重要的交通设施，承担着支撑国家对外开放、国土开发、国民经济发展和国防的重任。因此，要在国家综合运输体系总体规划的统筹安排下，合理开发和利用好宝贵的岸线、港口和航空资源。特别要重视区域协调发展，积极争取沿海港口、机场等相互间的优势互补、一致对外、共生共荣；避免相互间的恶性竞争、重复建设和资源浪费。北京、南京、沈阳、杭州、济南以及其他近海大城市，则应优先考虑利用铁路、高速公路和长江、黄河等内河通道、港口与相邻海港的对接，创造便捷的国际海洋运输条件。东部大城市也是我国大型国际机场布局最密集的地区。要从国家和区域整体发展的角度出发，为共同参与国际竞争创造良好的条件和机会。中西部内陆地区大城市主要依靠陆上运输、航空运输和大江大河与国际接轨。因此要重点做好内陆大城市与欧亚大陆桥的接轨、国际航线的开辟，临江大城市则要充分利用好港口资源，与沿海港口形成对接，为内陆出海运输创造有利条件。**其次，做好大城市间交通联系的规划布局和建设。**大城市对外交通规划要根据国家沿海、沿江、沿边和中西部开发等的重大战略部署，主动与国家的铁路网规划、高速公路网规划、公路和水运主枢纽规划、机场布局规划和西气东输、南水北调工程等规划协调和衔接，促进国家东、中、西部的联动协调发展。要重点做好珠三角、长三角、环渤海、东北亚、闽东南等大城市群、都市连绵区的一体化交通网络规划。**第三，大城市要重视都市圈、都市区交通发展规划。**以一日交通圈、一小时交通圈和 40 分钟通勤圈等为单元构建大城市与周边城镇间的综合交通网络，支持大城市中心辐射功能的有效发挥，促进城市化和区域一体化的快速发展。**第四，重视城市出入口道路的规划建设。**这也是在快速城市化和机动化发展过程中必然会出现的一个重要问题。欧美日等发达国家高机动化的城市，中心区主要靠轨道交通，而在城市外围地区则主要依赖私人小汽车，这样，每天上下班高峰交通最拥堵的路段一般都在城市出入口，严重时排队长度超过数公里。徐吉谦教授和武进博士等在20世纪80年代初就开始对大城市出入口道路、城乡结合部交通进行了系统研究，总结了出入口道路的基本特性，提出了出入口道路规划设计原则、标准和建议模式。第五，做好各类客货运输综合枢纽规划建设，尤其是区域性的重大综合运输枢纽建设。

1.3.3 城市道路网体系

(1) 道路网体系基本要求。我国城市道路分为快速路、主干道、次干道、支路四个等级。城市快速路原则上只有100万人口以上的大城市才考虑规划建设，其功能是快速疏解跨区间长距离大运量机动车流，既提高路网的总体容量和快速疏解能力，又减轻主次干道网的交通压力和交通污染的影响面。快速路应尽量保证其交通流的连续性。主干道的交通功能主要是承担跨区间长距离或较长距离机动车交通流的输送。快速路和主干道共同构成城市的主骨架和主动脉，也是城市机动车交通的主通道。城市主干道可以是景观性的，但不应当是生活性的，尤其不应当是商业性的。城市次干道的交通功能是为主干道和快速路承担交通分流和集散。因此，次干道兼具交通性和生活性两种主要功能。支路如同人体的毛细血管，主要是为地区或地块的出入交通或通达交通服务的。

从道路交通功能正常发挥的要求来讲，道路网络系统必须是一个有机协调的系统。首先，必须具有合理的等级结构、功能结构和布局结构。合理的城市道路网络应由各类道路各司其责，有机结合，实现道路功能结构与等级结构的协调统一。其次，每一条城市道路都有多重特定的功能。城市道路规划建设应以实现其合理的交通功能为主要目的，同时兼顾市政管线、绿化、景观、日照、防灾等其他附属功能。城市道路应根据其应赋予的道路功能来确定合理的道路红线、横断面形式和分配等，绝不是越宽越好。第三，城市道路交叉口是影响甚至决定道路网交通容量的关键。交叉口的通行能力必须与路段的通行能力相匹配，否则，要么会造成路段通行能力的富余和浪费，要么造成交叉口的严重阻塞。第四，城市道路要慎重处理好与城市空间、土地开发、历史风貌、遗产保护等之间的关系。

(2)我国城市道路网存在的常见病。其一，路网等级结构不合理，造成道路系统功能紊乱。长期以来在道路网规划建设中，各城市往往只重视快速路和主干道网规划建设，忽视城市次干道和支路网的规划建设，导致我国城市道路网等级级配不尽合理。这几乎已经成为我国大城市的通病。国内外正反两方面经验表明，从快速路至支路，路网合理的级配结构应为“金字塔”形，而我国大中城市路网结构却为“倒三角”、“纺锤”形(图1－3)，普遍缺少支路或次干路，其中支路网密度指标同国标差异很大，远小于《城市道路交通规划设计规范》(下简称国标)3～4km/km^2 的要求。

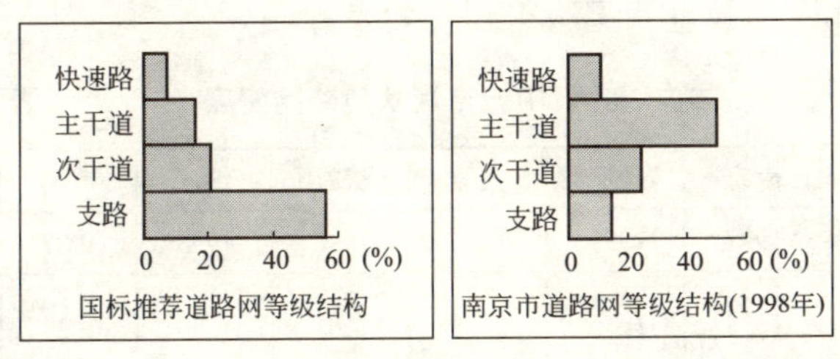

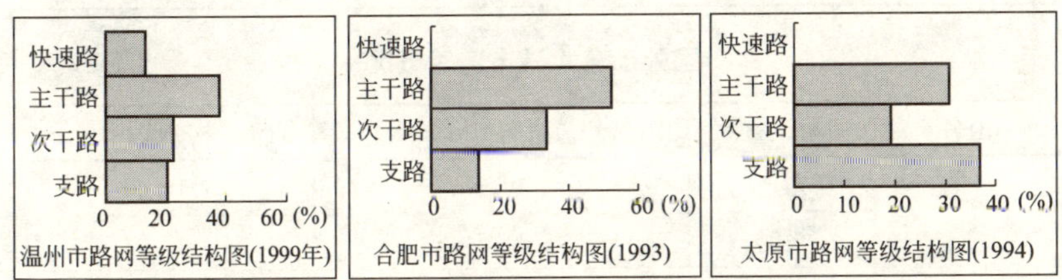

图1－3 国内部分城市现状路网等级结构与国标推荐值的比较

路网级配不合理，就会导致城市道路交通功能的紊乱。交通生成点与干路系统缺乏过渡性连接设施，城市交通集中在几条贯通性干路，不仅不利于机非分流系统的形成，也不利于不同出行距离交通的相互分离，更不利于不同类别道路系统交通功能的发挥。普遍表现为城市交通该快不快、该畅不畅、该通不通、该达不达；长距离交通与短距离交通重叠，机动车交通流与非机动车交通、步行交通流重叠，快速交通流与普通交通流重叠；大量过境交通穿越城市道路，机动车交通穿越市中心区，大片居住区成为公交盲区，商业中心公交、自行车、行人出行没有方便感、安全感等等。

其二，城市道路网密度低、系统性差，不能适应机动化发展和智能化交通组织。理论分析和国际经验均证明，要使现代化城市交通控制系统(UTCS)和智能化交通系统(UITS)发挥功效，必须具备足够的路网密度，主次干道的合理间距应不超过400m。提供足够的路网密度和系统性要比单纯追求干道的车道数、宽度重要得多。而这一点却恰恰是我国城市道路存在的另一通病。国内城市道路网密度与国际先进城市相比差距很大(如表1－1、表1－2)。加上各级路网系统性差，断头路很多，又加上混合交通干扰严重，使现代化的城市交通控制系统(UTCS)和智能交通系统(UITS)在中国城市交通系统中难于奏效。路网整体性功效也就无法得到有效发挥。

国内部分大中城市现状道路网密度 **表1－1**

城市名称	南京	合肥	太原	马鞍山	镇江	芜湖	鞍山
调查年份	1997	1993	1994	1990	1993	1987	1994
路网密度(km/km^2)	1.38	1.76	2.28	2.65	1.56	2.21	3.08

国外部分大城市道路概况 **表1－2**

国名	城市名称	人均道路面积(m^2/人)	路网密度(km/km^2)
日本	东京	10.3	18.4
	横滨	15.5	19.2
	大阪	14.2	18.1
	名古屋	22.8	18.1
美国	纽约	28.3	13.1
	芝加哥	45.9	18.6
	旧金山	25.3	36.2
德国	慕尼黑	13.4	6.99
西班牙	巴塞罗那	8.8	11.2
奥地利	维也纳	26.0	6.28

其三，路网节点不畅，路段与交叉口通行能力不匹配。我国传统城市道路设计缺乏交通工程理论的指导，交叉口红线、车道数与路段上完全一样。这样设计的结果是，交叉口由于相交道路间的交通流要相互等待或避让而导致通行能力大打折扣。加上交叉口机动车、非机动车和行人相互干扰，交叉口的服务水平严重下降。由于路口节点不畅而导致路网整体运行效率大打折扣，同时也造成道路网资源的严重浪费。交叉口渠化对路网整体使用效能改善具有特殊意义和明显效益：理论计算和实际应用均表明，如果对一个城市路网所有干道交叉口都进行渠化，该路网容量指标至少可提高30%以上，甚至可达53.5%~65.5%！可见，交叉口渠化对经济还不十分宽裕，人口密集、土地资源寸土寸金的中国城市而言，其意义非同小可！在我国许多大城市的老城区、中心区，由于受自然、人文、环境、经济等因素制约，进行道路大幅度加密及现状道路全线拓宽已不大现实，所以必须高度重视交叉口渠化改造，通过增加交叉口的车道数来弥补时间资源的损失，从而提高交叉口的通行能力。这样可以最大限度地发挥既有道路设施的潜能。

其四，道路网发展造成城市历史文脉的不同程度破坏。为充分发挥城市交通的先导及支撑作用，我国各城市竞相将道路建设作为改变城市面貌与改善城市投资环境的突破口。尽管近些年城市道路网络、城市道路总体建设水平取得了长足发展，但我们的人文资源、城市特色正随着道路建设而逐步丧失。这主要表现在如下三方面：①旧城干路为城市的艺术窗口，道路两侧一般建有大量的优秀建筑，由于这些道路是全市交通矛盾最复杂地段，往往成为完善干路网系统的首选项目，所以随着道路的拓宽建设，两侧许多历史建筑被迫拆除，传统街道景观、尺度被破坏，从而割断了城市的历史文脉；②旧城三块板主干路绿化配置形式已成为某些城市的特色，绿岛与行道树是城市历史的积淀，但随着这些道路的横断面改造，城市的街道景观正遭到极大影响；③江南城市的河道水系不仅具有重要的历史价值，而且起着排水防涝、美化环境的作用，在寸土寸金的旧城区，填河修路不存在拆迁，所以因认识与经济原因，一些河道往往成为道路建设的牺牲品。

改善城市交通固然是好事，但道路建设的某些工程措施却违背了城市交通可持续发展的平等性、延续性等原则，后代人不能享用历史留存的人文资源，只有借助文献资料才能了解城市历史文化的发展历程。

（3）城市道路规划建设中的若干关键问题。其一，*对城市道路网容量的辩证理解*。道路网究竟能承受多少机动车保有量，这是每个城市的决策者关心的问题。从影响路网容量的因素看，道路基础设施作为机动车交通的载体只是反映了硬件条件。除此之外，路网的承受能力与城市交通宏观政策和管理也具有密切关系，牵涉到对私人机动车的使用和管理政策、对出租车发展的政策和对外来车辆的管理政策等等。其根本反映的是对机动车出行的管理政策。定量反映在机动车高峰小时出行率、外地车辆所占比例、出租车保有量，其中机动车高峰小时使用情况为主导因素。不同出行参数下道路网所能承担的路网容量或者机动车保有量存在极大差异，而不同出行参数的取值正是反映了不同的城市交通发展政策与管理策略。因此，对一个城市而言，并不是仅靠建马路就能满足不断增长的机动车交通需求的，更不是马路修得越多越好、越宽越好。更重要的是制定合理的交通发展政策来分配和使用道路资源。

其二，关于城市快速路规划建设。城市快速路是城市道路中的最高等级的道路，是为了保证城市长距离的机动车出行者在相对可接受的时间内完成其出行目的（或过程）而建设的能相对快速、连续（也可不完全连续）通行的道路系统。城市快速道路的设置适用于快速疏解现代大城市中大型片区间长距离、大流量机动车流或者穿越大中城市的过境车流。所谓长距离，也即机动车出行距离至少超过5～7km，所谓大流量，也即在高峰小时同一机动车交通走廊内，超过5～7km的长距离单向机动车出行交通量至少要大于1000～1500辆当量小汽车/小时。一个城市是否需要快速路，要综合考虑这个城市的规模（人口、用地）、形态、布局、机动车发展水平和综合经济实力等因素，必须慎之又慎，切不可好大喜功、盲目决策。如果确实有必要设置快速路，则要解决好四个关键的技术问题：①快速路的选址和布

局；②快速路规划的系统性和协同性（包括其自身的和与整体路网的协同性）；③快速路的标准问题；④快速路的几何形式问题等。

① 快速路的选址和布局。首先要明确快速路的功能是解决片区间长距离机动车交通还是解决城市过境交通或者两者兼而有之。其次，在明确功能的前提下，根据快速路所服务车流的分布流向来确定快速路的基本走向。然后，再来研究快速路的具体路径。在确定快速路的具体路径时，必须十分慎重。注意到机动车行驶的机动选择性，快速路路径不必完全按照最短流向来选择。要从尊重城市文化、尊重城市文明、尊重城市环境，总之要从以人为本和可持续发展的角度出发，来选择快速路可能的路径，切不可“杀出血路”、勉强硬做！

② 快速路规划的系统性和协同性。城市快速道路交通系统是一个流动的、复杂的、高级的系统。如同系统规律的普遍性：越是复杂的、高级的系统，就越体现出其系统性和协同性。离开了系统性和协同性，则这种系统就会失效，甚至带来灾难。城市快速道路系统性设计中，最为关键的是立交的系统设计、相关疏解道路的系统设计和平行地面道路的系统设计等，这三大系统设计只要有一个不到位，就有可能使快速路系统整体或者局部失效。

③ 快速路的标准问题。快速路建设一方面其成本远远高于普通城市干道，另一方面它对城市整体路网格局具有重大而深远的影响。因此，其设计年限至少应当按30年考虑，设计规模（车道数）的确定一定要有前瞻性。这样的重大工程，既然要建，就要深谋远虑、高瞻远瞩。日本城市早期修建的双向四车道快速路均很快不适应，后来新修的快速路基本不采用四车道标准。上海、广州的经验同样如此。而且四车道快速路的运行安全性和可靠性比六车道的快速路要差得多。

④ 快速路的几何形式问题。快速路的几何断面形式可以是多种多样的，如地面的、高架的、地下的、半地下的等等。快速路不等于高架路。高架路也绝不是城市交通现代化的标志。日本名古屋为减少快速路的环境影响，已建设了半地下式快速路，并且还规划了地下式快速路。但我国不少城市受上海、广州等特大城市影响，热衷于建高

架路，认为高架路就是快速路，这实在是对快速路的误解。如前所述，城市高架路尽管也是快速路的一种形式，但有很大缺陷，如果其区位选择不当，对城市来说可是贻害无穷！因此，交通专家们的共识是：建设高架路是一些大城市的交通拥挤到了非常严重程度，又无力或无法选择其他形式的快速路方案的情况，不得已而为之的一种无奈选择。人类已进入21世纪，可持续发展理念已广泛深入人心。西方有些国家城市已开始拆除城市高架路。因此，城市修建快速路、高架路的需求和呼声恐怕还会不绝于耳。在此，笔者再次提醒城市决策者千万要慎重决策。

其三，关于城市道路红线宽度和横断面设计。城市道路红线宽度主要取决于城市道路的功能等级。《城市道路交通规划设计规范》按照不同城市规模大小规定了不同等级城市道路的宽度范围。规范规定的限值是根据不同等级道路应当承担的道路交通功能、交通量大小以及国内外城市道路规划设计经验确定的。它既具有科学依据，也具有强制性，因此不能凭长官意志随意而定。道路过宽或过窄都不能保证城市道路功能的正常发挥。而实际建设中比较普遍的问题是干路过宽、支路过窄。干路过宽，再加上横断面分配不合理，很容易造成交叉口通行能力无法匹配，行人过街困难，甚至成为马路杀手。对于一些历史文化名城、历史保护街区，城市道路红线宽度的确定更要慎之又慎！支路过窄，加上机非车辆混合、违章停车、占道经营等，使支路的通达功能完全失效。

城市道路横断面分配也是城市道路规划设计中的关键。城市道路横断面要素通常包括：机动车道、非机动车道、人行道、中央分隔带（简称中分带）、机非分隔带（简称侧分带）、路缘带等。这些要素的尺寸分配要根据道路功能，综合考虑道路通行能力、交通安全、交叉口渠化、港湾公交车站设置、地上地下市政管线布设、绿化景观等因素来确定。因此，城市道路横断面设计实际上是交通工程设计、道路工程设计、市政工程设计和景观绿化设计的综合体，而不是简单的道路几何设计。一个好的城市道路设计应当成为功能和艺术完美结合的优秀作品。

其四，关于城市道路规划建设中的城市特色保护。旧城道路规划建设应当充分考虑人文古迹约束，必须保护旧城街巷格局，保护城市河道体系，禁止填河修路。为保护城市特色，我们可选择一部分景观优美、历史文脉浓厚、具有典型性的干路进行有重点、有选择的保护，突出其文化历史氛围，削弱其交通功能。为解决城市交通问题，我们可选择部分区域为重点保护区，在区域外部布设主次干路，解决该片区居民出行不便问题，但在区域内部应限制机动车通行。

随着时光流逝，即使现在新建的房屋、新栽的树木，也将成为历史的遗存，成为某个时代具有代表性的资源。为避免大拆大迁、砍树填河的建路方式，对目前交通需求不大而远期需按双向6~8条机动车车道控制的干路，可先建部分车道，道路红线一步到位，将机动车道远期拓宽部分作为现状的路侧带或中央分隔带，以控制用地、节约道路工程造价。值得注意的是，在将来需改为机动车道的部分，不能栽植高大树木，应以种植灌木、草皮为主。

随着我国道路建设发展，旧城区不少干路将完成新一轮改造计划，为实现城市文脉及人文景观的持续利用，除旧城区标准极低从未改造过的干路外，旧城干路红线标准不宜再提高，走向新世纪的干路建设不应再采取拓宽拆房砍树的工程措施，而应通过设置公交专用道及启动机非分流系统等措施来缓解交通紧张矛盾。

支路是运输城市交通的毛细血管，我国不少城市的旧城既有规划支路网是基于现有街巷的拓宽改造方案。应当指出，这些小街小巷不少是城市历史文脉、建筑风格及文化氛围的载体，支路建设亦不宜采取大拓大拆的模式，应当通过拆除现有街巷两侧的违章搭建，并在考虑组织单向机动车交通的前提下，来确定道路红线标准。为考虑城市防灾要求，改造后街巷的最小宽度应满足通行消防车及救护车的要求。

古树、古桥、古巷、古井、古河、古宅反映了城市的发展历史，具有丰富的文化蕴涵。我们应在保护与继承中求发展，不能片面地追求笔直宽阔的大马路，不能把城市的这些宝贵历史文化遗产当成道路建设的拦路虎。我们应充分利用这些资源（如把古树、古井作成交通导向岛），充分挖掘它们的历史蕴涵。此外，我们不能在重点保护街巷的块石路面上加铺沥青混凝土，旧城支路可采用块石路面，以此降低车速，使居民追忆历史、回归自然。

1.3.4 大城市客运交通体系

《雅典宪章》指出，城市具有四大基本功能：居住、工作、游憩、交通。"交通"即人和物的流动，也就是指城市客货运交通。在大城市综合交通体系中，尽管货运交通对现代城市发展也很重要，但是占有主导地位的是城市客运交通。因为城市客运交通量占城市道路交通量的70% ~90%以上，而且与城市居民日常通勤、通学、生活、游憩和交往等直接相关。

城市客运交通不能简单地理解为城市公共交通。除公共交通之外，城市客运交通还包括自行车和摩托车交通(二轮交通)、小汽车交通等个体交通，以及步行交通。各种不同的客运交通方式都有其自身的特点、功能和作用，满足不同顾客不同出行目的、不同消费能力和需要的出行选择。作为一个健全的城市客运交通体系，不能简单地排除任何一种交通方式，而应当通过科学合理的交通政策引导、交通设施规划建设和交通系统组织管理，使它们各得其所、优势互补，共同组成一个有机的整体。当然，各种交通方式的运输效率、平均的时空资源消耗、能源消耗和排污水平相差巨大，如表1-3、表1-4、表1-5。从提高城市交通整体效率和保证城市整体可持续发展出发，考虑到大城市空间资源以及政府财力的有限性和利用的合理性、社会公共利益分配的公平性、环境容量的限制性等多种因素和要求，大城市客运交通应当而且必须优先发展高效率、低消耗、低污染的公共交通，鼓励和倡导发展城市绿色交通，对高消耗(指交通时空资源消耗)、高能耗、高污染的个体机动交通方式采取可接受的调控限制措施(这些在前后章节中都有详细论述)。我国大城市客运交通总的发展目标是：**逐步建立起以公共交通(包括快速轨道交通)为主体、融个体交通(步行、自行车、小汽车等)为一体的、多元化协调发展的综合客运体系。**

城市主要交通方式常速时占用道路空间　　表 1-3

交通工具种类	常见速度（km/h）	车头间距（m）	车道宽度（m）	占用道路面积（m^2）	车均载客数（人）	平均每位乘客占用空间（m^2）
自行车	12	7.4	1.0	7.4	1.0	7.4
摩托车	30	17.0	2.0	34.0	1.2	28.3
小汽车	40	23.3	3.0	69.9	1.5	46.6
中型公共汽车	30	23.7	3.5	83.0	40.0	2.1
大型公共汽车	30	27.0	3.5	94.5	60.0	1.6
通道型公共汽车	25	31.3	3.75	117.4	100.0	1.2

几种主要城市交通方式单位运输量的能耗测定值　　表 1-4

	自行车	步行	公共汽车	地铁	摩托车	小汽车
kcal/人·km	63.84	328.86	714.0	322.4	1495.0	2795.10
以自行车能耗为1的各方式能耗之比	1	5.2	11.2	5.05	23.4	43.8

几种主要交通方式单位运输量的废气排放量比较　　表 1-5

交通方式	步行	自行车	公共汽车	地铁	小汽车	摩托车
以公共汽车为1的废气排放量之比	0	0	1.0	0.7	19.0	27.5

出于对绿色交通和交通弱者的关注、关怀，这里重点讨论一下步行交通和自行车交通。步行交通是人们最基本的出行方式。城市居民每天有大量的出行或移动是通过步行来完成的；在没有或者无法依赖任何机械化交通方式的情况下，通过步行交通，总能完成出行目的；任何一种机械化的交通方式都不可避免要以步行交通来完成一次出行的始和终。有个著名的交通专家打过一个最形象的比方：在一个10万人的小城市，如果要在10分钟之内将全部人口集中到一个广场，唯一可行的交通方式就是步行。可以说，步行交通质量是体现城市现代化文明程度的重要标志。闲暇时间增多，人口老龄化加剧，信息化程度提高，对残疾人、少年儿童出行的关怀等带来步行出行需求数量

和质量要求的提高。因此，政府需加大步行设施建设，加强步行空间的改造和管理，努力塑造一个安全、舒适、友好的步行环境。所有人行道道面施行永久性门厅化铺装，并设置盲道、无障碍坡道。人行道与非机动车道或机动车道之间设置柔性(或绿色)隔离。交叉口、人行横道处设置人行信号灯，并提供语音提示，确保行人(包括残疾人)安全过街。有条件的商业中心、商业街、公共活动中心设置步行区。

自行车交通自身具有许多优势特点：自主灵活，准时可靠；连续便捷，可达性好；用户费用低廉，运行经济；节能特性显著，环境效益好；时空资源占用相对较少，交通效率较高。自行车交通是面向21世纪大城市交通系统不可分割的重要组成部分。保持自行车合理比例既是现实需要，又对城市整体发展有利。远期自行车出行比例宜维持在20%~25%。以实现机非分流、改善交通秩序、方便市民出行为目的，通过加密支路网、调整干道横断面、建设自行车停车设施等多种措施，着力解决自行车交通通畅、安全和停放等问题。

客运场站和枢纽是构筑现代化和一体化城市客运交通体系的重要环节，也是落实公交优先发展战略的重要举措。大城市客运枢纽主要包括三种类型：①衔接城市交通与对外交通的客运枢纽。其中又有两类，一类是大型综合性客运枢纽，如火车站、国际机场，都是大城市最重要的对外联系窗口，既有航空、铁路、高速铁路、公路等多种对外交通方式的汇集或组合，又有城市轨道交通、公共汽车、出租车和小汽车等各种城市交通方式在此衔接、接驳。第二类是作为公路主枢纽组成部分公路客运站。要采取集约型的布局方式，保证城市交通与对外交通的顺利衔接，为旅客提供方便、快捷的换乘条件。②城市内部两条或多条轨道交通线路交叉形成的大型公交换乘站，要确保不同轨道交通线路以及地面公交线路之间具有良好的衔接，并且预留适当的自行车停车空间。③城市边缘的大型停车换乘站，截流外围城镇、郊区、远郊区进入主城的小汽车，换乘轨道交通和优质公交进入城市各区域。这类换乘站主要布置在轨道交通线路的起终点。要预留足够的土地，供建设大型停车场。

1.3.5 大城市轨道交通

(1)城市轨道交通系统基本概念。城市轨道交通系统是通过固定的轨道来输送、通常具有独立路权、列车化编组运营的城市公共交通系统。其基本特点是运能大、速度快、可靠性好、舒适度高、能耗低、污染小；相对应的是建设投资大、周期长，运营成本高、财务效益低，技术标准高、难度大。因此，轨道交通适用于大城市中长距离客流比较集中的客运交通走廊，而且城市要具备较强的财政实力。

轨道交通形式是多种多样的。如果用广义的概念，按照运量大小分为三大类：大运量的地铁、中运量的轻轨和小运量的路面有轨电车（每小时单向运送能力 6000 ~ 12000 人次）。但是，通常只取狭义的概念，即所谓“城市轨道交通”是指大运量的地铁和中运量的轻轨。区分地铁和轻轨的差别，并不是指其用的钢轨是重型的还是轻型的，也不在于敷设方式是在地面、地下还是高架，而主要在于运送能力、运送速度两项指标上的差别，同时，还有由运能和速度而反映到轨道系统技术指标和运行组织上的差别。地铁每小时单向输送能力达到 3 万 ~ 8 万人次以上，最高行驶速度达 80 ~ 100km/h 左右，运行速度（指包括停站时间在内的平均旅行速度）一般在 30 ~ 40km/h。因此，地铁多采用 4 ~ 8 节以上列车编组，必须以全封闭方式运行，转弯半径、最大纵坡、站台长度等要求都比轻轨要求高。轻轨每小时单向运送能力在 1 万 ~ 3 万人次之间，运行速度一般在 25 ~ 35km/h。轻轨列车的编组一般不超过 4 节。通常情况下，轻轨系统也需采用全封闭方式运行，也有采用半封闭方式运行的，但为了保证其一定的运行速度，在平交道口采用优先通行的交通信号系统。轻轨交通的转弯半径、最大纵坡、站台长度等要求相对地铁要低，因此地形适应性较广、造价较低。

(2)大城市发展轨道交通的必要性。如前所述，中国大城市交通正处在城市化和机动化联动发展的关键时期，轨道交通以其独特的优势在新世纪中国大城市交通发展中将起着非常重要、非常关键的作用。其必要性概括为：道路交通的脆弱性、地面公交的局限性、城市结构的特殊性、文化遗产保护的重要性和环境恶化的危险性等方面。

道路交通的脆弱性。我国大城市土地资源十分紧张，道路网容量十分有限，而相应的机动车、特别是私家车发展极为迅猛。即使通过城市道路的建设，短期内交通供求可以取得暂时的平衡，缓解一时的交通拥堵状况，但是车辆增长的速度还是远远高于道路设施的增长，道路交通的供求平衡十分脆弱。要想通过道路建设来满足快速增长的城市交通需求事实证明是不现实的，尤其是一些人口200万以上的特大城市更是不太可能。发展大城市轨道交通可以提供与小汽车有竞争力的公共交通方式，这样才能更多吸引居民出行向高效的公共交通转化，根本上缓解地面交通的压力。

地面公交的局限性。尽管最近5~10年，各大城市地面公交有了明显进步，但是，公交出行占城市居民总出行的比重还不是很高，不能胜任作为大城市客运交通主体的重任，也很难作为必备的交通支撑条件，来拉动大城市人口和功能的疏解。其根本原因是常规公共汽车受地面道路交通拥挤影响太大，无法确保稳定的运行速度和准点率，也就无法保证期望的服务水平和竞争力，来吸引中长距离出行由个体机动交通方式向公共交通转化。而轨道交通凭借其特有的优势，具备很强的竞争力。由这点决定了大城市尤其是特大城市发展轨道交通是必须的，而且是紧迫的。

城市结构的特殊性。我国的人均国土资源、尤其是东部发达地区优质农业空间资源十分紧缺宝贵。这决定了中国大城市普遍是高密度的城市。所以，大城市规划的布局形态大多采用多中心组团式布局、紧凑集约型开发。这样的结构形态有利于发展轨道交通，反过来，也只有轨道交通才能支持这种布局模式的形成并避免城市低密度、蔓延式扩张(即所谓“摊大饼”现象)。

文化遗产保护的重要性。我国是一个历史悠久的文明古国，许多大城市都具有数千年历史。遗存下来包括古城风貌、格局、街区、建筑等在内众多有形和无形的宝贵遗产。这些遗产正面临着城市规模扩张、交通需求尤其是小汽车高速增长带来的冲击。更多利用城市地下空间，发展轨道交通，减少对老城、历史街区的地面交通压力和破坏性改造，显然对文化遗产保护具有重要意义。

环境恶化的危险性。机动车交通的大量增加，已经使我国大城市空气污染构成比例发生很大变化，传统煤烟型污染逐步下降，而碳氢化合物和氮氧化合物等机动车废气污染的比例逐年上升，同时一些大城市在居民密集地段或商业街区修建城市快速路，造成的噪声污染也十分严重。这些对大城市环境质量构成很大威胁。大城市发展轨道交通的环保意义也是十分明显的。

总之，无论是倡导大城市公共交通优先发展战略，减少对小汽车出行方式的过度依赖，构造以公共交通为主体的多层次综合客运交通模式，还是为了适应城市化发展战略和大城市空间形态的合理塑造以及保护大城市历史文化遗产和生态环境等，大城市适时、适当地发展轨道交通都是必要的，是保障我国大城市可持续发展的重要支撑条件。

(3) 加快我国大城市轨道交通发展的若干关键问题。尽管我们已经看到大城市发展轨道交通是十分必要的，许多大城市也正在积极推进此项工作，但是，目前在大城市轨道交通规划建设中还存在一些值得关注的重大问题：

① 轨道交通线网规划的重要性。轨道交通建设是城市建设和发展过程中投资巨大、影响深远的百年大计，必须建立在高水平的轨道交通线网规划基础之上，否则，不但难于发挥其应有的功能和作用，反而会给城市背上沉重的包袱。经验表明，轨道交通线网规划不仅对城市空间布局、土地开发建设具有重大影响，而且对轨道交通设施用地控制、项目的有序建设更是具有至关重要的作用。一个既有前瞻性、又有科学性和操作性的线网规划，既可以避免规划决策的重大失误和建设过程中的用地矛盾，也可以及早控制用地，为项目建设节约非常可观的征地拆迁费用。轨道交通线网规划是一项综合性、复杂性和技术性很强的工作，必须精心挑选高水平的规划设计队伍来编制，同时当地城市规划和交通规划的专业配合也是十分必要的。线网规划重点要研究论证轨道交通在城市综合交通体系中的功能定位、与城市空间布局和土地利用相匹配的城市客流走廊分布特征、轨道交通线网

布局模式、轨道交通系统制式、建设时序等。

② 轨道交通建设时机和时序问题。欧洲和日本等发达国家大城市在小汽车进入家庭之前，已经有了比较发达的轨道交通系统。中国大城市轨道交通发展正在与小汽车进入家庭同时起步。小汽车购买是社会行为，一旦居民收入超过一定门槛值，发展势头会非常迅猛，沿海一些发达城市近几年已充分显露出来。而轨道交通建设是政府行为，投资巨大，周期很长，与小汽车发展竞争相当困难。因此，从总体上看，我国大城市轨道交通建设应当加大投入、加快建设，尤其是超过200万人口的特大城市。对于100～200万之间的大城市，首先要重视轨道建设的前期工作，提前做好轨道交通线网规划、近期拟实施项目的工程可行性研究。其次，认真做好轨道交通设施用地和沿线土地的规划控制。同时在技术上、经济上和组织上做好充分的准备。

③ 轨道交通建设投资与发展模式问题。轨道交通建设投资巨大，城市必须具备一定的社会经济实力才能有条件考虑建设。英国海外开发署(ODA)与世界银行在20世纪80年代曾经合作对21个发展中国家城市作过调查(这些城市人口都在100万以上)，结果表明，年人均国民收入在2000美元以上可能是修建大运量轨道交通较为适宜的条件。另外，即使城市财政达到了一定的经济实力，轨道交通建设也应当非常慎重。因为，到目前为止，世界上除了香港地铁之外，还没有任何一个城市轨道交通系统具有独立的财政可行性。所以，探索和选择轨道交通建设投融资和经营模式是大城市轨道交通发展中必须要面对和解决的一个非常关键的问题。

④ 轨道交通工程方案的技术经济合理性问题。轨道交通工程本身技术十分复杂，与建设投资和运营成本关系极大。通过技术的优化，可以为节省工程造价和降低运营成本作出很大贡献。根据已经建设和正在建设的上海、广州、深圳、南京等城市的经验，如果技术措施得当，国产化率提高，地铁的综合造价完全有可能降低到每公里3～4亿元人民币，一个地铁车站的综合造价可能节约数千万甚至上亿元。因此，选择高水准的设计队伍、建立严密的设计监理和工程招投标制度、更多地采用国产化技术等都是轨道交通建设过程中要高度

重视的问题。

1.3.6 城市静态交通

随着城市的机动车拥有量快速增长，近年来我国不少城市停车供求矛盾日益突现出来。城市停车问题越来越成为城市政府和社会各界关注的一个热点和焦点。根据国内外城市的经验教训，这个问题解决得好，停车有序，道路畅通，可以满足市民适度的机动化需求，促进城市经贸发展和繁荣；解决不好，则会导致交通秩序混乱，交通效率低下，甚至交通系统整体运转失控，由此也影响城市整体形象和社会经济健康发展。可以说，停车问题是城市拥堵的一把双刃剑。

（1）停车问题原因剖析。通过停车问题现象分析可以发现，停车矛盾的产生根源首先是停车供需关系的失衡，但是绝不仅仅是供需失衡问题，还有停车场的规划布局是否合理、停车配置与周边土地利用是否合理、管理手段与收费价格是否合理、停车容量和设计与周围的道路交通是否匹配等等多种复杂的因素。归结分析如下：

*认识上的误区。*我国长期处于计划经济时代，车辆的购置一直以单位为主体，车辆归全民和集体所有，称为“公车现象”。公车的停车需求一般由所在单位提供泊位，泊位不够就随便停放在道路上，因为公车停放的安全、费用问题与个人关系不大，时间长久人们便淡漠了“车库”概念，更谈不上提出“购车者自备停车位”的政策。我国在考虑停车需求时，将其供应交由建筑物配建停车位解决，其出发点是“有配建泊位，可满足需求”；事实上，考虑停车需求首先应给每辆车安“家”，从“车”的角度(而不是从建筑物或单位的角度)，以车辆本身为出发点，在考虑“自备车位”的基础上，再考虑车辆使用中的停车问题。遗憾的是，在这一方面一直存在着误区。

*停车发展政策与规划的滞后。*随着城市社会经济的发展与市场经济时代的到来，我国的停车设施发展战略与政策本应却未能得到及时的调整。一方面缺少对未来停车设施发展的宏观把握，即使有也未能结合实际，可操作性不强。另一方面政策制定滞后，缺少扶持停车建设市场形成与发展的政策，或者扶持力度不够，投资建设停车场的单

位及个人无利可图，无法吸引和筹集建设资金，建设停车场没有推动力，不能形成停车产业。

停车配建标准过低，配建不能满足需求。我国多数城市在建筑物停车配建问题上，长期以来主要参照1988年颁布的《停车场规划设计规则(试行)》执行，但随着社会经济的发展和机动车拥有量的剧增，其配建指标在许多方面早已不适应建筑物停车需求的变化，更谈不上指导建筑物超前建设停车位，再加上一些目光短浅的建筑物业主不重视配建停车设施建设，对其低调处理或故意回避，配建问题就更加严峻。最为严重的是，普通住宅不配建停车位的规则，使许多人产生购买车辆不需要备置车库的错误认识，也是导致城市住宅区停车位严重欠缺的根由，这一问题随着小汽车进入家庭步伐的加快而日趋突出。

停车管理混乱，管理水平低下。管理水平低下表现在：既有的管理法规得不到实施，执法不严；随意设置路上停车位、路上停车混乱、配建停车设施挪作他用、专用停车位证明做假等现象；建设的路外停车场使用缺少标志引导，使用率低；停车管理以人工管理为主，管理人员素质低等多方面。我国城市人口众多，道路面积率与路网密度普遍较低，道路上机、非车辆混行，其动态交通问题尚不能顺利解决，当然不适合长期被临时停车占用空间。由于路内停车点的设立和经营能够产生经济效益，客观上造成了部门利益支配下的片面行为，路内停车点设置不合理，经营管理的方法也与“促进路外停车设施发展，逐步减少路内停车”的长远目标不相适应。更为严重的是在社会上造成了路内停车合理合法的观念，违章的、不违章的路内停车泛滥，严重干扰动态交通；同时也造成路外停车设施得不到充分的利用，形成投资资金的严重浪费，又造成了“似乎我们不再需要建设路外停车设施”的假象。因此，对路内停车场的态度只能是暂时的应急，不能作为长久之计。

停车收费不能反映停车成本，产生经济问题。停车场经营长期作为政府补贴项目，免于收费或收费价格过低，不能反映建设经营实际成本，致使开发经营路外停车设施无利可图，停车设施建设市场无法形成，路外停车设施增长缓慢。未能将停车场作为商品对待，又导致投资难以回收，土地价格得不到体现等经济问题。另外，还存在停车收费使用不当，未能作为停车市场建设启动基金，造成资金流失。从大众心理角度看，人们长期以来习惯于免费或接近于免费停车，头脑里形成了不合理的停车观念，反而不能接受按市场价格提供的停车位，增大了调整停车收费价格的难度。

（2）停车问题综合对策研究。解决停车问题应该脚踏实地，着眼现状，并在发展的过程中不断反省，调整政策与对策，最终实现停车问题的根本解决。从我国城市的现状停车问题共性看，停车对策主要还应该是以扩大停车场供应为主，交通需求管理为辅。具体可从规划、建设、管理等层面寻找对策：

确立拥车者自备车位的政策。自备车位政策很容易理解，车辆与人一样也需要个家，这个问题解决了，停车问题至少解决了一半，但具体政策法规的制定却不那么简单。可以把购车自备车位的概念定义为：任何单位或个人在购买机动车辆（不包括摩托车）时，必须证明拥有或已经租用相应的停车位，方可在公安管理部门申请照牌，任何人不得将道路作为汽车停放保管之场所。自备车位战略的确认需要政策法规的进一步制定，规定每一辆机动车必须在住宅（或单位所在地）附近500～2000m范围内确保一个自备车位，并且是路外停车位。必须将车辆的上牌与自备车位政策结合，没有自备车位就不能给所购车辆上牌，并对提供虚假车位证明或违规连续在道路同一地点长时间停车者处以重罚，只有这样，这一措施才可行，也才会产生效果。实行拥车者自备车位政策有利于配建停车设施标准的落实，有利于培养人们良好的交通行为，有利于整个交通发展战略的落实。自备车位政策还可以起到兼顾近期远期不同交通策略的作用：近期有助于推动停车场建设，而当城市用地趋于紧张，泊位难求又将抑制购车欲望，起到交通需求管理之功效。

制定合适的配建停车标准。无论现在还是将来，配建停车设施在停车供应中均占主要比例（85%以上），因此制定合适的配建停车标准非常重要。所有建筑物如果能够解决其自身带来的停车需求，包括单位车辆的停放需求和所吸引车辆的停放需求，那么城市停车问题将解决一大半。配建停车标准的制定要有前瞻性，要能够满足将来相当长时间的停车需求。另外，配建标准也应根据停车需求的发展和城市交通策略变化及时调整。目前，北京、上海、广州、深圳、南京等城市已根据城市发展与车辆发展等特征制定了当地的建筑物配建标准。合适的配建停车标准不仅要求建筑物提供必备停车条件，也包括对建筑物在特殊情况下对配建停车设施数量的限制，避免配建停车位数量过多产生的其他负面影响，包括刺激地区交通量额外增长，与地区道路网容量不符，影响周边道路动态交通，不利于公交优先和步行安全等等。我国的香港在市中心等地区规定了一些建筑物的配建标准高限，目的就是控制静态交通发生率，保持交通系统的合理平衡。

重视公共停车设施的规划建设。公共停车设施是配建停车设施的补充，是为未配建停车设施或配建停车设施不足的建筑服务的，所以其规划建设是与配建状况密切相关的。配建标准的制定和执行情况深刻影响着公共停车设施的建设和经营。基于这一点才能重新认识公共停车设施规划，才能制定合适的规划设计思路和调查研究方法，使公共停车设施布点更合理。公共停车设施规划方案应体现对停车用地控制的要求，要规划一定的实施性项目，能指导当前停车设施建设；也能适应在城市建设发展中不断优化和改善的要求，要适应市场经济要求，使方案具有一定的弹性。另外，如何实施规划也应是规划研究的内容，应为规划的实施创造良好的外部环境，变“要你建”为“你要建”，规划除了应是物质规划外，也应是政策规划，包括用地取得、投资优惠、规费减免、管理配套等，使投资者、经营者的付出产生收益，形成停车发展市场，才能使规划真正能够落到实处，变成有可操作性的规划。

建立建筑物交通影响分析制度。交通影响分析（TIA）的目的是从整体上综合考虑某地区的交通问题，根据系统交通组织的原则进行交通设施规划设计，从而形成良好的地区交通出行条件。在一些对车辆停放敏感的地区，必须首先通过交通影响分析确定停车设施的规划建设，才能保证土地利用与交通的整体协调，保持地区动静态交通的平衡。如在城市中心区，商业性质用地密集，人流密度大，交通压力沉重，一些规划建筑物配建停车场的车辆出入口与地区交通组织形成矛盾，处理不好，或者造成配建停车场无法使用，或者是停车场车辆出入对周边道路交通影响极大。对于特定的步行街地区、公交优先地区，停车设施选址更是如此。城市规划部门应就此制定该地区停车设施规划布局的整体方案，可以在多个建筑物附近重新选址进行配建停车设施的共同建设，也可以通过征收配建不足差额费减免建筑物配建数量，同时在地区内综合规划合适场所建设公共停车场，一方面实现地区和建筑物的停车供应要求，另一方面实现静态交通与动态交通的协调平衡，塑造良好的地区交通环境。

推进停车建设和经营的产业化。日本、中国香港和中国台湾的停车场建设经验表明，走产业化之路是解决城市停车设施匮乏、停车建设资金缺乏的一条捷径。多元化投资体制是指停车场这类基础设施由政府的一元化投资变成由政府、企事业单位以及个人均可出资、集资乃至向国外融资的投资体制，并以此推进停车设施民营化(民营化指将停车设施的建设与经营管理交由民间团体或个人负责的建、管模式)，形成促进城市设施发展的良性循环。为了鼓励各方面共同参与停车场的开发、建设和经营，可制定一系列的优惠政策：如在停车场土地批租、征用、融资贷款、捐税减免、规划设计技术、公共设施配套等方面制定明确的奖励办法，提高投资者、经营者的积极性。

制定合理的停车价格。首先，停车价格应当反映全部成本，不但要反映经营成本而且要反映建设成本，应按市场经济规律来制定停车收费的价格，这样才能使市场的作用得到充分发挥，才能促进路外停车设施的兴建，才能实现停车设施建设经营的民营化。其次，停车价格应当体现差别化调控。我国停车设施的收费标准是较低的，路内停车设施收费尤其如此，这源于道路建设者与路内停车设施经营者的分离，对于路内停车设施经营者来说，其经营是一本万利的，这种状况必须扭转。差别化停车费率设置的原则是：中心区高于外围地区；高峰期停车高于非高峰期；白天高于夜间；路内停车高于路外停车等。

(3)“以静制动”——解决特定地区交通问题的良方。“以静制动”是指通过对停车设施供应总量、布局特征、管理手段的调节，限制特定地区动态交通的不合理需求，从而实现道路交通畅通的方法。在城市中心区和其他活动中心等交通拥挤的特定地区，“以静制动”是解决交通问题的一剂良方。具体方法有：

限制停车供应总容量，可以刻意减少停车供应。首先应该减少中心区不合理的路内停车场，使中心区的停车设施容量总是低于不加限制的停车需求，接近或稍高于基本停车需求；可以制定中心区建筑物配建指标高值，禁止超过配建值的停车场建设；可以强制公共停车场布局选址规划，禁止在规定地区内新增任何形式的公共停车场。当然以上方法首先要满足保持中心区活力的基本停车需求。

限制中心区停车车种：禁止一些车辆高峰时段的停放(货车、外地旅游车、使用率低的小汽车等)，也可通过高额收费实现。

优化停车设施布局：在中心区外围提供换乘的停车可能，通过设置方便的公共停车场，开放外围地区配建停车场等多种措施，在中心区外围形成保护屏障，鼓励 P + R(Parking and Riding)的出行方式。

控制停车时间：通过多样化的停车管理方法和收费方法，控制或禁止中心区内长时间停车，同时对中心区外围停车场的停车费显著减低，刺激停车者选择区外停车。

1.3.7 城市货运交通与现代物流

城市货运交通是城市交通的重要组成部分。货运交通一方面对保障整个城市功能发挥和提升、社会经济活动的正常运转必不可少；另一方面，在城市交通日趋紧张的情况下，货运交通对城市交通本身的组织和运行以及环境状况具有重大影响。在以城市为中心的国民经济和社会发展中，城市货运交通系统的有效组织、高效运转，日益成为城市规划建设和发展中的重要课题。

城市货运包括生产货运和生活货运两大类。生产货运是一个广义的概念，包括工业企业需要运送的各种原材料、设备、能源、制成品或半成品及工业垃圾；建筑业需要运送的各类建筑材料、装饰材料和建筑垃圾；商贸文卫体等各类服务行业和企业需要运送的各类商品、设备、材料或垃圾等。生活货运是指与市民生活相关联的各类货物、垃圾。

传统的城市货运，特别是在计划经济模式下的城市货运主要由生产企业或传统的运输企业来承担。这种运输组织方式无论对企业自身，还是对整个社会来说，是一种高投入、低产出的低效组织方式。在经济全球化、市场一体化和社会信息化的共同作用下，传统的货运交通组织正发生着革命性的变革，也就是用**现代物流**的理念和方式来进行组织和实现。

现代物流泛指以市场化运作、社会化组织、信息化支撑的，将原材料、半成品、产成品等从起点至终点的物质流通与运输过程及相关信息有效流动的全过程。它将运输、仓储、装卸、加工、整理、配送、信息等方面有机结合，形成完整的供应链，为用户提供多功能、一体化的综合性服务。现代物流是管理与技术不断创新的产物，是管理体系与技术体系的互动与统一，是社会科技进步的一种表现。现代物流采用了先进的科技、信息技术手段，包括基于各种通信方式基础上的移动通信手段、全球卫星定位（GPS）技术、地理信息（GIS）技术、计算机网络技术、现代立体自动化仓库、自动化仓库管理技术（包括计算机控制的分拣、包装等）、机械化装卸技术、智能标签技术、条形码应用、射频技术（RF）、信息交换技术等，现代物流中体现了现代科技甚至尖端科技的综合运用。现代物流按照服务区域和组织体系来分主要有国际物流、区域物流和企业物流三种形式。作为物流发展的空间载体——物流基地，主要有物流园区、物流中心、配载中心等形式。

1990年代以来，传统物流已逐渐开始向现代物流转变。运输合理化、仓储自动化、包装标准化、装卸机械化、加工配送一体化、信息管理网络化等都有了进一步的发展。当今全球现代物流呈现了新的发展趋势，概括地说，主要体现在四个方面，即专业化与系统化、信息技术为支撑的高技术化、全球一体化、电子商务与服务整合（门晓伟，2001）。

现代物流的精髓在于以企业和社会的利润和效益最大化为取向，以最大限度降低物流成本为目标，通过充分应用现代高科技手段和先进的管理模式，组织一体化的、集约化的生产经营和物资流通。现代物流是一种先进的、社会化的新型物流管理技术和组织方式。物流的社会化使得物流业成为一个服务性产业，物流的社会化也使得物流的合理化成为可能。通过连接生产、销售、运输、仓储以及其他延伸服务，对产品、信息、运输、仓储等资源进行优化组合，既可使各种资源得到最充分的利用、又可有效减少物流成本。物流的社会化推动了产业结构、企业业务结构的调整，进而提高了整个经济运行的质量。因此，现代物流被称为是现代社会的第三利润源泉，是现代城市的一种新兴产业，是21世纪的朝阳产业。

正因如此，发展现代物流业已经引起国家、地方和城市政府的高度重视。我国沿海经济发达地区的大中城市都看到了发展现代物流业的诱人前景，正在积极规划和实施物流园区、物流中心、配载中心的建设。在深入完善社会主义市场经济体制、积极迎接经济全球化挑战的背景下，积极推进我国现代物流业的形成和发展，打破部门、地区和所有制的界限，优化资源配置，逐步实现物流的社会化，对吸引世界制造业中心尽快向中国转移，提高我国在国际上的综合竞争力，具有十分重要的意义。

但是必须指出的是，当前我国大中城市在推进发展现代物流业、开展物流园区、物流中心规划建设的过程中也存在一些值得注意的问题。主要表现在对现代物流业的内涵和外延理解的偏差和误解，对具体城市发展现代物流业的条件、动力和基础论证不够充分，相邻城市间缺乏协调、互相攀比、重复建设等等。尤其突出的是不少城市的物流园区、物流中心的选址不当，规模偏大，有新的“圈地运动”之倾向，这是必须加以克服和制止的。

对大城市道路交通规划和管理来说，货运交通也不可忽视。在规划层面上，由于大城市的商贸服务功能日益发展和增强，大型仓储式超市等新型商贸业态的快速发展，加上现代物流业的理念和模式的引入，对传统货运站场、仓储设施的数量、规模和布局的规划要进行重新审视和调整；对大型市场、商场、超市、购物中心、配载中心等的选址、用地以及配套设施的规划要有新的理念和标准；在公路和城市道路网规划中也要充分考虑货运交通这些新的发展背景和要求。在交通管理层面上，除了对过境性的、集中性和对城市生活环境会造成较大噪声、粉尘等污染的货运车辆在空间和时间上进行必要的疏解之外，对城市日益增长的物流配送车辆的交通组织不应当采取传统的、简单的限制或禁止的方式，而要以新的理念和方式来研究解决，否则将有可能对城市新的机能发育和市民现代化生活方式造成负面影响。

1.4 优先发展公共交通

所谓公交优先，从其内涵来说，至少有以下四个方面的含义：①政策上的优先。政府在综合交通政策上给予公共交通发展的优先地位，主要是财政和税收的支持和优惠。②规划上的优先。在城市规划和交通规划上以公共交通优先发展为前提和基础。如制定和实施公共交通导向的城市规划和土地开发，交通规划中，一方面制定科学先进的公交体系规划(包括轨道交通)，另一方面，更重要的是规划一个能体现和实现公交优先的道路网。③建设的优先。主要是基础设施投资分配、计划安排和工程设计，向公共交通(轨道交通、公交场站、公交车辆、服务设施)倾斜。④管理上的优先。在城市道路及其交叉口的管理中，给予公共交通优先通行权。

1.4.1 实施和实现公交优先发展，任重道远，政府责任重大

如前所述，未来15~20年城市交通结构和模式正处于发生重大历史性转变的关键时期。小汽车过度发展和使用会耗费政府巨额资金，并将对城市健康发展构成严重威胁。小汽车化是我国大城市必须尽力避免的道路。可以说，公交发展处于极为关键时期，肩负着历史的重任。

尽管我们期望公共交通肩负起历史的重任，但是，要真正确立公共交通的主体地位将是一条艰难的道路。①所谓公共交通占主体其承担的出行比例至少应在40%以上。而我国大城市目前公交承担的客流比重还很低，一般在10%～20%，现实与需要差距甚远。②国际经验表明，200万人口以上的特大城市，要确立公共交通的主体地位，最终必须依靠快速大运量轨道交通来支撑。尽管南京、武汉、沈阳、长春等大城市正积极准备启动城市轨道交通建设，但真正要建成并形成规模至少尚需15～20年时间。而这段时期恰恰正是城市交通结构和模式转变的关键时期。在这段关键的过渡时期，地面公交服务效率和质量至关重要。③从人的出行选择行为看，公共交通由于很难实现门到门服务，因此相对于个体交通处于天然的劣势。④许多大城市，特别是南京这样的历史文化名城，道路交通条件无论是路网密度、等级结构还是道路标准以及交通管理等均制约着地面公交的有效拓展和运行。⑤公交系统本身在体制改革、补贴机制、监督保障等方面还有许多工作要做，要达到先进国家那样优质、高效、舒适的公交服务水准还有很长的路要走。

在此关键时期，政府的战略选择和政策导向十分重要。一方面，国际经验表明，公交优先只有成为政府一贯的政策理念并得到政府强有力的支持才能实现，另一方面，政府能否坚持并最终实现公交优先，不仅决定着城市未来的机动化道路、城市交通系统的效率和服务状况，而且将对城市整体发展及人民生活产生重大影响，决定着未来城市布局演化、城市活力与效率、古都特色保护及城市长远可持续发展。

1.4.2 坚持城市土地利用与公共交通系统的协调发展

城市交通问题的根源之一是城市土地利用的空间布局问题，交通网络不但影响城市的发展形态（Urban Form），而且城市的土地使用形式对交通需求也会有重要的影响。在美国，由于1954年联邦援助公路建设通过立法，使得小汽车成为各大城市区域主要的运输方式，随之而来的是日趋严重的交通问题。运输效率的降低，往往又导致经济生产力的下降。目前在美国这样的以小汽车为主要出行方式的国家，改变人们出行方式选择的重要手段是运用立法来鼓励城市公共交通发展，将私人交通逐步转变为公共交通运输。在城市可持续发展的背景下，国际上一批新城市主义学家正突破传统的城市发展及城市规划理念，提出了以公共交通为导向的土地利用发展模式(TOD)。其要点是：沿公共交通尤其是轨道交通线路及站点发展城市新市区；在站点附近的城市组团土地利用布局中突出土地利用的混合使用；城市组团的尺度使得组团内部的出行能够在自行车、步行的长度范围内；各个TOD地区之间的居民出行活动能够方便地使用公共交通；TOD发展的主要原则是通过土地利用发展的合理布局，降低人们出行过程中对小汽车的依赖和使用。在理论和实践过程中，TOD发展策略可以依其在空间发展结构上的不同划分为六种基本型态：①单一使用交通走廊发展型；②混合使用交通走廊发展型；③新传统式或传统式邻里发展；④以公共交通场站为导向的发展；⑤行人步行区的设计；⑥聚落型发展。联合开发(Joint development)往往是公共交通系统建设能达到经济与财务可持续发展的重要手段，地方政府一旦采用此规划政策，并实施TOD的法规，必须要审慎考虑较为有效的途径来刺激交通走廊的发展。通常因TOD发展的管辖权均由地方政府拥有，运输业者可以运用联合开发方式来减低承包运输走廊开发的风险，并可获得建设与营运的应得利润。

1.4.3 公交优先发展对策与措施

根据日本、西欧国家的公共交通发展经验，各个城市应根据本城市的交通强度与密度、城市的地理环境，通过选择以下方法与措施发展公共交通。①规划建设大容量、快速度的轨道交通；②建设换乘枢纽并与城市的土地利用开发密切结合；③发展城市公共汽车(包括车辆、场站、线路等)；④进行公交企业改革，形成有规模、有竞争、有活力的公共交通客运市场；⑤改善公交车道路运行环境，有条件地推行公交车专用道、交叉口公交优先服务等措施；⑥通过科技进步，积极研发新型的公共交通运输系统。

日本城市公共交通系统选择推荐　　表1-6

城市分类	人口规模(万人)	公共交通系统配置
大都市圈	300万以上	高速轨道网络/公共汽车网络
地方中枢城市	100~300万	高速轨道网络/公共汽车网络
地方中核城市(1)	50~100万	高速轨道网络/公共汽车网络
地方中核城市(2)	20~50万	公共汽车网络
地方中心城市	5~20万	公共汽车网络
地方中小城市	3~5万	公共汽车

参考文献：

[1]　全永燊，刘小明，杨涛等著．路在何方——纵谈城市交通．北京：中国城市出版社，2001.

[2]　马林，李洵，赵晓云主编．迈向二十一世纪的中国城市交通——中国城市交通规划学术委员会论文集．北京：中国地震出版社，1999.

[3]　建设部城市交通工程技术中心．可持续发展的城市交通系统(国家自然科学基金重点项目立项报告)，1998.

[4]　周干峙等．发展我国大城市交通的研究．北京：中国建筑工业出版社，1997.

[5]　陈学武．可持续发展的城市交通系统模式研究．东南大学博士论文，2002.

[6]　李晓江等．中国城市交通发展战略．北京：中国建筑工业出版社，1997.

[7]　张仁琪，高汉初，胡子祥．中国人的轿车梦．北京：机械工业出版社，1997.

[8]　李安定．家庭轿车诱惑中国．北京：作家出版社，1998.

[9]　李小江，阎琪，赵小云编．中国城市交通发展战略．北京：中国建筑工业出版社，1997.

[10]　黄良会，叶嘉安主编．保持城市交通畅通——香港城市交通管理经验．北京：中国建筑工业出版社，1996.

[11]　周鹤龙．大城市辐射交通研究．东南大学(原南京工学院)硕士学位论文，1988.

[12]　王玮．汽车神话——文化、社会与创业．北京：北京大学出版社，1998.

[13]　中华人民共和国国家标准 GB 50220—95．城市道路交通规划设计规范．北京：中国计划出版社，1995.

[14]　中华人民共和国行业标准 CJJ 37—90．城市道路设计规范．北京：中国建筑工业出版社，1990.

[15]　徐循初，王宪臣．城市道路交通规划设计规范（讲解材料），1995.

[16] 杨涛. 城市交通网络总体性能评价与建模. 东南大学博士学位论文，1995.

[17] 南京市交通规划研究所. 南京市城市道路规划建设可持续发展研究，2000.

[18] 大城市停车场系统规划技术总报告(国家“九五”科技攻关课题). 大城市停车场系统规划技术专题研究组，1998.

[19] 杨绍峰，李侃桢，於昊. 建立静态交通新秩序——停车问题综合对策研究. 21世纪都市交通运输系统的可持续发展. 北京：人民交通出版社，1999.

[20] 停车设施规划管理与经营——94深圳国际城市静态交通管理技术研讨会论文集. 中国城市交通规划学术委员会等主办，1994.

[21] 晏克非，阮燕健. 国际性大都市停车建设与管理法规经验与教训简介，97年大城市停车场规划、政策及管理经验交流会论文集.

[22] 中国公路学会交通工程手册编委会. 交通工程手册. 北京：人民交通出版社，1998.

[23] 陆锡明，施文俊，陈必壮. 大城市停车问题对策——以上海为例. 城市交通(试刊)，1999年第3期，1999.

[24] 王静霞，董苏华. 我国大城市停车问题与对策，城市规划1997年增刊.

[25] 薛博，阮燕健，张晓春. 深圳市停车发展策略研究//99上海国际城市学术研讨会论文选. 上海：同济大学出版社.

[26] 南京市交通规划研究所. 南京市停车问题综合对策研究，1998.

[27] 李侃桢，於昊. 新形势下城市停车设施规划布局新思路. 城市规划. 1999，3.

[28] 徐慰慈. 城市交通规划论. 上海：同济大学出版社，1998.

[29] 南京市交通规划研究所. 南京市中心区动静态交通设施容量平衡关系研究，1998.

[30] 门晓伟. 抓住机遇，加快我国现代物流的发展. 中国民用航空，2001，7.

[参加本文研究和写作的包括：钱林波、李朝阳、於昊、杨绍峰、孙俊、何宁等同志。本篇部分内容编入汪光焘先生(原建设部部长，现全国人大环境与资源保护委员会主任)主编《领导干部城乡规划建设知识读本》，中国建筑工业出版社，2003. 11]

江苏城市交通发展述评

2.1 主要成就

2.1.1 交通基础设施投资规模空前

“十五”期间，江苏经济社会持续快速发展，各城市财政实力显著增强，道路交通基础设施投资规模空前。据统计，“十五”期间，江苏省公路水运交通设施投资达1500亿元，居全国第一，是“九五”的2倍。市政基础设施投资近2000亿元，是“九五”的3.3倍，其中道路桥梁与公共交通约占其中的70%。巨额的道路交通设施投资、大规模的交通基础设施建设，既极大地改善了江苏省各市城际交通联系，也使城市交通设施水平有了较大提高，一定程度上缓解当前的交通矛盾。

2.1.2 城际交通发展成就突出

到“十五”期末，江苏省公路总里程达78262km，公路网密度达76.3km/km^2，居东部沿海发达省份的前列。高速公路里程达2886km，通车总里程位居全国第三，密度居各省区之首，已经基本实现省辖市之间高速公路直接连通。2005年沪宁高速公路完成了8车道扩容改建，建成了南京长江公路二桥、三桥、江阴大桥和润扬大桥。铁路建设取得较大进展，建成了新长铁路和宁通铁路，沪宁铁路实现了多次提速，电气化改造正在进行。南京禄口国际机场、无锡硕放机场、常州奔牛机场、南通兴东机场等设施建设和航线新增取得较大进展。港口和航道建设也取得了长足进步。这些交通基础设施建设成就，大大提升了江苏的国际和区域竞争力，对全省经济社会持续快速增长起到了极大的推进作用。尤其是高速公路建设的突破性进展，极大改善了江苏省各市城际交通快速通达条件，促进了苏南、苏中、苏北联动协调发展。

2.1.3 城市道路基础设施建设成绩显著

“十五”期间，江苏省各市都把道路交通基础设施建设作为城市建设的重点和突破口，是江苏省城市道路设施建设发展最快的时期。各城市上一轮总体规划确定的干道网大多提前基本建成。城市人均道路面积已超过16m^2/人，比“九五”期末提高了1倍以上。道路交通基础设施建设改善了道路交通条件，提升了城市形象，拉开了城市框架，促进了江苏省城市化和城市现代化的发展。

2.1.4 公共交通发展逐步得到重视

优先发展公共交通正在成为江苏省各城市的共识，通过加大财政投入力度、体制改革等措施促进了公交的快速发展，取得了较大成效。南京地铁一号线一期工程建成，实现了江苏省城市轨道交通零的突破，南京地铁二号线一期工程正在建设，苏州轻轨工程已获得国务院批准，正在积极筹备开工建设。城市居民出行对公交的依赖程度逐步提高，城市公交出行比例逐步上升。如南京市公交出行比例1997年只有8.2%，1999年迅速回升到21%，2003年更是接近30%，位居全国同类城市前列；苏州市1996年公交出行占4.3%，2000年上升到6.4%，2006年上升到10.4%；常州市1994年公交出行占2.36%，2006年上升到8.95%；徐州市1998年公交出行比例只有2.68%，而到2003年上升到14.7%。

2.2 基本特征

20世纪90年代以来，江苏省经济总量一直保持两位数的高速增长，城市化进程不断加快，随之引发全省各市客货交通需求快速增长，城市内外交通压力日益加重。

2.2.1 城市客运需求总量快速增长

城市社会经济活动的活跃、大量人口向城市转移，引发江苏省各类城市的客运交通总量增长明显高于人口增长。首先，城市人口规模基数快速增长，包括常住人口和流动人口。江苏省城市化水平2000年为41.5%，2005年上升到50.5%；2000年底江苏省城镇人口3040.81万，城市暂住人口270万，到2003年底分别增长到3473.7万和440万。其次，城市居民的流动性明显加大。南京居民一日人均出行次数1986年1.87次，1997年1.96次，2006年上升到2.62次。徐州1982年为2.46次，1998年增长到3.10次，2003年上升到3.23次。无锡1986年为2.21次，2003年增长到2.35次。常州1994年2.04次，2003年增长到2.16次，2006年上升到2.58次。其他城市居民出行调查结果也显示了类似特征。南京主城居民出行总量由1986年300万人次，增长到1997年384万人次、2006年620万人次，出行量的增长远远高于人口增长。再次，随着城市的快速发展，城市人口逐渐向新区集中，引发了城市居民出行距离拉长。根据南京、苏州、无锡、徐州等城市的居民出行调查结果，从20世纪80年代后期到21世纪初期，人均出行距离增长了20%～30%。

2.2.2 城际、城乡、城市内部货运需求快速增长

随着经济的快速发展和经济结构的调整优化，江苏省工业化水平越来越高，产业发展呈规模化、集约化和大型化发展，制造业、商贸运输量迅猛增长，城市之间的货运交流越来越密切。随着城乡商贸流通的活跃和农业产业化、工厂化和规模化经营，城乡物资流动也十分活跃。近年来，城市建设快速推进，城市人口迅速集聚，城市经济十分繁荣，造成城市内部建筑运输量、商贸流通运输量、生活货物运输量等全面快速增长。据江苏省统计年鉴资料，2000年全省完成货物周转量1743亿吨公里，2003年上升到1843.4亿吨公里，2005年更上升到3063.72亿吨公里，其增长速度十分惊人！

2.2.3　机动车总量快速增长，私家车呈爆发式增长趋势

受江苏省经济快速发展的推动和国家政策影响，机动化浪潮正席卷着全省各类城市。尤其是进入21世纪以来，江苏省各大城市私人小汽车迅猛增长，小汽车时代初现端倪；而中小城市的机动化发展则以摩托车的快速发展为主要特征。

至2003年底江苏省机动车总量已达到778.6万辆，1998~2003年5年的年均增长速度为17.4%。近5年间江苏省民用汽车总量增长了12倍，总量达到131.76万辆，汽车拥有水平为17.8辆/千人；摩托车601万辆，拥有水平81.1辆/千人。汽车中私人汽车总量增长了6倍，总量达到58.7万辆，近5年的年均增长速度达到46.6%，远远高于经济增长以及其他车辆的增长速度。**而到2005年底，全省民用汽车总量又增加到192.3万辆，其中，私人汽车保有量109.43万辆，比上年增长39.9%，私人轿车保有量60.75万辆，比上年增长49.6%**。这一态势与美国、欧洲、日本、韩国等国家小汽车普及化初期的情形完全类似。与私人汽车的快速发展相比，江苏省摩托车发展总体逐步趋缓。近5年的摩托车总量增长了1.5倍，年均增长速度为12.3%，低于小汽车增长速度，但目前仍然是机动车的主要部分。

2.2.4　城市居民出行方式逐步向机动化转变

随着社会的发展，居民对出行舒适、快捷与方便的要求越来越高，居民出行对机动车的依赖程度大大增强，城市居民出行方式中机动化比例迅速上升，具体表现在公交、出租、小汽车、摩托车出行比例上升，而步行和自行车出行比例呈下降趋势。在一些经济发达的城市，如苏州、无锡、南京等，私人机动化交通方式正逐步取代传统的自行车、步行等非机动出行方式，江苏省大中城市居民的机动化出行比例从20世纪80年代的不足20%提高到目前的30%左右。如徐州居民机动车出行比例也由1998年的13%上升到2003年的约24%。而苏南城市机动化出行比例则接近40%。以南京为例，居民机动化

出行比例从1997年的23%上升到2006年的约32%。常州1994年机动化出行比重只有12%，到2006年上升到39.2%，其中上升最快的是摩托车和私家车，分别达到16.92%和6.66%。苏州1996年机动化出行比重为17.5%，到2000年上升到30%，2006年达到了34.9%，私家车出行比例已达7.1%，如果算上20.7%的电动自行车出行，机动化水平更是达到55.6%！无锡居民机动化出行比例也从1997年的27%提高到2003年的36%。

2.3 主要问题

2.3.1 交通拥堵和停车矛盾日益加剧

总体上看，由于近年来城市、城际和城乡客货运输需求高速增长，江苏省各市交通拥挤状况呈全面加剧态势。不仅大城市拥堵，中小城市也开始拥堵；不仅中心区拥堵，城市外围路网和出入口也比较拥堵；不仅上下班高峰期拥堵，平峰期也比较拥堵。但是，由于经济发展水平、人口集聚程度水平和机动化发展水平不同，各地区各城市交通拥堵程度存在较大差异：苏南地区拥堵状况比苏中、苏北要严重，大城市比中小城市要严重，高峰期比非高峰期要严重。

城市中心区、出入口、通道以及重要节点交通拥堵比较突出。城市中心区聚集了大量的商业、办公、娱乐等公共服务设施，是交通出行最为集中的区域，根据对全省部分大城市的交通调查，城市中心区道路拥堵程度最为严重，如南京新街口、夫子庙地区，苏州观前街地区、人民路和干将路一带，无锡、常州、南通护城河以内地区，徐州中山路、淮海路地区，扬州文昌阁及周边地区。这些大城市中心区的道路高峰小时交通量往往在4000辆小汽车/小时左右，是外围城市道路的2倍左右，

图2-1 南京城西干道交通繁忙景象

道路交通矛盾最为突出。与此同时，随着新区建设快速发展和对机动车交通依赖程度的提高，苏南大城市交通拥堵开始向城市外围地区蔓延的态势，均出现了老城与新区、城市出入口、跨江(河、铁路)等通道交通拥堵现象。如南京河西地区与老城之间，苏州工业园、苏州新区与苏州老城之间，常州新区、武进新区与老城之间等。大部分城市的一些重要交通节点都出现了较严重的交通拥堵现象。

图2-2　苏州干将路繁忙景象

城市停车问题日益加剧，特别是大城市中心区停车难问题更为突出。江苏省各城市在建设过程中，对停车问题认识不足，表现在：建筑物配建停车标准偏低，配建车位严重不足；公共停车建设严重滞后，江苏省许多城市机动车拥有量与公共停车泊位之比不足10:1，而城市停车问题解决较好的香港，机动车拥有量与公共停车泊位之比高达3:1；大部分城市公共停车用地仅占城市建设用地的0.1%左右，人均公共停车面积约为0.1m^2/人，远远低于规范推荐值；停车政策、价格和管理问题比较突出，停车设施建设缺乏市场动力，路内路外停车价格倒挂，停车管理体制比较混乱等。由此造成江苏省各市停车问题普遍比较突出，中心区和居住区停车矛盾最为突出。

城际交通有较大改善，但综合运输结构失衡比较突出。“九五”、“十五”期间，江苏省高速公路建设突飞猛进，大大改善了城际交通可达性，尤其是苏中、苏北地区更为明显。但是，随着区域经济一体化发展，城市之间的联系与协作更为密切，交通问题也由城市内部向区域蔓延，城际通道运能紧张的状况逐渐显现。以苏南地区重要的城际通道沪宁高速公路为例，开通仅 7 年全线平均饱和度已经达到 0.75，部分路段已经超过设计通行能力，不得不提前进行扩容改造。在 2005 年完成 8 车道扩容改造 2 年来，交通量比扩容前又增长了 51%，特别是无锡以东至上海段，又开始呈现非自由交通流的苗头。苏中、苏北高速公路中，京沪高速公路江苏段也已处于基本饱和状态。而更为突出和严峻的是，由于铁路建设的严重滞后，江苏省城际交通运输结构严重失衡，铁路客货运输比重已经下降到 5% 左右。水运优势也没有得到充分发挥。这对于土地资源紧张，城镇、人口、产业如此密集的江苏乃至长三角地区，绝对是很不合理的一种格局！

2.3.2 公共交通整体服务质量不高、竞争力不强

受公交体制、建设水平、票制票价、运营管理等多方面因素影响，公交优先发展政策未能得到切实落实。公交整体服务水平不高，吸引力不强，相对助力车、摩托车和私人小汽车而言，公交的竞争力较弱。具体表现在：

公交体制不完善，投入力度不大。城市公共交通是社会公益型事业，是城市最重要的公共产品和公共服务，其主要责任主体是各城市政府。建设部要求公共交通的投入要占城市建设固定资产投资总额的 30% ~40%。而江苏省大多城市的公交投入力度很小，对公交的扶持不够，公交企业经营状况不佳。2003 年，江苏省公交投资应占城市建设固定资产投资 2.7%，占道路交通投资 3.9%，2005 年又分别下降到 2.2% 和 3.7%，远远低于全国公交投资应占城市建设固定资产投资 19.9% 的水平，还不到建设部要求公共交通的投入要占城市建设固定资产投资总额标准的 1/10。公交发展水平最好的南京市公交投入力度 2003 年约 17.51 亿元，约占道路交通投资的 12.4%，这部分投资主要用于城市地铁建设，对公交企业的补贴逐年减少，在公交线路和车辆快速发展的情况下，公交企业的政策性亏损得不到相应的补偿，企业经营包袱加重、风险加大。

公交线网密度低，线网布局不合理。一方面，由于江苏省城市道路网等级结构不合理、道路网密度过低，造成公交线网布设先天不足；

另一方面，也由于政府对公交发展重视不够、支持不力，公交企业自身实力不够，造成公交线路过少，公交线网密度不高，线路之间换乘不便。南京主城公交线网密度不到2km/km²。苏州、无锡、常州、徐州等公交线网密度都只有1.5～2.0km/km²。南通、扬州、盐城、连云港等城市则更低，与国家规范要求的3～4km/km²有很大距离。大部分公交平均换乘系数超过1.5次，也不符合规范不超过1.5次的要求。

公交车型单一，票制单一，公交服务适应性较差。目前江苏省各类城市公交车辆往往只有普通单车和空调车两种，中小城市公共交通多采用中巴车。而机动灵活的支线公交和快捷大运量的快速公交系统严重缺乏，造成高峰小时主线上公交服务供不应求，支线上要么运力空闲，要么干脆不去布设线路，形成公交盲区。公交票制以前只有月票和普票两种，近年来各市陆续取消月票，推行公交IC卡，但优惠比例是固定的，可选择性很小。国外先进城市公交幼年票、季票、月票、旬票、周票、日票等多达几十种，可以最大限度满足各种不同公交乘客的需求。

图2－3　被淹没在混乱交通流中的公交车

准点率低、车内拥挤、候车时间长，总体服务质量不高。根据南京、苏州、无锡、扬州等城市居民出行意向调查，乘客对公交服务不满意的主要原因包括：车内太挤、行车不准时、等车时间过长、换乘不方便等。造成这些问题的原因，一方面是公交本身线路布设、车辆调度不合理，另一方面，则是道路交通拥堵状况日趋严重，运行管理上又没有给予公交车任何优先措施，公交车辆运行环境日趋恶化。目前，江苏省城市公交车的运行车速平均只有 15～18km/h。

2.3.3 城市交通体系和方式结构没有根本转变

首先，江苏省几乎所有城市的交通系统仍然都是单一的路面交通系统，城市交通完全依赖有限的道路资源，地面交通矛盾高度集中。由于目前城市机(动车)非(机动车)混杂程度高，单一的地面交通组织形式必然难以根本解决不同方式交通之间的矛盾，道路交通效率低下，交通管理难度高。

其次，大城市主导交通方式依然是步行、自行车、地面公交(目前仅南京开通了一条地铁线)；中小城市主导交通方式是步行、自行车、摩托车；大部分城市三种交通方式出行比重超过 80%，有的甚至超过 90%，自行车出行占总出行比重接近或超过 50%。这样的交通方式决定着城市结构只能是紧凑集中型的，城市人口就业、生产生活只能集中在中心城内。单一的地面交通组织形式和高比例的非机动车出行结构导致城市中心区交通不堪重负，居住环境、生态环境恶化。

2.3.4 城市道路网体系、结构和布局存在较大缺陷，既影响城市交通功能和效率，也影响城市土地开发

路网结构不合理，次干道、支路缺乏，各种交通混杂在主干道上。各城市往往只重视快速路和主干路网规划建设，忽视次干路和支路网的规划建设，导致城市道路网等级级配不尽合理，道路交通功能紊乱，既不利于机非分流系统的形成，也不利于公交线网加密。江苏省大部分城市道路网密度不到 $4km/km^2$，干道网密度不到 $2km/km^2$，与国家规范要求的道路网密度 $6\sim7km/km^2$、干道网密度为 $2.0\sim2.6km/km^2$ 有很大差距，与国际先进城市 $8\sim15km/km^2$ 更是差距巨大。

城市道路功能混杂，骨架道路网配置、布局与城市用地布局存在矛盾。我省大多城市的建设活动都是在城市快速路、主干路两侧进行，许多城市干路兼有“商业性”和“交通性”的双重功能，大量住宅、办公、商业设施直接面向城市干道，诱发大量车流、客流直接出入干道系统，人车相互干扰，加重城市干道负担，削弱交通功能，

也就难以发挥路网整体效能。

交叉口没有作渠化处理，干扰严重，通行效率极低。研究表明，交叉口渠化设计可以大大增强其通行能力，从而提高路网整体容量，如果将所有干道交叉口进行渠化设计，即每个进口道增加一条车道的话，整个路网容量可提高25%～30%。而江苏省很多城市交叉口渠化程度低，平面交叉口的进口车道数量不足或者布局不当，致使通过能力与路段通过能力的不匹配，影响了道路网络整体容量。

2.3.5 城市交通区域性差别明显，不同规模和类型城市面临个性化的交通问题

苏南城市交通供需矛盾最为突出。苏南城市地处我国长三角经济发达区域，也是江苏省经济发展的领头羊。这些城市人口密集、工业发达，无论城市化水平还是城市机动化发展速度都处于全省乃至全国领先行列，城市化水平超过了60%，其小汽车拥有水平超过了100辆/万人，远高于省内其他区域的城市。正因为苏南地区经济社会发展水平高、增长速度快，导致了客货交通需求量大、增长快，其交通矛盾也就更为突出和复杂。苏州、昆山、常熟等城市小汽车出行比例都已接近甚至超过10%，远远高于苏中、苏北城市。

特大城市交通问题尤为严峻。相对而言，南京、苏州、无锡、常州、徐州这几个人口超过100万的特大城市道路及交叉口交通量更大，饱和度更高，交通拥堵更为严重，交通矛盾更加典型、更加复杂。

历史文化遗产保护与交通增长之间的矛盾加剧。江苏省许多城市历史悠久，文物众多，而南京、苏州更是全国性的历史文化名城，这些城市的老城区是城市历史文脉所在和城市特色的集中体现，是全市社会经济文化活动最为活跃的地区，也是交通出行最为集中的区域，必然是城市交通供需矛盾最集中的区域。这些城市老城区的改造受历史文化遗产保护的制约，不可能采取其他城市中心区那样的“大拆大建”的建设模式来满足迅速增长的交通需求，发展与保护之间的矛盾是这些城市不得不面临和解决的问题。

城市新区开发引发新的交通问题。随着江苏省社会经济的迅速发

展，各个城市都大力推进新区建设。由于新区建设推进速度迅猛，规划理念没有根本转变，产生了许多新的交通问题：一方面原本希望通过开发新区来疏解老城交通压力，但是由于新区开发中没有注意就业岗位平衡，商业、教育、文化等没有同步配套建设，造成新区职居分离，城市交通潮汐现象更为严重；另一方面，新区交通体系和路网配置仍然延续老城模式，与土地利用不协调，加上配套交通基础设施建设滞后，新区内部交通可达性比老城更差。

2.4 案例评述

2.4.1 四面开花、摊大饼式发展

这种现象相当普遍。原因相当复杂：既有城市所处自然地理与地貌的因素，也有人文和体制的因素。如平原城市且没有大江大河分割的情况下，很容易形成摊大饼式发展。江苏处在长江下游冲积平原，大部分城市都是这样的地形地貌条件，因而大多以团状集中发展为主。就人文和经济地理来说，交通可达性最好的地方最容易集聚人气，形成城市中心，因而，往往城市的商贸、商务中心与城市的交通中心重合。这些都体现了城市发展的客观规律。城市规划和交通规划都必须认真研究和适应城市的形态结构及其演化规律，既要选择合适的交通体系、合理的交通网络布局，又要选择合理的城市空间结构、功能分区和用地布局，否则，必然带来交通与土地利用的相互不协调，对土地开发和交通组织都会产生不利影响。另外，在市场经济背景下，由于现有的行政区域管辖制度、经济核算体系、干部考核任用机制等因素的影响，规划师所期望的“有机疏散、分散组团、带形指状”等理想城市形态结构在现实的体制机制下很容易走样，现实的发展甚至完全与规划的理念和设想相悖；加之缺乏合理的交通体系配置和交通政策引导调控，由此而人为地加剧了城市中心区交通拥堵。这种现象在江苏省各大中城市都不同程度存在。

2.4.2 路网布局结构与用地形态结构的不协调

同样既有历史形成的原因和案例，也有规划理念和体制机制等原

因和案例。如省会南京，既是全省政治、经济、文化中心，又是大军区所在地，也是全国高等院校最集中的城市之一。大军区、大院校、大机关、大企业在老城内高度集中，占地少则数百亩，多则数千亩，都采取封闭式的管理，将城市道路网分割得支离破碎！而千年古城留存的步行、马车时代的道路网系统与当今汽车交通时代的冲突比比皆是。民国时期留下的林荫大道也无法满足汽车日益普及化的交通需求。由此造成南京老城道路网整体功能紊乱，道路网结构严重不合理，道路拓宽改造与绿化、景观、古城风貌以及文化遗产保护的冲突时有发生。这些问题主要是历史原因造成的，给决策者和规划师造成很大挑战，需要我们树立起对人民负责、对城市负责、对历史负责的精神，以科学、民主、务实的态度，发挥专家和群众的智慧，慎重、稳妥地处理好历史文化遗产保护与交通运输规划建设的协调关系。其中关键的解决之策是痛下决心，大力发展高水准的轨道交通和路面公交，转变居民出行方式结构；同时疏散老城人口和功能，降低老城开发强度。

如果说上述问题是历史造成的，是无奈的，然而不幸的是，今天的新区开发建设中，仍然大量延续着过去的错误。近十几年快速发展起来的南京河西新城区的道路网仍然是残缺不全的，只见干路，不见支路。原因是以住宅开发为主的土地开发过程中，开发商过分追求利益最大化、过度强调开发土地的独立性、封闭性。这种现象在江苏省各市普遍存在。

2.4.3 不适当的道路断面

首先是不适当地超规范加大道路红线宽度。这种现象在中小城市相当突出。《城市道路交通规划设计规范》、《城市道路设计规范》都规定50万以下中等城市主干路宽度不超过45m，小城市主干路宽度不超过35m。而实际上中小城市主干路规划建设经常出现50m、60m的红线宽度。有的甚至达到80～120m，并喜欢冠以“世纪大道”、“东方大道”、“景观大道”等名称。这些不适当的道路规划建设对中小城市绝对是害多利少。一是大量浪费土地资源，一条“大道”5～

10km 长，占用土地就要就几十到上百公顷。二是破坏了中小城市适宜的空间尺度。三是对道路交通安全埋下许多隐患。

其次是不合理的道路横断面形式。长期以来，各城市的主干路大多采用三块板形式，次干路和支路大多采用一块板形式。我国是全世界最大的自行车王国。长期以来自行车是我国城市居民最主要的交通工具。为了解决机非交通分离，从 20 世纪 50 年代开始，我国的城市道路主次干道大量采用三块板形式。在过去城市以生产为主、商贸不发达，同时机动车交通量不大的情况下，这种三块板形式的道路断面有一定的适宜性。但是改革开放以后，城市经济日益繁荣，商贸购物、休闲旅游等活动日趋频繁，交通量也日益增长，三块板道路断面显现出不少问题，如交叉口通行能力不足，行人过街不便等。因此，40m 以上的城市主干路横断面应采用四块板断面更为适宜，有利于交叉口渠化组织、设置路中行人安全岛、设置路中式公交专用道等，道路景观也更加丰富。同样，30 ~ 40m 的城市次干路采用两块板断面设计比一块板断面也更为适宜。

图 2 - 4　一块板道路断面

图 2 - 5　两块板道路断面

图 2 - 6　三块板道路断面

图 2 - 7　四块板道路断面

2.4.4 过度张扬的城市立交和奢侈的道路装饰

在小汽车逐步普及、城市交通日趋拥堵的境况下，大城市规划建设快速路和必要的立交工程既是合理的，也是必须的，可以减轻主次干路和市中心的道路交通压力。但是，快速路和立交的规划建设如果处理不当，也会给城市带来极大危害，包括影响城市景观、增加交通噪声尾气污染、损害文化遗产等。南京、苏州、无锡、常州等大城市近年来都建设了不少快速路和立交工程，这些工程大部分是需要的、合理的，对解决城市道路交通拥堵起到较好的效果。但是，也有一些工程由于缺少充分论证，造成了一定的遗憾。

在城市美化、亮化工程中存在大量过分装饰、过于奢侈的现象。如道路路缘石和人行道上大量使用花岗岩、大理石；道路亮化大量采用豪华灯具、灯饰等等。这些不适当的工程既花费巨大而宝贵的政府公共财力，又无助于行人和机动车交通安全，是一种得不偿失的败家子做法。

2.4.5 车本位主导下的交通管理

目前，城市政府尤其是交通管理部门对道路交通管理的目标简单理解为“排堵保畅”，而没有理解城市交通的根本目的和目标是保证人和物的安全、高效、有序，没有以此根本目的和目标确立城市道路路权优先原则。按照国际先进的理念和以人为本的指导思想，城市道路的通行权要体现行人优先、公共交通优先。管理理念的落后导致管理措施和行为的失当。如规定城市公交车站必须设在离道路交叉口80m以外；交叉口信号配时主要考虑机动车通行能力和效率，而忽视行人过街必要的安全通行时间；城市中心区主次干路大量设置长距离封闭的中央分隔栏；长途客运站影响城市道路交通畅通，应搬迁到城郊结合部等。这些措施和行为短期内似乎对提高道路交通运行车速起到一定效果，但是，由于这些措施和行为损害了公共交通服务质量，降低了公交的吸引力，导致城乡居民出行结构向个体机动方式转化，必将加重城市道路交通整体压力。而对步行交通漠视更是反映了公共管理的不公平性，无益于构建和谐交通的期望和诉求。

2.4.6 找不到家的公交车辆

公交场站设施用地不足几乎是各个城市的通病。在交通专家、各级领导和公共交通主管部门高喊优先发展公共交通口号几十年，城市交通却日趋紧张拥堵，急需公共交通承担起大城市交通主体地位的情况下，公交场站用地严重短缺，而且长期得不到重视和解决，这种局面无疑是十分尴尬、悲哀的。造成这种被动、尴尬局面的根源同样如中共中央党校社会学教研室主任吴忠民教授所说的，是“公共投入优先顺序的颠倒”，公共产品、公共服务相对于公共管理、公共财政严重倒挂扭曲。具体原因包括：一是城市控制性规划本身不到位，对公交场站设施用地配置不足；二是城市规划缺乏严肃性和约束力，本已规划确定的公交场站用地被随意挤占；三是开发商唯利是图，对规定必须配套建设的公交首末站以各种理由拒绝建设。由于公交场站严重短缺，大量公交车辆找不到家，不得已流落街头，从而加剧了道路交通拥堵。

2.4.7 无法协同的公交枢纽

公交枢纽是乘用各种交通方式和线路的乘客进行转换的地点和设施，包括市内交通与对外交通的换乘，市内不同交通方式、不同公共交通线路间的换乘，对外铁路、公路、航空等不同方式、不同路径间的换乘等。现代城市交通要求公交枢纽实现一体化无缝衔接。国际先进城市有大量成功的案例。然而，目前我国各种交通系统管理采取分而治之的体制，各部门出于自身利益和传统思维、理念，使得公交枢纽内各种换乘方式、设施不能从方便乘客的角度出发，做到统筹规划、无缝衔接。如火车站、长途客运站，都是城市最重要的内外交通换乘枢纽，必须与城市公共交通紧密衔接。但是，由于铁路、公路、市内公交分属不同的行业和部门管辖，公交均无法接近铁路车站和长途客运站，乘客换乘走行距离至少几百米，南京火车站就是典型之一。同样，城市内部地铁车站与公交车站之间也往往难以做到无缝衔接，这既有地铁规划没有做好相应的沿线车站换乘交通设施规划的原因，也有来自交通管理部门出于车本位管理理念下，对公交车站合理设置不能充分配合协作等原因。

2.4.8 边缘化的长途客运站

长途客运站外迁是近年来各城市一种普遍现象。其理由是长途客运站放在城市中心地区，加重了城市交通压力，加大了交通管理的难度，长途客运站人员混杂，管理混乱，有损城市窗口形象等等。但是，事实上长途客运站不适当边缘化，非但不能减轻城市交通压力，反而使问题更加复杂化，是弊多利少的不当举措。一是害了乘客，增加了市民出行的成本、时间及体力消耗。二是害了企业，不仅仅是长途客运企业，连公交公司也难逃损失。南京原来一个很好的长途客运站搬远以后，短短几个月就亏了几百万，这是个教训。而且公交由于单纯地为一个客运站服务，也会亏损。三是害了城市交通，很多人认为客运站放在城中心，增加了市区交通的压力，搬远可以解决拥堵，这是个误区。如果客运站设在郊区，就面临大部分乘客还要转车进城的问题，这样本来一辆车进城就转化成几十辆车进城，要打的、坐公交，适得其反。惟一有利的就是管理者轻松了，不需要再在车站周边费劲管理交通。

2.5 症结分析

2.5.1 供需矛盾突出是造成各城市交通拥堵的首要原因

城市交通需求处在快速、随机的动态发展过程中，难以完全控制。城市交通系统是一个复杂的巨系统，其基本属性是各个功能系统既相互依存又相互制约。城市交通大系统除了它本身复杂的内部功能结构关系之外，它的运行状况还与其他外部环境有着密切的相互制约的关系。城市交通系统具有开放性和随机性。任何人在任何时间、任何地点都可以介入交通系统，交通需求一旦介入，就必须接纳。交通需求是快变量，特别是在城市化、现代化和汽车化的共同作用下。每个人根据出行的费用(时间和金钱)作出选择，出行选择机制将在成本最小化的原则上进行，包括出行方式和路径。这种机制将在不同交通方式和路径之间形成一种吸引转移效应。特大城市必定会出现大量无效、低效交通量。随着城市规模的扩大，平均出行距离拉长，交通源分布日趋繁杂，并向外围转移。交通需求的时间、地点、方式以及持续时间越来越呈现随机、个体、多样和即时等特征。与此同时，城市交通总体的供应能力、水平处在慢性的变化过程中。城市交通基础设施和管理设施是社会公共产品，其供应的速度与水平受到城市经济发展总体水平、城市总体资源的限制，供应的过程具有长期性和法定性，供应速度与规模具有渐变性和相对稳定性。城市交通需求变化的快速性、随机性与交通设施供应的渐变性和相对稳定性决定了城市道路交通供需矛盾的长期性。交通供需不平衡将长期存在，而且这对矛盾将随着城市的发展而加剧。由于需求很难完全控制，所以即便在目前的发达国家的大城市，交通问题也不可能一劳永逸完全解决，只能是缓解和调节。近年来，江苏城市经济持续快速增长以及城市化和机动化进程加快，由此带来人口与机动车总量增长、出行频率增高、出行距离加大等叠加效应，导致城市客货运输需求增长远远高于道路交通基础设施的增长。可以肯定，在未来的10~20年内，江苏各城市交通供求矛盾将始终存在，而且必将继续加剧。

2.5.2　交通政策引导不力是导致交通方式结构不合理、交通供求矛盾加剧的重要原因

城市交通政策的制定缺乏战略眼光和理智的判断，对交通问题的根源缺乏系统的认识，导致制定的交通政策没能很好地发挥其指导作用，对城市交通基础设施建设的投资导向也存在问题，直接造成城市交通设施发展不平衡，成为加剧城市交通问题的重要原因。例如，由于缺乏对小汽车快速发展对城市不利影响的充分认识，造成政策制定时缺乏对城市交通方式的明确导向，小汽车发展难以控制，公共交通发展滞后，直接带来了城市交通的拥堵加剧、居民出行环境恶化等一系列问题。城市交通基础设施建设投资多用于道路建设(特别是用于

大马路的建设)，对公交、停车设施投资力度不足，造成了许多短期内难以解决的遗留问题。另外，在财政投资、价格体系的制定、交通管理方面也存在不同程度的政策缺陷、对交通供求缺乏合理的调控。

2.5.3 城市规划、土地开发与交通系统协调性不够也是引起交通拥堵的重要根源之一

宏观方面，长期以来城市规划对交通规划的地位作用缺乏足够认识和重视。即使有交通规划，但城市规划与交通规划脱节、“两张皮”现象也相当严重。在城市总体规划中，交通体系配置、网络布局停留在定性概念规划基础上，缺乏对交通需求规模、结构和分布特性等的科学定量分析；在交通规划中，有些对城市规划的解读和理解不够深入到位，对交通如何支撑塑造城市合理的空间结构形态、如何引导和促进土地合理利用等，研究也不够深入到位，由此导致城市空间形态、土地利用与交通网络布局、设施配置相互脱节。微观方面，土地开发过程中对城市交通产生的影响重视不够，道路功能与两侧土地性质、强度以及出入口控制缺乏有机协调，因而导致交通结构失衡、交通流分布不均衡，人为加剧了交通供求矛盾。传统城市规划理论过于偏重空间形态、建筑艺术和景观效果、传统城市用地大地块封闭管理模式、传统道路网规划理论和标准的落后、加之市场经济导向下对开发商的迁就等，造成城市规划与交通规划相互分离，缺乏有机的协调一致，没有形成真正的一体化规划，是产生城市交通问题的重要因素。

2.5.4 交通系统管理体制分割导致交通系统发展难于协同

中央政府机构设置造成交通系统的大分割。我国的交通管理体制，公路、水运归属交通部门管理，铁路归属铁路部门管理，民航归属国家民航总局管理，市政道路交通归属建设部管理。各省有交通厅和铁路局(铁路分局已于2005年撤销)，城市有交通局和建委。交通部门的公路网络规划与铁路部门的铁路枢纽规划是两个不同系统规划，结果是两种不同交通网络，往往形成无序竞争，产生交通资源的

浪费。交通部门公路系统规划主要考虑长途客货运输，对城乡一体化带来的小汽车化、机动车交通的增长考虑较少。铁路发展仍然停留在传统的规划思想下，铁路没有渗入城市交通，没有充分意识大城市向都市圈扩展过程中铁路地位与功能的转变。城乡交通体制的分割，市区交通建设归属市建设部门，市域交通建设归属市交通部门；市区公交行业管理大部分归属市政公用部门，郊区长途班线行业管理属交通部门。管理体制上的条块分割使城市交通的规划、建设、运行管理不协调，城乡交通规划建设与运营管理上有时彼此脱节，有时相互冲突。公共交通系统体制的分割，轨道交通由地铁公司负责地铁的投融资、建设、运营和监管，公交车、出租车则由市政公用事业部门或交通部门行使行业管理，交通场站建设则由市建设部门主要负责。管理体制上的多元化往往会造成轨道交通与常规公交线网之间在线网布局、站点设置上缺乏足够的衔接和整合，造成交通线网与场站的整合难以最终实现。总而言之，国家、省、市多级管理带来交通投资、建设、运营管理上的脱节；城乡交通归属不同行业管理部门，造成二者在规划、建设、运营及管理上的脱节；市内交通与对外交通归属不同管理部门造成二者在规划、建设、运营和管理上的脱节。

2.5.5 交通管治落后导致道路交通运行效率不高

当前，城市交通管理的主要目标依然停留在追求汽车交通的速度、道路空间路权和时间路权的分配，优先考虑汽车交通的快速和畅通，忽略了城市道路承担人与物的运输效率最大化的基本功能要求，忽略了路权使用的公平性和公正性。绝大部分城市主要干道没有给公交车辆以优先通行权；缺乏科学论证的大范围、跨功能区域的单行线设置，无形中使机动车增加了大量废车公里，从而增加了道路交通的总体负荷；在快速道路和主要干道的人行交通集中的地区，缺乏必要的人行过街通道，汽车交通与步行交通交叉干扰严重，严重影响了道路的整体效率的发挥；交通法治建设落后，交通法规不完善。保障公交优先和自行车、行人交通权益的法律缺乏；交通安全执法在时间、空间和交通方式上存在较大差距，不能体现交通执法的权威性、严肃性和威慑力；政府领导、交通管理部门对交通管理科学研究重视程度远远不够，智能交通建设仍比较落后，尤其是公交的智能化研究落后于国内北京、上海、广州、杭州、昆明等城市；交通安全教育没有形成政府组织协调、部门分工明确的工作机制，道路交通安全教育仅靠一个或者一两个部门完成，缺乏系统性和整体性。

2.6　发展态势

"率先全面建成小康社会、率先基本实现现代化"是党中央对江苏提出的明确要求和殷切希望。在未来相当长一段时间内，江苏经济将继续维持高增长势头，城市化和机动化将加速发展，居民收入水平和生活标准将逐步达到富裕化。城市建设和发展将更加强调统筹协调和可持续发展。所有这些都从城市对外交通和内部交通体系的规模、容量、结构、布局、服务等各个方面对城市交通提出更高的要求。

2.6.1　经济持续快速增长对城市交通提出更高的要求

交通是决定一个城市区位优势的关键因素，是一个城市竞争力的重要组成部分。城市资源优势和产业优势等的发挥必须依赖交通条件的有效支撑，否则，这些优势只能是潜在的优势，而无法转化为现实的优势。在经济全球化和区域一体化的大背景下，城市与国际间、区域间、城市间以及城市内部功能组团间的联系越来越频繁、越来越紧密、越来越重要。这种联系的快捷性、方便性和可靠性成为决定这个城市发展机会和地位的关键之一，对城市投资环境和经济增长具有重要的甚至决定性的影响。

首先，伴随着江苏省经济高速增长，城市经济规模扩大，要求更多的资源供给来支撑，城市必须与外界建立更为密切的交通联系；社会活动活跃、资源配置优化使得信息与资源在城市内外流动更为频繁。目前，江苏省所处的长江三角洲地区经济国际化、区域一体化发展的趋势日益显现。三大都市圈和沿江、沿海城市发展轴的城镇集聚发展态势正在逐步形成，城市间横向联系不断加强，省内城市对外客货运量将持续快速增长。城市对外交通通道运能紧张的状况将进一步加剧，现有的城市对外交通设施包括场站、线路的数量与规模还无法满足未来城市对外交通需求数量和质量要求。新的发展形势对江苏省城市对外交通设施(即城际交通设施)的规划建设提出了更高的要求。

其次，江苏省正处于城市化、工业化加速发展的阶段。工业化的快速发展是城市经济的重要增长点，整个长江三角洲地区正日益成为“世界工厂”。工业、制造业迅猛发展使产品输出、原料输入量大大增加，货运总量增长较快，对货运系统的效能提出了更高的要求。社会分工日益细化，工业的专业化程度日益提高使得货物的周转量进一步增加，对货运网络化提出了更高的要求。工业科技含量增加，逐步实现由传统制造业向高新技术产业的转轨，对于货物运输周转速度、运送条件要求更加苛刻，货运结构也因此产生重大变化，集装箱运输、高新技术产品运输及特殊运输业发展迅速，对货运科技水平提出了更高的要求。随着货运要求的不断提高，现代物流业迅速崛起，物流业与工业逐渐分离并逐渐成为对经济增长至关重要的新兴产业，这一发展趋势对货运的信息化、智能化提出了更高的要求。物流在区域乃至世界范围的流动成为经济全球化和区域一体化的标志，大型企业的发展和跨国公司的进入使城际间物流进一步得到加强。城市本身功能的完善也要求城市建立一套完整的货运配送系统。

再次，改善人民生活，全面建成小康社会是“两个率先”所倡导的社会发展目标。随着江苏省经济持续快速增长，第三产业发展速度很快，人民生活水平得到了极大的改善，社会生活更加丰富多彩，居民消费、购物、娱乐的出行次数大为增加，出行距离也在延长，使得城市客运交通量不断攀升；另外，城市人口的增长，特别是流动人口的增长也是引起客运交通需求增长的重要因素，因此，城市客运交通需求与日俱增。城市客运运能能否满足规模巨大的居民出行需求对城市交通是一个巨大的挑战。同时，城市人口的分布也在随着城市用地和空间布局的变化而变化，决定了城市客流的密度、强度、分布处于不断变动之中，对城市客运交通的适应性提出了更高的要求。再者，居民城际间公务、商务、旅行出行日益频繁对城市客运与对外客运换乘提出了更高的要求。

2.6.2 城市化和城市现代化对城市交通提出更高要求

近年来，江苏省城市化正在以每年 1.5 ~2.0 个百分点的速度迅速提高，这一势头在未来 10 年内将进一步加快。城市人口规模的进一步扩张和产业、服务功能的集聚使本已先天不足、相当紧张的大城市交通基础设施压力继续加大。继 20 世纪 80 ~90 年代珠三角外来人口大规模涌入后，新世纪苏南地区已成为外来人口增长最快的地区。苏州、无锡以及昆山、常熟、江阴等市外来打工者和商务客流大幅度上升。人口流动性的加大，外来人口的大量增加，使按照计划经济模式下制定的交通基础设施供应标准难以适应新的市场经济条件下的城市客货运输需求。

江苏省各城市用地均在快速扩张。这使得居民出行距离加大，原有的以非机动方式为主、以地面交通为主的交通模式将难以满足需要，城市交通必然向更为高级的机动化、综合化、立体化的模式发展。随着城市用地的不断扩大，城市单中心结构在交通、环境等方面将遭遇无法克服的难题，而逐渐向多中心结构转化，人口的分布、基础设施的配置都会因此产生较大变化，城市客流分布也会随之变化，城市单中心结构下放射状的交通网架将难以满足多中心城市的交通需求，城市交通网架必然由中心放射向网络化转化。

大城市中心区、CBD 的发育和增强将使中心区交通矛盾进一步激化。江苏省主要城市中心区道路网、停车供应都十分紧张，公共交通又不很发达，没有大容量轨道交通支持，同时在出行吸引量和机动车交通量大量增长的情况下，城市中心区交通问题将日益突出，甚至不堪重负。

大城市郊区化和机动化的联动发展使城市交通拥挤面从中心区、老城区向城市外围地区迅速蔓延。江苏省各大城市已经进入了机动化高速发展的阶段，城市郊区化也随着机动化同步发展，与国内外其他大城市类似，江苏省大城市出入口交通拥堵必将日益凸现出来。

在江苏省城市化高速发展的形势下，城市用地开发、基础设施建设的不均衡性将长期存在，城市中心区周边、城市各中心之间的交通走廊以及城市内部交通与对外交通的衔接点都是容易产生拥堵的瓶颈地区，通道、节点的交通拥堵将对城市交通系统的运行效率产生巨大的负面影响。

对中小城市而言，主导交通方式必然是个体化的。目前，江苏省中小城市正处于机动化的高增长起步期，表现为自行车增长相对趋缓，摩托车、助力车高速增长，小汽车开始进入居民家庭。同时农村城市化和农民富裕化也带来机动车的高增长，并大量进入中小城市。在中小城市建设和管理中，比较普遍的问题一是缺乏合理的道路网体系规划，盲目与大城市攀比，建大马路，不重视城市合理的尺度和道路网的密度；二是重建设，轻管理，交通秩序混乱，交通事故率居高不下。

2.6.3 居民出行机动化和需求多元化对城市交通提出更高的要求

随着经济的增长、城市化的快速发展，居民出行必然要走向机动化。小汽车化是机动化最重要、最具影响力的方面，对城市交通面貌的影响最深刻。根据国际经验，当人均 GDP 达到 3000 美元，小汽车将开始快速进入家庭；当人均 GDP 超过 1 万美元，小汽车将逐步普及化。江苏省经济发展速度和城市化水平决定了居民出行机动化程度将越来越高，城市交通方式结构将因此发生根本的变化，以公交、小汽车为代表的机动化出行方式将逐渐占据主导地位，城市机动车尤其是小汽车保有量迅速增长。根据国际经验，未来 5 ~ 10 年是江苏省小汽车进入家庭最快的时期，机动车保有量将呈几倍、几十倍增长，城市道路交通和停车设施将承受的压力是空前的。

与此同时，随着居民生活水平极大提高，市场化趋向导致的贫富差距拉大，居民出行需求的多元化、个性化将成为新趋势，居民对出行交通质量更加关注，便捷性、时效性、舒适性甚至自由度、隐私性都成为居民选取交通方式的考虑因素。各种不同的客运交通方式有其自身的特点、功能和作用，满足不同顾客不同出行目的、不同消费能力和需要的出行选择。居民出行需求的多元化使得客运交通方式比例不断变化。作为一个健全的城市客运交通体系，不能简单地排除任何一种交通方式，而应当充分尊重居民多样化的出行需求，通过科学合理的交通政策引导、交通设施规划建设和交通系统组织管理，使它们各得其所、优势互补，共同组成一个有机的整体。

2.6.4 统筹协调和可持续发展对城市交通提出更高的要求

怎样集约利用资源，克服资源短缺带来的负面影响，将是江苏省经济实现可持续发展的关键问题之一，对城市交通提出了更高的要求。首先，要求城市建立一套有利于资源集约利用的交通体系，包括高水准的公共交通系统，级配合理、高密度、小尺度的道路网系统，一体化无缝衔接的客运枢纽系统，现代化的物流系统等；其次，要求城市交通运行更加集约化，包括各种交通方式之间的优势互补，各种交通政策和措施的协调配合，交通相关各部门之间的通力协作等；再次，要求建立以公共交通为导向的集约化土地利用模式，实现土地利用的集约化与公共交通高效化的互动双赢。

环境问题也是城市交通面向可持续发展需要解决的重要课题。近年来，江苏省机动车的快速发展使得城市交通对环境的污染逐年上升，使本来已经脆弱的环境雪上加霜。机动化的快速发展，已经使城市空气污染构成比例发生很大变化，传统煤烟型污染逐步下降，而碳氢化合物和氮氧化合物等机动车废气污染的比例则逐年上升，同时一些大城市在居民密集地段或商业街区修建城市快速路，造成的噪声污染也十分严重。城市环境的日益恶化引起了社会越来越广泛的关注，也对城市交通提出了更高的要求，城市机动化应该采取清洁、污染小的交通工具，因此，应积极倡导公交优先、加快轨道交通建设，同时，要为步行、自行车交通等无污染的交通方式创造良好的出行环境。

市场化趋向使城市交通问题进一步复杂化、尖锐化，也对城市交通发展提出了更高的要求。第一，开发商、业主出于对自身利益的最大追求，总是选择有利可图的区位，尽可能提高容积率，而且在市场化初期往往带有较大的盲目性，而将社会公共利益放在次要位置，或者根本忽视。交通基础设施（轨道交通空间、道路、停车场、公交场站等）是社会公共设施，往往受到挤占、蚕食；城市局部地区交通需求过分集中，道路及交叉口交通不堪重负；居住区停车位供应不足，车辆出入困难，公交场站无处布设，等等。这些现象在中国大中小城市，无论是旧城区、市中心区还是外围新区都不同程度存在。第二，人们的就业和居住选择将具有更大的自主性、灵活性（特别是国家正进行城市户籍制度改革）。这种选择既受到交通供应（道路、公交、停车等）的制约和影响；反过来，在群体的选择下，形成新的交通流分布格局，产生新的交通矛盾。第三，交通价格（包括道路使用费、停车收费、公交票价、出租票价、车辆购置和使用税费等）的定位将影响交通方式的选择和交通设施使用效率。价格的不合理将直接导致交通工具的不合理发展和使用，交通结构的严重失衡，交通设施的低效率运输和不合理拥堵等。市场化趋向带来的诸多交通问题要求城市交通发展必须贯彻科学发展观，统一规划，统筹协调，科学决策，民主决策。

2.7 对策建议

2.7.1 统筹协调，加快推进区域交通和城际交通网络规划建设

快捷畅达的区域与城际交通网络是支持区域经济一体化和沪宁杭城市群发育的必备条件，也是满足机动化时代城际高流动性交通需求的必备基础。由于本地区城镇、经济和人口高度集聚，土地资源十分宝贵，运输通道资源十分紧张，因此，必须坚决**贯彻中央提出的统筹协调和可持续发展的要求，超前做好都市圈和城市对外交通网络与设施的布局规划及对接协调，优先发展高效、集约的运输方式，优先考虑运输通道、设施的集约利用。**

一是要配合国家铁路设施规划和长三角轨道线网规划，做好江苏省沿江地区城际轨道交通线网规划研究，协调好区域铁路、城际铁路线位、设站与城市总体布局的关系，加强对城际轨道交通线路走廊和站场设施的用地控制；要高度重视、积极推进区域与城际轨道交通建设，特别是京沪高速铁路和沪宁城际铁路的建设；要加大地方铁路建设力度，特别是南京都市圈和苏锡常都市圈的轨道交通建设，努力提

高本地区铁路网的密度，要按照城际轨道交通的要求，提高宁启铁路、新长铁路、宁芜铁路标准，尽早实施复线改造。

二是根据江苏省城镇体系规划和三大都市圈规划的总体要求，做好新一轮高速公路网规划和干线公路网规划，协调好城市间高速公路和干线公路的布局和走向，协调好高速公路和干线公路与各城市空间布局的关系，做好城市道路与高速公路、干线公路相互衔接与过渡；要按照城市化、城乡统筹协调发展和小汽车逐步普及化的要求，做好市域公路网规划，加大公路网密度，形成合理的公路网等级体系。

三是统筹协调全省机场、港口、管道等交通设施规划建设。要抓紧协调苏南地区，特别是苏锡常都市圈的民用机场布局规划建设；要做好沿海、沿江、沿河港口总体布局规划、用地控制和集疏运系统规划，处理好内河航道与城市发展的关系；各城市根据国家管道运输规划做好控制。

2.7.2 规划先行，加快编制城市综合交通规划

江苏省城市发展正处在一个非常关键的时期，大部分城市刚刚完成或正在进行新一轮城市总体规划的修编或调整。这是我们从源头上、根本上研究解决城市交通长远发展规划和近期建设管理方向的最好机会。特别要强调，各级政府规划行政主管部门要充分认识城市交通对城市整体发展、空间形态和土地开发的引领作用和深刻影响，充分认识规划部门对解决城市交通问题负有不可推卸的关键责任，高度重视城市交通研究和规划工作，必须将城市规划与交通规划融为一体。2005 年江苏省建设厅已下发了《关于加强城市综合交通规划工作的通知》，并编制出版了《江苏省城市综合交通规划导则》。各城市政府和规划行政主管部门应认真贯彻执行，将城市综合交通规划编制工作纳入城乡规划全覆盖的任务要求抓紧推进。

（1）认真研究现状和未来城市交通供求关系。重点分析研究未来小汽车发展趋势及其影响、城市合理的交通发展模式和方式结构。根据不同城市规模、性质、地形地貌和用地布局等自身特点，在贯彻效率优先、市民优先、环境优先的前提下，正确处理好公共交通、小汽

车交通、步行交通、自行车交通等各种交通方式的协调发展关系。

(2) 认真研究城市交通与土地利用的互动协调关系。大城市要突出面向公共交通的土地布局模式，以城市快速轨道交通或有足够吸引力的公交优先走廊引导新区开发建设。要用定量分析的手段，科学评估城市道路交通系统的合理容量和承受能力，城市中心商业区和大型公建设施的合理规模和开发强度，高度重视旧城与新区之间、城市峰腰地带的通道规划。道路功能定位必须与沿线土地使用性质相协调。快速路不允许直接穿越居民生活区、城市商业区(街)、城市中心区、文物保护区、景观风貌区。交通性主干道也应尽量避免这种穿越。反过来，大城市中心区外围则需要规划建设能吸引和疏解长距离穿越性机动车的城市快速(环)路。在城市快速路、交通性主干道两侧以及交叉口四周，不应布置密集居民区、大型商业设施。

(3) 规划高水准的城市公共客运交通体系。省内200万人口以上的特大城市要抓紧编制城市轨道交通线网规划，提前做好轨道交通线路走廊和车站用地的控制。50万人口以上的大城市要积极引进先进的快速公交(BRT)和公交专用道。要做好新区接驳公交线网的规划，要结合轨道交通站点布局，规划好停车换乘系统，预留足够的停车空间。同时，更要坚定不移地重视发展常规地面公交，认真做好地面公交线网规划、场站布局与用地控制规划、公交组织调度规划，要特别重视大型公交枢纽设施的规划和其周边的土地利用规划。

(4) 建立科学合理的路网等级结构和路网布局方案。要充分借鉴国际经验，建立快速路、主干道、次干道和支路相匹配的道路网等级结构体系。在路网布局规划上要大胆突破计划经济条件下形成的“宽马路—大街区—低密度”的路网模式，通过提高路网密度尤其是次干道、支路网密度，达到路网功能的合理分工，道路交通量的均衡分配，促进土地资源的集约高效利用，提高土地资源的经济价值。

(5) 制定合理的建筑物停车配建标准和公共停车设施规划。根据国际经验，85%以上的停车泊位是由建筑物和居住区配建解决。因此，城市停车要贯彻以配建为主、公建为辅的方针。目前，国家尚没有出台强制性标准。为适应小汽车逐步普及的需要，江苏应参照国际标准，尽快研究制定本省和各市建筑物和居住区停车配建标准。同时，要按照建设厅《江苏省城市公共停车设施规划编制纲要(试行)》的要求，做好城市公共停车设施规划，重点解决城市中心区、商业繁华地带和配建车位严重不足的旧居住小区停车问题。

(6) 提出近期、尤其是城市中心区和其他问题突出地区的交通改善方案。要按照远近结合、标本兼治的要求，针对各城市交通特征和突出问题，制定切实可行的城市交通近期治理与改善方案，包括总体策略、公交发展、道路建设、停车改善等方案和计划。

2.7.3 政策引导，制定科学的城市交通发展战略和政策

(1) 确立区域差别化的小汽车发展政策。根据国家汽车产业政策，鼓励私人小汽车发展已经成为一条既定方针。发展私人小汽车对江苏省经济增长具有积极拉动作用，也是广大老百姓收入水平和生活水平提高以后的一种现实需要。因此，总体上应当积极创造条件，适度满足小汽车交通发展的需要。同时，我们对小汽车超高速增长和过度使用将给城市带来的影响和冲击、对江苏省土地资源的紧缺性和城市道路承受能力的局限性有足够的认识和重视。对小汽车交通发展要因市、因地、因时制宜，取其利而弃其弊。特大城市和大城市要积极提倡优先发展公共交通，引导市民理智地购买和使用私人小汽车。对中心区、主城区、外围新区、新城等不同区域的汽车发展和使用应区别对待，有不同的交通引导政策、不同的规划建设标准。中小城市则应当鼓励和满足小汽车的发展和使用。

(2) 积极推行大城市公交优先发展政策。国际经验已经充分证明，解决大城市交通拥堵的根本出路在于大力发展大容量、高效率的公共交通。江苏省各大城市人口密集、土地资源紧张，而且都具有悠久的历史背景、丰富的文化遗产，更要坚定不移地坚持将公交优先发展作为大城市交通发展长期坚持的战略。**要把优先发展公共交通作为一项重要的城市公共政策，作为各市党委和政府义不容辞的目标任务。到2010年江苏省城市公交出行比例100万人口以上特大城市要不低于30%，50~100万人口的大城市不低于20%，中小城市争取**

超过10%。要积极吸取欧洲、日本，特别是新加坡、我国香港等国际先进城市优先发展城市公共交通的经验，在大力发展常规地面公交的同时，要积极推进轨道交通、大容量快速公交、支线(小型)公交等多种形式公交方式和网络的发展建设；要做好公交场站设施布局规划和用地控制；要通过政策、技术、行政和管理等多种途径，落实公交优先发展措施；既要通过市场化改革，吸引多元化投资、调动各种积极因素发展公共交通，更要切实建立政府主导下的公交事业发展倾斜扶持政策、服务监督体系、效益保障机制。

(3) 积极倡导建设城市绿色交通体系。江苏省各城市要从以民为本、建设社会主义和谐社会的高度，按照建设部和公安部创建“绿色交通示范城市”的要求，在城市交通规划、建设、管理中要积极倡导绿色交通的理念，逐步建立起以公共交通(包括快速轨道交通)为主体、融个体交通(步行、自行车、小汽车等)为一体的、多元化协调发展的综合客运体系。

除了大力发展公共交通和适度发展小汽车交通之外，对步行交通、自行车交通、残疾人交通等要给予特别的重视和关怀。步行交通是人们最基本的出行方式。闲暇时间增多，人口老龄化加剧，信息化程度提高，对残疾人、少年儿童出行的关怀等带来步行出行需求数量和质量要求的提高。步行交通质量是体现城市现代化文明程度的重要标志。因此，政府需加大步行设施建设，加强步行空间的改造和管理，努力塑造一个安全、舒适、友好的步行环境。所有人行道道面施行永久性铺装，设置盲道、无障碍坡道，人行道的平整度必须满足规范要求。人行道与非机动车道或机动车道之间设置柔性(或绿色)隔离。城市快速路和交通性主干道上必须设置足够的立体人行过街通道(天桥、地道)，平面交叉口、人行横道处设置人行信号灯，并提供盲人语音提示，路中要设置行人安全岛，确保行人(包括残疾人)安全过街。有条件的商业中心、商业街、公共活动中心设置步行区。

自行车交通是大城市交通系统不可缺少的重要组成部分。当前自行车交通仍然是江苏省各城市居民出行的主导方式。国际公认自行车交通是一种环保、绿色的交通方式。自行车作为短距离出行和公共交通的接驳出行的交通工具，完全应当鼓励和倡导。我国自行车交通的主要问题是在特定的历史阶段、特定的市民收入水平下使用的泛滥化。随着市民收入水平迅速提高，对出行服务质量要求也在逐步提高，自行车交通正在逐步向机动交通方式转化。在这个转化过程中，我们应当因势利导，既要通过优先发展公交，争取自行车交通向公共交通转化；又要以实现机非分流、改善交通秩序、发挥自行车合理的作用、方便市民出行为目的，通过加密支路网、调整干道横断面、建设自行车停车设施等多种措施，着力解决自行车交通通畅、安全和停放等问题。

要特别重视城市道路规划建设中的绿化和城市特色保护。要严格遵守国家文物保护法和历史文化名城保护条例，在城市道路规划建设中应当充分考虑人文古迹、传统风貌、自然景观、街巷格局等城市特色和遗产的保护。旧城区改造中要尽量避免大拆大建。旧城的道路红线标准在保证基本交通功能的前提下，要保持宜人尺度。老路拓宽改造中，要通过科学的分析、合理的规划和灵活的设计，尽最大努力保护已成林的行道树，特别是古树，还有古桥、古巷、古井、古河、古宅等宝贵的文化资源。

(4) 积极推行停车产业化和民营化政策。日本、中国香港和中国台湾的停车场建设经验表明，走产业化和民营化之路是解决城市停车设施匮乏、停车建设资金缺乏的一条捷径。全省各市要通过停车设施建设投资体制的多元化和民营化改革促进城市停车设施发展的良性循环。为了鼓励各方面共同参与停车场的开发、建设和经营，政府要制定相应的优惠政策和配套管理政策。优惠政策如在停车场土地批租、征用、融资贷款、税费减免、配建车位超额奖励、车位销售等方面制定明确的奖励办法，提高投资者、经营者的积极性。配套管理政策如制定合理的停车价格、严格控制路内停车数量、严管地面违章停车等。

(5) 认真贯彻执行城市建设项目交通影响评价制度。通过建设项目交通影响评价(国际上通常称交通影响分析 Traffic Impact Analysis)制度，来避免大型城市建设和土地开发项目不恰当选址、减轻城市道路交通不合理负担、合理优化项目及其影响区域的交通设施规划和交通组织设计，从源头上保证城市交通系统有序正常运行和项目本身良好的交通条件，是国际城市的通行做法。此项制度已经在国务院颁布的《〈中华人民共和国道路交通安全法〉实施条例》和《江苏省道路交通安全条例》都做了明确规定。全省各市政府和城市规划、建设及交通管理等职能部门都要认真贯彻落实这一制度，省规划建设和公安交通管理主管部门要将交通影响评价制度执行情况作为道路交通畅通工程和绿色交通示范城市检查评比的重要内容和考核指标，对各市进行督促检查，争取走在全国的前列。

2.7.4 加大投入，加快城市道路交通基础设施建设

尽管江苏省城市交通基础设施水平有了很大提高，但是应该看到，目前城市机动化水平还较低，居民出行个体化和机动化趋向还刚刚起步，车辆增速始终高于道路增长。因此，城市目前的道路交通供求平衡是一种暂时的、低水平上的平衡。经济持续快速发展带来的机动化加速将使城市交通面临更为严峻的挑战，交通需求持续增长与相对薄弱的交通基础设施之间的矛盾将长期存在。因此，**江苏省各城市在相当长一段时间要坚持将城市交通基础设施建设作为城市建设的重点**。在城市交通基础设施建设过程中，要注意以下原则和思路：

（1）解决城市交通拥堵与引导城市开发并重。江苏省城市正处在城市化和机动化同步快速发展的敏感时期。一方面要通过道路、公交、停车设施建设和加强交通管理，扩大交通基础设施容量，提高交通设施使用效率，改善中心城区日趋严峻的交通拥堵状况；另一方面，要超前建设老城新区通道、新区框架路网和快速公交，同步建设新区内部次干道、支路网和公交首末站、停车场等配套交通设施，实现交通引导城市新区开发(TOD)。

（2）优先发展城市公交与加快建设道路网框架并重。要合理分配城市交通基础设施投资比例。一方面，要加快建设城市战略性、框架性主要干道，推进城市土地开发和新区建设。另一方面，要将足够的资金用于城市轨道交通、快速公交、公交车辆、公交场站建设；同

时，要用财政、税收、金融和联合开发经营等多种政策和手段，支持和保障公交良性稳步发展。

(3) *干路建设与支路建设并重*。无论是城市道路交通组织还是公交线网运行，都要求干支结合、功能匹配、分工协作。因此，在建设干路的同时，要特别重视支路的同步建设。

(4) *动态交通设施建设与静态交通设施建设并重*。各城市要投入足够的精力和财力，用于大型交通换乘枢纽、公交场站、公共停车等静态交通设施建设。对于公交场站尤其是大型换乘枢纽，要借鉴欧洲、日本和我国香港等先进城市经验，积极推行交通一体化、换乘无缝化、开发集约化、投资多元化的模式进行建设。对于公共停车设施，在倡导多元化和民营化的同时，要注意控制停车设施的合理规模，鼓励立体化、小型化、分散化，以避免投资和资源浪费。

(5) *新增扩容与挖潜改造并重*。建设快速路、干道网对构筑城市框架、快速疏导机动车交通固然十分重要，但是，必须要形成合理的路网等级体系，路段和路口容量相互匹配，才能有效发挥道路网的整体效能。因此，各市要高度重视老城区道路网整理、次干道与支路建设、断头路打通和平面交叉口拓宽渠化。实践证明，这些工程花钱少、见效快，有时比新建一项道路工程的效果还要好。

2.7.5 建管并举，大力开展城市道路交通综合整治

现代城市要完全避免城市交通拥挤是不可能的。世界大城市交通发展历程可以证明，城市交通需求总是大于城市交通供给，而且道路供应的增加往往诱发更多的交通需求。因此，仅仅依靠扩大道路交通供给来满足交通需求是不现实的。国内外城市交通发展经验证明了**科学地管理城市交通，理智地使用道路交通资源与进行城市交通基础设施建设是同等重要的**。而且，从某种意义上讲城市交通管理的效益比单纯的道路设施建设成效更为显著和直接。**全省各城市要充分应用现代交通工程理论和技术，积极应用高科技手段，综合应用法制、政策、行政、教育等手段，强化城市道路交通管理，最大限度地挖掘和发挥道路设施的潜力。**

(1) 运用交通工程学原理，建立合理的交通组织体系。各市要通过①有条件地建立单向交通系统；②机动车、自行车、步行专用路(街)系统；③公交专用道(路)系统；④交叉口交通组织优化(公交优先通行、车辆转向控制、绿波控制)；⑤过江交通、过河交通、过境交通的有效组织等多种手段，科学合理地调节分配交通流，充分发挥路网交通功能。

(2) 重视交通需求管理(TDM)，主动调节和平衡交通供求关系。城市规划和城市开发建设中要充分考虑人口与就业相对平衡，从源头上减少交通需求；有条件的城市可以推行错时上下班制度，调节高峰期交通需求；强化对市区尤其是中心区摩托车交通的限制；通过提高价格、实行计时收费，减少长时间占路停车；对白天特别是高峰期市区货车通行适当限制；鼓励市民采用公共交通方式出行，必要时可适当采取拥挤收费等等。

(3) 开发智能交通系统(ITS)，建立先进的交通指挥控制体系。各城市要完善扩充既有的交通控制系统和公安交通综合信息系统；改善计算机通信网络和有无线通信网络；优先建立智能化公交服务信息系统；逐步建立智能化交通指挥、控制、诱导和应急救援系统。

(4) 预防为主、监控结合，建立严密的交通安全体系。各城市要加强交通事故分析，提高事故预防技术；加强交通事故监控技术；建立完善的交通事故快速勘察、救援、治疗体系等。

(5) 健全交通法规，加强宣传教育，建立完善的交通管理保障体系。通过完善交通法规、加强交通安全教育、改革交通勤务管理、加强交通管理队伍建设等交通管理软件措施，建立完善的交通管理现代化保障体系。

参考文献

[1] 徐吉谦主编. 交通工程总论 [M]. 北京：人民交通出版社，1993.

[2] 徐慰慈. 城市交通规划论 [M]. 上海：同济大学出版社，2003.

[3] 文国玮. 城市交通与道路系统规划 [M]. 北京：清华大学出版社，2001.

[4] 李晓江等编译. 中国城市交通发展战略 [C]. 北京：中国建筑工业出版

社，1996.

[5] 杨涛. 城市化进程中的南京交通发展战略与规划研究[J]. 现代城市研究，2003，No.1－2.

[6] 杨涛主编. 城市交通：新世纪的挑战与对策[M]. 南京：东南大学出版社，2001.

[7] 全永燊，刘小明等. 路在何方[M]. 北京：中国城市出版社，2002.

[8] 南京市交通规划研究所. 南京道路交通发展年度报告[R]. 2000－2005.

[9] 吴忠民. 中国的发展呼唤着社会公正[M]//《世纪大讲堂》. 沈阳：辽宁人民出版社，2006：53－63.

[本篇部分内容编入周游先生(原江苏省建设厅厅长，现任江苏省人民政府副秘书长)主编《江苏城市建设的反思与重构》，东南大学出版社，2008]

3 论张謇发展交通运输思想与实践的现代意义

张謇作为中国近代史上一位著名的实业家，对发展我国的民族工业、开创中国的现代化运动、倡导地方自治、开展城乡建设、教育慈善等社会公益事业均做出过杰出贡献。除此之外，他还是“中国近代交通的理论先驱和创办近代交通的领头人”。张謇先生不是一个交通专家，但是，他对交通运输的地位和作用有着独到的见解。他所处的年代正是世界交通运输业在西方资产阶级工业革命推动下，发生革命性变革和进展的年代。现代交通运输的变革和发展完全打破了传统社会的封闭状态，极大地解放了社会生产力，催化形成了西方诸列强国家。张謇作为站在时代前列的知识分子精英，敏感地意识到了这一点。因此，他对现代交通运输地位作用的认识，远远超出了一般人的认识和理解。他认为，“国内产业凋敝，交通不利实为最大之原因”，“地方之实业教育，官厅之民政军政，机枢全在交通”，“道路交通为文明发达之母”。短短数语，可以清楚看出交通运输在张謇先生立国兴业、文明发达思想中的地位。他在这方面的主要思想言论、业绩贡献已有不少著述论及，尤其是张贤江、薛艳秋所著的《论张謇在中国近代交通史上的地位》一文作了较为全面的总结。笔者站在一个现代交通运输科技工作者的角度，对张謇先生发展交通运输业的思想与实践进行一点剖析，从国家、区域、城市和社会多个层面来考察反思，分析其带给我们的启示和意义。

3.1 现代化交通运输业是国力的象征、经济的命脉

现代交通运输是伴随18世纪末工业革命应运而生的。蒸汽机的发明、电磁感应现象的发现以及近代数学、力学的迅速建立和发展，导致轮船、火车、汽车、飞机等现代交通工具的相继诞生，引起了交通运输业的深刻革命，也影响了社会生产方式、生活方式、社区结构的深刻革命。社会化大生产所倚求的大规模资源开发、生产组织、商品营销以及大量产业工人的集聚通勤等等，都离不开现代交通运输的支撑。正因为有了现代交通运输与产业革命的这种互动发展，才使西方列强迅速崛起。而且，这些列强雄心勃勃，纷纷将目光投向全球，建立各自的殖民地，争夺世界资源和市场。而此时的中国由于盲目自大、闭关自守，在工业革命的浪潮到来之际完全处于被动落后的境地。张謇深深感到，“国内产业凋敝，交通不利实为最大之原因”。清朝末年，随着帝国主义侵略的深入，清政府屈从列强，中国的铁路路权在20世纪初即已丧失殆尽。而张謇先生却认识到，铁路运输最快，“万里之外，旦夕可至”。若能令中国各省铁路相通，则“国家气度大变，商民贸物之蓄息当增十倍，国家岁入之数亦当增十倍”。

张謇先生1903年访日归国后，奔走呼号，身体力行，积极倡导

和推行独立自主的国家和地方交通建设。1905～1911年间，张謇投入到收回和自办江苏铁路的斗争中。作为当时的社会名流，业界巨子，张謇积极参加了沪宁、沪杭甬铁路路权的保卫和收回运动。他担任苏路公司总协理，规划了江苏全省的铁路工程，并亲自领导了清江浦到徐州铁路(后又延伸到开封)的建设和经营。可惜的是清政府软弱腐败，使一时轰轰烈烈的铁路收回运动未能取得成功，民族工商业者积极性受到极大损害和打击。他也积极倡导和创办航运业和航空业。认为航运运费低，载重量大，不仅增加货物的运能，促进商业的发展，而且可以抵制外国轮船公司对我国航运事业的控制。张謇为我国公路运输事业的开创和发展做出过杰出贡献。他是最早成立的"中华全国道路建设协会"的名誉会长。在北洋军阀割据时期，张謇联合黄炎培、王正廷、史量才等人公开提出"裁兵救国，化兵为工，先筑道路，便利交通"的口号，并且身体力行，积极推进全国的公路建设。

当今中国早已是主权独立的人民共和国。经过50多年的建设发展，特别是改革开放30年以来的空前发展，我国已经初步形成了铁路、公路、水运、航空和管道五大运输方式齐全的现代化综合运输体系。到2002年底，全国拥有铁路总里程71500km，位居世界第四，公路总里程176万km，位居世界第四，其中高速公路2.52万km，位居世界第二。全国共有可以起降大中型飞机的民用机场上百个，航线总数达到1165条，通航33个国家的60个城市，民航运输总量居世界第九位。全国拥有水上运输船舶20.3万艘，净载重量5705.6万吨位；其中集装箱船1255艘，集装箱位50.6万标准箱。全国集装箱吞吐量超过100万标准箱的8个港口中，上海港完成861万标准箱，已超过高雄港，居世界第四位；深圳港完成762万标准箱，由2001年的世界第八位上升到2002年的世界第六位。以上这组数据清楚表明，我国已经是一个名副其实的世界运输大国。张謇先生当年的梦想已经成为现实。

但是，客观地看，我们不能由此盲目乐观。在经济全球化的浪潮下，我们必须清醒地看到我国交通运输业与世界发达国家仍存在巨大差距，还不能完全适应我国参与全球经济竞争的要求。主要表现在：按国土面积和人口数量计算我国的运输网络密度，在世界上仍处于较落后地位，与欧洲各国及美国等经济发达国家无法相比，就是与印度、巴西等发展中国家相比，我国仍存在较大差距。我国交通运输的技术装备水平与发达国家有较大差距，交通运输技术和运力结构的不合理，影响了运输效率的提高。另外，我国东部、中部与西部在基础设施水平上存在较大的差距。总体看来，东部地区基础设施建设已经进入“基本适应型”，某些指标已经达到中等收入国家水平。中部地区的基础设施建设属于“随后—跟进型”，而西部地区则处于滞后状态，严重制约经济发展。交通基础设施的缺乏，将对我国国民经济的高速发展造成严重障碍，特别是在主要运输通道上，客货运输能力严重不足，若不能尽快加以改善，将严重影响我国的国际竞争能力，国家提出的保持经济持续稳定增长和提高人们生活水平目标，也将会因交通的限制而难以实现。我们今天缅怀张謇先生，一方面为新中国交通运输业取得的巨大成就而自豪，可以告慰张謇先生在天之灵；另一方面，更重要的是学习张謇先生的远见卓识和雄心壮志，加快我国的现代化交通运输体系建设，为了祖国早日实现现代化而拼搏奋斗。

3.2　交通运输是地区竞争力的关键要素

张謇先生从创办实业一开始，就认识到交通对现代工商业发展的重要性。1895 年他开始筹办大生纱厂。建厂的建材、机器设备大部分从外地购进，要从上海运至天生港，再运至唐家闸。由于“港道浅窄，运输不灵”，张謇深感交通不便之苦，遂发出“地方自治，交通尤要”的感慨。后来，他出访日本，看到该国道路交通之发达，给经济发展、人民生活带来的便利，体会愈加深切。他在考察日记中写道：“日本维新，先规划道路之制，有国道焉，有县道焉，有市乡之道焉。”认为这是日本明治维新后经济迅速发展的奥妙之所在。由此也就下定了“回国后进而经营交通”之决心。

为了促进南通地区经济发展，并把大生资本集团的实力扩大到整个江淮地区，逐步实现拟议中的“徐州建省”计划，张謇积极筹划修筑铁路清通支线(从清江浦到通州，可惜未能实现)。张謇还联合地方士绅，积极筹办江河航运。1903 年组建了大达内河轮船公司，开辟了数条苏北内河航线。次年，又创办了上海大达轮步公司和南通天生港轮步公司，开辟了上海至海门、上海至南通、上海至扬州等航线。

为了推进南通地方道路交通建设，张謇亲自挂帅编制了南通县路修筑规划，提出了建设 3 条干线、5 条支线的方案，被地方完全采纳。仅用 2 年时间，规划道路全部建成，共达 500 余里，创全国之最，使自古以来一直交通闭塞的南通“一变而为四通八达，再进而为事业教育发达之区”。

今天我们回头看张謇当年在南通发展交通而带来民族资本和地方经济振兴的成功实践，给我们的感触和启迪都很深。启迪之一，交通条件的改善，确实对一个地区经济的振兴和发展具有决定性的影响。“交通事业为助长文化、发展工商之惟一利器”。“路政关系地方甚大，其利害最著者尤在行旅商业二项，运输既便，商务未有不兴”。这一点既被南通的成功实践所证实，也已被世界各国经验或教训所证实，不必赘述。启迪之二，交通条件的改善是相对的，而不是绝对的。也就是说，一个地区交通区位和条件的好坏，不仅要看其自身发展的水平，更要看它与其他地区之间比较后相对水平高低；如果相对水平高，那么它的竞争力就高，发展的机会就多，可能性大，反之，这个地区将被边缘化，失去地区间的竞争力，丧失发展的机会。启迪之三，随着交通技术的不断改进，不同交通方式的吸引力和竞争力同样也会发生变化。一个地区交通方式的完备性和设施水平的高低决定了这个地区交通总体水平和可达性的高低，也就决定了其交通区位的好坏。

对照这些启迪来考察今天南通市及其所辖地区的交通条件和经济发展，我们不得不遗憾地承认，南通在半个多世纪以来，尽管自身交通建设和发展也取得了很大成就，但是，相对水平和地位不是上升了，而是下降了。由此，也造成了本地区发展竞争力的下降，经济发展速度和水平与苏南地区明显拉开了差距。

如果向前看，我们对南通未来的交通和经济发展又充满了信心和希望。根据国家宏观经济发展战略布局、国家和区域综合交通网路发展规划，南通的地理和交通区位优势将在不久的将来凸显出来。(1)国家综合运输网络布局规划对南通发展极为有利。沿海高速公路(同三线)、沿海大铁路都将从南通穿过；宁启高速公路与宁合高速公路相接、宁启铁路与宁西铁路相接、途经南通的新长铁路与陇海线相接，使南通的公、铁陆路运输线与中西部地区，乃至整个欧亚大陆直接沟通，南通江海岸线和港口资源优势的战略地位将空前凸显出来。南通这个昔日交通之盲区将成为外联国际、内达九省的通衢枢纽。张謇先生当年未能实现，甚至他还未敢想的梦想将成为可及的现实。(2)从经济全球化的态势看，国际制造业中心正在向太平洋西岸转移。国际学术界都认为，在21世纪以上海为龙头的长江三角洲将成为世界第六大都市连绵区和高度发达的经济区。南通与上海仅一江之隔，一旦跨江交通瓶颈被克服，南通就成为除苏州之外最贴近上海的城市。而南通与苏州比较，具有土地、劳动力以及江海岸线、港口等多方面优势。其潜在的竞争优势是巨大的。(3)从国家宏观经济战略看，南通处在国家沿海、沿江以及浦东开发战略相交汇重叠的核心地区。如果能抓住大交通条件改善和这些难得的战略机遇，南通完全可能迅速融入上海大经济圈一体化发展，真正成为充满魅力和希望的“北上海”。

3.3 交通是引导现代城市发展的骨架和血脉

张謇先生在创办实业的同时，花了很大心血来建设和经营城市。他怀着建设一个“自存立，自生活，自保卫”的人民安居乐业的新村落的梦想，精心规划，悉心建设，苦心经营，很快使南通成为一座令人羡慕的江海名城。南通的行政商业依托老城但又不破坏老城，工业区选在下风向城西北的唐闸，港区和电厂定在西部江边的天生港，城东南狼山则作为私宅花园和风景区。三个外围城镇与老城相距各约6km左右，城镇相对独立，职能分工明确，城市不受工业污染侵扰，如图3－1。

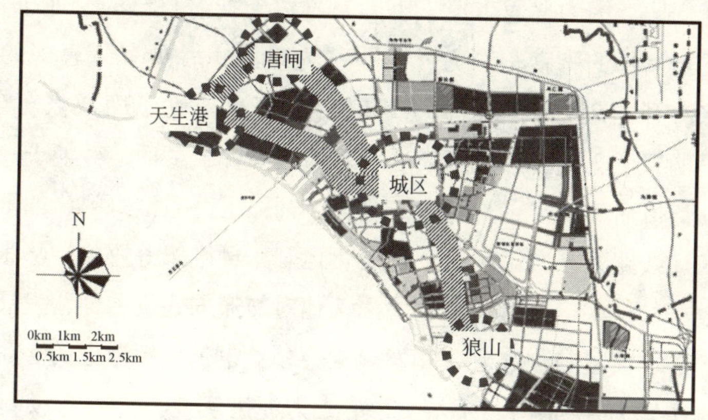

图3－1 南通“ 城三镇”空间布局与土要交通轴线关系示意图

著名建筑大师吴良镛院士在考察南通后得出了南通堪称“近代中国第一城”的论断：

“这种一城多镇、分片布局的模式极有创意”，“南通是中国早期现代化的产物，它不同于租界、商埠或列强占领下发展起来的城市，是中国人基于中国理念，比较自觉地、有一定创造性地、通过较为全面的规划、建设、经营的第一个代表性的城市”。“‘一城三镇’是南通布局的特色，是张謇根据工业交通的发展要求，因地制宜，包括在发展过程中的因势利导的创造。”

南通这样独具特色的城市布局如果缺少现代交通设施和工具的支持，仅靠两条腿步行这样的出行方式是很难实现的。为此，张謇先后规划建设了联系城区与唐闸、天生港、狼山之间以及天生港与唐闸之间的城闸公路、城港公路、城山公路以及港闸公路。这些20世纪初年建设的道路，不仅揭开了南通公路建设的序幕，而且成为江苏乃至全国最早由国人自行规划建设的现代公路。这几条道路在南通“一城三镇”布局中具有举足轻重的作用。一方面，从交通功能上讲，它们是城镇组团间联系的主通道；另一方面，从城市布局上讲，它们又是城市空间布局的主骨架。这几条道路迄今为止，仍然是南通市城市道路中最主要的几条主干道，而且，仍然是南通城市布局结构中最重要的几条轴线。

在当时的条件下，光有路尚不能发挥道路功效，解决通勤、载货等交通问题。因为普通市民、工人是不可能拥有自己的交通工具的，哪怕是最简单的脚踏车。为此，在“先筑路，后买车”思想的指导下，张謇开始创办汽车运输。1917 年，张謇成立了南通汽车公司，从美国购置了 3 辆公共汽车，之后又陆续添置了多辆，行驶于一城三镇之间。以后又成立了长途汽车公司，开辟了南通至海门、如皋、白蒲等长途线路；开办了车行，从事货运及车辆维修等业务。从张謇所致力创办的这些运输事业可以看出，他对交通的建设、经营发展是统筹考虑的，而且与创办实业和发展社会公益也是统筹考虑的。正因为有了这些努力，所建设的这些道路成为促进实业发展、带动城乡开发、方便百姓出行的血脉。

今日的南通，其城市规模、产业规模、人口规模等，均非昔日之南通可比。南通城市发展规划需要站在更高的层次、更广的视野来谋划。但是，张謇先生的努力和业绩，为南通，也为全国的城市规划建设、城乡共同发展、交通引导和带动产业与城市发展等都留下了成功的范例和宝贵的遗产。笔者以为有几点尤为值得借鉴和吸收：其一，在城市发展战略中充分认识交通对城市活力、机能、布局和人居等全方位的重要作用；其二，在城市规划建设中高度重视交通对城市布局和开发建设的骨架作用和引导作用；其三，在交通建设发展中要着力体现以人为本、效率优先、因地制宜等原则。

3.4　交通发达可以促进社会开化和文明教育之进步

张謇先生高度重视、大办交通，既是自发的，更是自觉的。他自觉地把基础设施和交通运输作为整个社会文明进步的系统工程之重要组成部分来推进。他在给县公署提交县路修筑规划方案报告时进言：“县路告成，则镇与镇通，乡与乡通，县与县亦通矣，足以助地方文化之进步者，其利益有不胜枚举也。”由于张謇不遗余力地推动，南通的交通建设、城乡面貌在 20 世纪初 10 年左右时间发生了巨大变化，在全中国成为一枝独秀的模范县。当时到过南通访问的美、英、法、日友人都留下了很深印象：

“从上海乘船过长江到南通需花八到十个小时。在登岸以前，我们就已感受到她的现代气息了。大道旁柳树成行，满载面粉、棉花以及旅客的卡车、汽车在奔驰，高耸林立的烟囱冒着烟，工厂的机器轰鸣声在回响——一个欢快劳动的日子又宣告开始了。在江岸边建有现代化的码头和仓储设施，通过现代化的公路和运河，运输线四通八达。这里有60英里长的硬质路面林荫公路，并有现代化的桥梁相连接。而泥面公路则长达300英里以上。所有这些都使上海引以为自豪的道路建设黯然失色。”

“在汽车行驶的一路上，我们经过了漂亮整洁的小村庄，清洁的马路旁种植着身姿婀娜的柳树，而没见到一个乞丐。登上山顶，一幅动人的壮丽图景展开在我们眼前。在南面奔腾着雄伟的长江，它的水上运输繁忙。在西面静卧着南通城，屋顶、烟囱、城门楼依稀可见。到处都显示着满足、快乐和繁华。”

“眺望掩映在几个烟囱之间的直冲云霄的大生纱厂的时钟台时，我们仿佛现在才为宏伟的四周的光景而感到震惊。沿河的一条街，车水马龙，络绎不绝，人来人往，摩肩接踵，异常热闹，河边停泊着数百艘民船装卸着货物。所见这般光景，一切的一切都是在活动着的，又是现代化的。唐家闸约五千人口，全靠这些现代的工厂提供衣食。即使说这些都通过张謇表现出来，也是无妨的。”

“他们办开垦、工厂、运河等事业，并将由此而获得的利益经营城市，敷设道路，兴办电气，兴建学校，建立剧场，设立各种各样的娱乐场所等，”……“住宅区在城外西南，学校和自治机关、公司事务所星散在那里，还建有带湖泊的公园等。建筑物全是西方式的，路面宽阔，道路两侧种植街树。交通工具有火车、人力车、小车、小汽船、民船等”。

这些描述和记载十分生动地展示了张謇苦心筹划和经营的地方自治、实业交通、城建公益等所取得的巨大成就。文字中反映出20世纪初南通的交通运输已相当发达，并且由此而带来的社会欣欣向荣的景象，真正体现了张謇先生所说的“道路交通为文明发达之母”的论断。

时间已过去一个世纪。我们今天的城市已远比当时的城市繁荣发达，今天的人民已远比当时的百姓富裕安康，今天的城市交通也远比当时繁忙复杂。但是，张謇先生“道路交通为文明发达之母”的论断仍然准确恳切。在今后的15～20年里，城市居民生活将逐步由小康型向富裕型转化，市民出行将要求更为舒适、方便和快捷；小汽车进入居民家庭的高潮将很快到来；城市交通方式结构将发生质的变化……所有这些变化，对城市经济社会、用地布局、生态环境、市民的生活方式与质量等等都将带来深刻影响，我们将取何种应对之态、应对之策、应对之举呢?

2003. 5. 13

参考文献：

[1] 力心，陈舰平. 中国现代化之父——謇轮纵国现代化运动进程//崔之清，倪友春，张林华主编. 中国早期现代化的先驱——第三届张謇国际学术研讨会论文集. 北京：中华工商联合出版社，2001：407.

[2] 张謇. 张季子九录.

[3] 张謇. 南通测绘之成绩.

[4] 章开沅. 张謇传. 北京：中华工商联合出版社，2001：210.

[5] 中华全国道路协会. 道路月刊. 1921.

[6] 张贤江，薛艳秋. 论张謇在中国近代交通史上的地位//张謇研究中心. 再论张謇——纪念章謇140周年诞辰论文集. 上海：上海社会科学院出版社，1995：155.

[7] 根据网页资料《2002年公路水路交通行业发展统计公报》,《航运业：在波涛中前进》,《世界各国公路建设的发展特点分析》等汇总整理。http：//www. moc. gov. cn，http：//wsyjs. nease. net/hyyj4. htm.

[8] 交通基础设施结构问题突出. www. xinhuanet. com. 2001. 1. 15.

[9] 张謇未刊信件. 第八册，张謇全集.

[10] 张謇. 20年来之南通(1935年版).

[11] 《通海日报》，1913. 4. 21.

[12] 张謇. 张季子九录·政闻录，卷6.

[13] 徐亚华. 南通谋划“北上海”构想. http：//www. cbt. com. cn.

[14] 张謇. 苏社开幕宣言//张謇全集(4)：439.

[15] 吴良镛．张謇与南通“近代第一城”．http://www.nantong.gov.cn.

[16] 邝富灼，邝光林．张謇传记．赵明远译．//《现代之胜利者》英文版（STORIES OF PEOPLE WHO ACHIEVES SUCCESS）．北京：商务印书馆．1923.

[17] 一篇张謇生前的英文版传记，赵明远译，苏东学刊，2001.

[18] 上冢司《以扬子江为中心》（日本织田书店，1925 年版），转引自［日］野译丰《日本文献中的张謇和南通》一文，刊《论张謇》：152－154.

（本文在 2003 年 6 月 25 日南通市召开的纪念张謇先生诞辰 150 周年学术讨论会上交流）

大潮汹涌需静思

——2009 年城市交通行业盘点

当来势凶猛的全球金融海啸威势逐渐消减，中国经济成功实现最早复苏，GDP 增速出人意料地超出年初预期，盘点 2009 年中国城市交通发展，可谓喜忧参半、矛盾交错、任重道远！2009 年，中国消费对经济增长的贡献率首次超过 50%，其中交通消费（主要是汽车销售）功不可没。中国汽车产销双超 1000 万，首次登上世界第一！国家 4 万亿投资拉动中，交通投资约占 1/3。对于城市交通而言，2009 年可谓标志性一年，北京市机动车保有量突破 400 万大关，跻身世界超级汽车城市行列；上海、深圳、成都、广州、重庆、佛山、苏州机动车保有量突破或逼近 200 万大关，杭州、宁波、青岛、无锡、南京等突破 100 万大关。各大城市一年新增私家车突破 10 万、15 万、20 万、30 万，北京更是突破 50 万，可以用“疯狂”、“恐怖”来形容！

2009年，国家大部门制开始推行，城市和城际轨道交通建设快速推进，公交优先和无车日继续推行、公交体制回归国有主导、城市公共自行车与低碳交通受到关注、燃油税正式实施等，给中国城市交通拥堵的改善带来希望和曙光。2008年底成都孙伟铭，2009年南京张明保、杭州胡斌等人醉酒驾车造成多死多伤，成都公交车纵火案、南京公交司机故意驾车杀人案等一连串恶性事件，可谓鲜血淋淋、举国震惊！2009年，由国家标准委员会发起的《电动车摩托车标准》事件，也凸显城市交通的利益博弈、取舍两难的尴尬局面！

如此跌宕纷呈、发人深省的2009中国城市交通，要全面盘点，笔者恐难胜任，仅择其要者，略作评点。

4.1 幸福的烦恼还是揪人的困惑？——中国的汽车化该反思和行动了

1998年底，笔者与正在英国伦敦大学做访问学者、现任江苏省建设厅厅长的周岚女士通信讨论 Is automobile dependence inevitable（依赖小汽车是不可避免的吗？）时，还比较乐观地认为小汽车发展对中国城市交通而言，可能可以用一句俗话来概括：“前途是光明的，道路是曲折的”。当时，中国大城市机动车保有量超过百万辆大关的仅仅只有北京一个城市，绝大部分百万人口以上的特大城市机动车保有量不过十几、二十来万辆！没料到，仅仅只用了10年左右时间，北京的机动车保有量突破了400万，而突破百万大关的城市估计已经接近20座。如此没有任何节制的爆发式增长，不禁令我怀疑自己当初的判断——“前途是光明的，道路是曲折的”到底是否准确？不禁要考问，这到底是福是祸？

不容否认，一年销售近1400万的汽车（1999年全国民用汽车保有量约1400万，也就是说2009年中国一年汽车销售量是新中国成立后前50年中国机动车保有量的总和），对中国在全球金融风暴背景下扩内需、保增长，对各城市政府的税收财政增长都绝对具有重大贡献。但是，如此疯狂地增长，对我国的能源、环境、土地和城市道路交通正常运行都将产生极其巨大的压力和影响。中国政府已公开宣布，到2020年中国单位GDP的二氧化碳排放比2005年要减少40%～45%。基于这一要求，笔者在去年年底哥本哈根召开联合国气候变化大会(COP15)期间，撰写了两篇短评《节能减碳，交通当负首责》和《交通减碳、哥市榜样》，分别发表于《新华日报》理论版和《现代快报》时评版。笔者深知，中国作为发展中的大国，"发展"在相当长时期内是中国的第一要务，发展中国的汽车产业、促进适度的汽车消费，对于带动国民经济发展具有不可替代的战略意义。但是，笔者又不得不想起温家宝总理说过的一句发人深省的话，中国有13亿人口，一个很小的问题，乘以13亿，都会变成一个大问题；一个很大的总量，除以13亿，都会变成一个小的数目。目前我国的千人汽车拥有水平不足发达国家的1/10，但是，如果每增加1个百分点，就意味着要新增1300万辆！更要谨记的是，中国尽管是个人口大国，也已经成为经济大国，但是，与世界许多国家相比，中国可是个资源小国、能源小国！而且中国城市道路网条件和承受能力远远不如发达国家水平，北京、上海、广州、深圳、沈阳、重庆等许多特大城市和大城市中心区道路平均时速已经下降到了15km/h以下。因此，我们既要有"汽车产业政策"，同时迫切需要制定和推行科学的"汽车交通政策"。如果说，对于中小城市和广大农村地区可以相对积极宽松地鼓励拥有和使用小汽车，那么，对于大中城市，尤其是对于人口100万以上的特大城市而言，对汽车消费和使用，应当而且必须采取必要的调控措施。这已经不是谁愿意不愿意、高兴不高兴、欢迎不欢迎的事情，而是到了不得不痛下决心的时候了。

4.2　4万亿的投资拉动——是机遇，也是挑战

由美国次贷危机引起，并迅速席卷全球的金融海啸，无可避免地对中国经济增长同样造成了极为严重的影响。党中央、国务院运筹帷幄、当机立断，以难以置信的速度拟定并推出了包括4万亿投资拉动在内的一揽子扩内需、保增长计划。正是在这样的背景下，铁道部很快端出了3年内新建4万km铁路、总投资3.5万亿元的大盘；交通

部不甘落后，也迅速端出3~5年内投资3~5万亿元用于公路、港口等建设的大盘；民航总局则端出2年内投资4500亿元机场航空建设大盘。另据报道，出于保增长、扩内需的需要，国务院2009年内已经批复了22个城市的轨道交通建设规划，总投资达8820亿元。在不到一个5年计划内，如此集中超高强度用于各类重大交通基础设施建设，也许只能用“空前绝后”来描述了。

作为交通人，我们赶上这样的时机，既感到十分幸运、十分自豪，更感到任务艰巨、责任重大！幸运的是，我们比前辈也比来者更有机会承担他们没有机会或者很少有机会承担的如此众多而且重大的交通规划、设计、建设项目；自豪的是这些重大项目无一不具有重大的开创性、挑战性，无一不对国家、地方和城市的发展具有现实和深远的战略意义！我们已经建成了时速世界第一高达395km/h的高速铁路；我们正在建设一批堪称世界一流的特大型综合客货运输枢纽、跨海跨江特大型桥梁和隧道；我们正在建造世界一流的大飞机、高速列车等先进载运工具。它们将使国家、地方和城市迅速迈上高速交通时代，从而更加开放地迎接全球化机遇与挑战、更加紧密地形成区域与城市联盟、更加强大可靠地为经济社会发展提供引擎和支撑、更加便捷地为百姓大众提供优质交通服务！同时，我们必须担当包括技术的、经济的、安全的、生态的等多方面巨大的责任和风险。有的责任，我们可以担当，有的责任也许我们还不能担当；有的风险已经被意识到，还有很多风险还没有被意识到。作为交通专业技术人士或阁僚，不仅要担当起自身应当担当的技术责任，还要坚持应有的职业操守和良心，担当起应有的决策参谋责任和社会历史责任。

4.3 大部制、燃油税、电动车——博弈的目的和结果会如何

2009年，国家大部门制开始实施。住房与城乡建设部将城市客运交通管理职能划归交通运输部，国家民航总局也归并到了交通运输部。这样，城乡综合运输统筹管理在国家层面上终于迈出了艰难的第一步。作为交通人，我们很清楚，无论是国家交通、区域交通，还是

城市交通、城乡交通，也无论是铁路运输、公路运输，还是航空运输、水路运输、管道运输，都应该统筹规划、协调发展。然而，由于传统管理体制长期以来造成的条块分隔、权益分离、政出多门、规章不一，已经导致区域交通、城市交通、城乡交通发展中暴露出运输结构失衡、设施布局紊乱、交通运行低效、基建投资浪费等不合理、不协调和不公平现象。我们早就期待国家和地方交通运输管理体制进行重大改革调整，以实现综合运输统筹规划、协调发展。不无遗憾的是，本次交通运输大部门制改革并不彻底。在已经完成、正在进行和将要进行的地方交通运输大部门制调整改革过程中，同样存在多重部门职能的整合、多重复杂关系的协调、多重权益关系的博弈，不可能尽善尽美。我们可以理解个中复杂原因和具体难处，但是我们更期待政府责任的回归、职责的落实，我们更期待政府部门间、政府与专家间、政府与民众间充分的沟通、信任、合作！应该说，这样的期待是真诚的，也是现实的。交通运输部正在编制《“十二五”城市公共客运发展规划纲要》，继承了国务院转发的中央六部委《关于推进城市公共交通优先发展的意见》精神，并将提出更加务实推进城市公交优先发展的具体资金支持及导向政策、措施和要求。北京交通委员会推出了《绿色交通、科技交通、人文交通三年行动计划》；江苏省交通运输厅已经初步完成《江苏省综合运输体系规划》，江苏省住房与城乡建设厅与交通运输厅联合组织编制了《苏南地区综合交通发展战略与规划研究》；广东省交通运输厅组织编制了《珠三角综合交通一体化发展战略规划》。

2009年，千呼万唤始出来的燃油税终于正式出台实施了。这也只是走出了向国际接轨，通过燃油税来调节人们理智用车用油的艰难第一步。从1998年1月1日《中华人民共和国公路法》颁布实施，1999年10月又经修改后施行，早已写入《公路法》的“费改税”，经过10年期盼、10年呼唤、10年许诺、10年博弈，在全球金融海啸背景下才顺势推出，真是难产啊！而真正想通过燃油税来有效调节人们理智用车用油，在中国特殊的制度背景、社会背景和时代背景下，则恐怕期望不能太高。其主要原因，一是中国各城市庞大的公务车数量，其使用率和道路交通量中的占有率都是世界少有的，燃油税对公务车的使用毫无调节作用；二是日益庞大的私家车主队伍对燃油税的税率提升绝对会强烈抵制，政府也不愿或者不敢得罪他们，媒体也会成为他们的枪手。在舆论的压力下，我国2009年首次实施的燃油税税率仅为销售价的15%左右，远远低于欧洲70%～300%，日本120%，也低于北美地区30%左右的税率。另外，尽管近年来上海、广州、深圳、杭州等不少城市都提出了收取拥堵费的议题，但是每次都遭到私家车主们和媒体快速的、毫不留情的抨击。甚至连开辟公交专用道也遭到许多不应有的舆论非议。也许中国的大城市交通只有到了接近瘫痪或者真正瘫痪的程度，才可能被迫采取非常措施，但不知到那时政府、社会和公众要付出多大的代价！

2009年，由国家标准委员会引起的“电摩”、“电助”、“电自”之争成为全国大小媒体热炒话题。央视美女主播欧阳智薇稍不留神，被网友热讽，又创造出一个网络名词“被赞成”。媒体发表的各种观点左、中、右都有，利益相关方展开了火热的舆论博弈，政府相关部门或有意躲闪，或出言谨慎，专家也鲜有全面、成熟的观点。国标委这一招可谓是搅混了一池清水。在这场博弈中，国标委先是高调出手、高调反击，后来却被全国媒体、产销商和使用者狠批痛砭，最后不得不低调淡出，“电摩标准”说是暂缓推出，实质是胎死腹中！平心而论，在这场舆论博弈中，国标委也许是最无辜和冤枉的。有人推测，国标委推出“电摩”标准是受一些摩托车厂商的胁持。但仔细想来不太可能，因为这对摩托车生产销售并没有明显的作用，何况许多电动自行车制造商本身也是摩托车制造商。也有人推测，这是公安交管部门出于规范管理的需要推出的。这很可能是真实的原因。从法理和学理的角度看，拟推出的“电摩”标准并没有太大失误和差错。而网民（主要是电动自行车使用者）、产销商以及媒体对新“电摩”标准提出的质疑反对，其动机和理由也并非完全客观公正和正义。但是，面对1亿多的电动自行车使用者，面对电动自行车出行在许多城市中已经约占城市客运交通高达20%～40%的分担率，简单推出“电摩”标准，而没有考虑相应的配套政策和技术措施，确实在立法伦理和情理上都存在不可忽视的缺憾！而要制定出审慎、公平、可行的配套政策和技术措施，目前还缺乏起码的基础研究、实证调研和科学论证。这还有待于我们这些城市交通领域的科研机构、学者、专家共同关注和加倍努力。

“电摩”标准争论事件以及前面提及的汽车交通政策研究制定的严重滞后状况，大部门制改革、燃油税出台以及实施标准的博弈等等，这一切正说明处在急剧变化之中，价值多元化、利益分层化等背景下的中国城市交通问题的复杂性、艰难性！博弈的结果是阶段性的，是利是弊，是喜是忧，目前恐难轻易匆忙下结论。

4.4 生命的代价不能如此漠视

2009 年也许也是中国城市交通的“血光之年”！

2008 年 12 月 14 日下午 17 时左右，成都卓锦城路，成都某技术公司员工孙伟铭无证驾驶、醉酒驾车、肇事逃逸，造成 4 死 1 重伤！2009 年 4 月 14 日晚 9 点多，南京公交司机王建强为发泄私愤，私自驾驶公交车辆故意冲撞路人，将一名行人撞倒后拖行 5km 至其死亡，惨不忍睹！2009 年 5 月 7 日，浙江大学毕业生谭卓在杭州文二西路紫桂花园门口被同样也是杭州某高校的学生胡斌驾驶一辆红色三菱跑车以 80～100km/h 时速狂飙撞飞，经抢救无效身亡！2009 年 6 月 5 日 8 时许，在四川省成都市三环路川陕立交桥进城方向下桥处，一辆 9 路公交汽车突发燃烧，造成乘客中 27 人死亡、74 人受伤！经警方查证确认成都公交车燃烧事件为一起故意放火刑事案件，烧死在车内后部的张云良是故意放火案的犯罪嫌疑人。2009 年 6 月 30 日晚，南京市江宁区金盛路发生了一起司机醉酒驾车造成 5 人死亡、4 人受伤的重大交通事故！肇事司机张明宝是施工队负责人。从南京交管部门了解到，通过张明宝的驾驶证进行查询，可以发现他从 2006 年 8 月份到 2009 年 4 月份，共有 80 次违法行为记录，经粗略统计，其中超速就达到了 39 起。2009 年 7 月 16 日晚间，郑州市秦岭路与建设路交叉口附近，一辆“长安之星”面包车连撞 11 人，致使 2 人死亡，2 人重伤！2009 年 8 月 16 日下午 16

时10分左右，安徽省308省道太和县境内发生一起特大交通事故，造成11人死亡，3人受伤……

据统计，2009年全国共发生10人以上死亡的特大交通事故达23起！这一连串触目惊心、鲜血淋淋恶性交通肇事案，令人震惊、令人哀恸、令人发指！而**其背后的社会成因、法治环境、法度定夺等一系列问题值得深层思考、认真剖析**。

王建强、张云良等为泄私愤、利用公共交通工具故意杀人而被判极刑，应当说罪有应得。但造成他们采取如此残忍手段铤而走险的深层社会矛盾难道不应该引起政府、司法、学者和全社会的深思吗？孙伟铭、胡斌、张明保等醉酒飙车造成的群死群伤恶性交通事故，其司法定性、法律认定、量刑标准等在全国引起广泛的争议和讨论。这些醉酒驾车肇事者表面上有非故意杀人之实，实质上难脱明知故犯之嫌！他们最终虽都未被判极刑，表现了我国司法逐步走向理性和人文关怀的明显进步，值得肯定。但是，**我们面对小汽车超高速增长背景和非健全法制环境下的道路交通安全形势不但没有丝毫的乐观，相反却是极其悲观沉重！**悲观沉重的原因是，一方面，中国传统酒文化十分兴盛，加上市场经济背景下形形色色公关活动、娱乐休闲活动、亲朋请吃活动等极其频繁，酒后驾车、醉酒行车现象难于根治杜绝；另一方面，长期以来体制、机制等所造成的法治生态、法治环境还不够理想，官员和公民的交通安全意识、交通法治意识还相当淡薄。

就在笔者撰写此文的短短几天之中，又连续传来多起恶性重特大交通事故消息：2010年1月19日晚江苏发生“常州版张明宝”醉驾案，此次车祸中身受重伤的高一学生小兵(化名)已于20日凌晨不治身亡，另一名学生也生命垂危。2010年1月21日16时许，四川峨边县境内一辆面包车因司机醉酒驾车引起车辆侧翻，掉入垂直高度约30m的官料河中，造成6人当场死亡、3人经医院抢救无效死亡、1人重伤、4人轻伤。2010年1月24日黑龙江省铁力市境内发生一起重大交通事故，一辆大挂车与一辆面包车迎面相撞，造成4人当场死亡，另有4人受伤！

4.5 健康、绿色、和谐——城市交通发展的愿景!

中国正处于城市化与机动化联动快速发展的时期，也正处于经济转型、社会转型、城市转型等转型发展、科学发展的关键时期。中国城市交通发展当前所面临的各种矛盾、冲突，甚至危机，总体上看是发展中的问题。这些问题既带有普遍性，是国际上发达国家和新兴发展中与发达国家和地区在经济快速增长、城市化与机动化快速发展过程中都曾经经历过的问题；又带有很大的特殊性，有很强的中国背景、中国特色。缓解或最终解决中国的城市交通问题，既要充分借鉴汲取国际先进理念和经验，更要充分考虑中国城市自身的背景和特点，以科学发展观为指导，用理性、智慧、智能、民主和法治等手段、途径加于研究和解决。

中国的大城市交通问题已经引起党和国家领导人的高度关注。2009 年 10 月 7 日，中共中央总书记、国家主席、中央军委主席胡锦涛考察了北京地铁与城市交通。胡锦涛总书记指出：交通问题是关系群众切身利益的重大民生问题，也是各国大城市普遍遇到的难题。北京作为特大型国际城市，要解决城市交通问题，必须充分发挥公共交通的重要作用，为广大群众提供快捷、安全、方便、舒适的公交服务，使广大群众愿意乘公交、更多乘公交。总书记强调，要通过采取多种措施，切实解决北京城市交通拥堵问题。

2009 年，中国城市交通学术交流活动频繁、主题多样、收获颇丰。2009 年 5 月 20 日至 22 日，第二届中国绿色交通国际峰会在北京召开。作为国内惟一关于此问题的国际性峰会，在 2008 第一届中国绿色交通国际峰会顺利召开的基础上，本届峰会将主题延展到“未来车辆展望”，探讨未来汽车行业在新环保技术应用方面的可能性与发展潜力。2009 年 8 月 24 ~ 26 日，第十七届海峡两岸都市交通学术研讨会在台湾嘉义县召开，本届大会主题是“文化与生态之交通运输”。2009 年 9 月 9 日至 11 日第三届轨道交通与城市国际峰会在上海召开。此次峰会邀请了世界范围内超过 200 位的产业领袖共同探讨未来城市轨道交通产业发展中将遇到的机遇与挑战。讨论话题涵括了项目调研、网络规划、工程施工、试运营技术、运营管理、商业模式以及项目融资等话题。2009 年 10 月 23 ~ 24 日，中国城市交通规划学会年会在上海召开，本次年会主题是“人性化城市综合交通体系规划与实践”。年会议题包括 30 年城市交通规划建设实践，“十二五”城市交通系统发展战略，城市综合交通系统功能整合与提升，城镇密集地区区域交通规划，人性化道路网体系与慢行交通规划、城市客运交通枢纽布局与功能规划，大型活动交通系统规划与交通组织，城市轨道交通规划与实践，城市综合交通系统信息化技术与应用等。2009 年 11 月 10 ~ 11 日，第二届中法可持续城市交通系统论坛——低碳城市的高品质交通在上海举行。会议议题包括：机动性和可持续发展城市的交通政策；低碳排放与低能耗交通系统建设的政策；城市公共空间：公共场所和道路空间的管理政策；城市交通的能源和二氧化碳的评估；机动性和交通系统运行数据收集和处理，机动性调研方法；高品质交通系统；建设和实践阶段的经验；交通枢纽(特别是火车站地区)联合开发和运营等。

2009 年，北京市政府颁布了《北京市建设人文交通科技交通绿色交通行动计划(2009 - 2015)》(以下简称《行动计划》)，提出将继承奥运交通保障成果，积极推进“人文北京、科技北京、绿色北京”建设，构建以“人文交通、科技交通、绿色交通”为特征的新北京交通体系，全面打造“公交城市”。上海市全力推进《世博交通方案》，加快轨道交通、公交优先、换乘枢纽等建设和发展。广州市、南京市、重庆市、郑州市、南通市、连云港市、湛江市、绍兴市、海宁市、衡阳市、许昌市、璞阳市、张家港市等一批城市组织开展或完成了新一轮城市综合交通规划。在城市交通规划理念上，绿色交通、和谐交通、人文交通、低碳交通、公交引导、交通减量、交通分区等得到广泛重视和具体体现；在城市交通规划建设实务上，轨道交通、公交优先、慢行交通、路网体系、停车换乘、综合枢纽以及公共自行车系统、步行交通等规划技术和方案更加成熟和务实。城市交通规划设计宏观的前瞻性、系统性，微观的针对性、操作性以及精细化等取得可喜进步。

但是，我们应意识到，高层领导的关注、学术的兴盛、技术的进步等，并不代表中国城市交通发展可以乐观和轻松。恰恰相反，我们仍然深切感到问题的复杂、严峻；仍然深切感到责任的艰巨、重大；更常常感到十分的焦虑和无奈！作为城市交通专业人士，我们都应当而且也自信有能力担当起技术的重任、专业的重任。但是，正如麻省理工梅耶教授说过“城市是决策的结果，而不是规划的结果”，再好的规划设计成果都必须依赖法治的保障和决策的科学。在现实的城市交通发展建设过程中，“头痛医头、脚痛医脚”，“三拍工程”、“三边工程”等现象还相当普遍，所造成的巨额资金浪费，对城市交通、土地资源、景观风貌、历史遗产、生态环境等不可逆转的不利影响和破坏令人触目惊心。我们不得不呼吁，一是迫切需要加快城市汽车交通政策的研究、制定和执行，引导健康的汽车消费；二是迫切需要改进城市交通规划建设和管理科学决策、民主决策、依法决策的体制与机制；三是迫切需要明确和强化城市交通规划设计的法律地位和强制执行力度；四是迫切需要改进目前的城市交通规划设计资质管理和收费标准；五是迫切需要加强城市交通规划设计的行业标准规范和技术指引；六是迫切需要强化政府各部门间，政府与专家间，政府与公众间的沟通、合作等等。如果能在以上诸多环节尽快取得共识和突破，那么我们就可以对实现健康、绿色、和谐的城市交通发展愿景充满期待和信心！

（原文发表于《城市交通》2010.1）

评论篇

我们的“格差”在哪里?

——评加藤嘉一：北京交通困境与“格差”

从网上看到日本友人加藤嘉一先生发表在《瞭望东方周刊》上的文章：北京交通困境与“格差”（附后），读后深有启发。加藤嘉一先生描述的北京交通拥堵困境确实是北京的实情，而且不但是北京如此，上海、广州、深圳、杭州、南京等等，许多中国大城市目前也都程度不同地面临类似的交通拥堵困境。这种困境在20世纪20~30年代美国、战后50~60年代日本、60~70年代欧洲的经济繁荣时期、70~80年代亚洲四小龙经济腾飞时期也都遇到过。日本当年称之为交通战争年代，中国台湾当年称之为交通黑暗年代。其共同特征是经济快速发展、国民收入迅速提高、小汽车急剧增长。

中国大城市交通拥堵也是改革开放、经济腾飞带来的必然产物，应该说是发展中的问题。在此过程中，实际上经历了两个阶段。第一个阶段是在20世纪80年代，改革开放之初。那时的城市机动车保有量还很低，增长速度也不是太快，但是交通拥堵也相当严重。其主要原因是文革结束后，大量知青、支边、下乡人员返城，城市人口急剧增加，带来城市客运需求迅猛增长，经济复苏后带来城市货运需求也快速增长。而与此同时，文革十年城市基本建设基本停止，城市道路交通基础设施极为薄弱，难以适应快速增长的客货运输需求。那个年代的道路交通供求“格差”是一种饥饿型的“格差”，城市基础设施建设是属于还账性质的。随着20世纪80年代后期、90年代的集中建设，交通拥堵一定程度得到了缓解。

20世纪90年代后期，尤其是进入新世纪以后，我国国民经济持续稳定增长，百姓的生活水平由温饱型逐步转向小康型，东部发达城市居民正在逐步走向初步富裕化。人们的消费能力、消费观念已经发生了根本性的变化。同时城市经济规模与结构、空间规模与布局形态、社会分层与消费习惯、消费能力等等也发生了巨大变化。由此导致城市交通需求特征发生了极大变化：第一，城市化进程进一步加快。城市人口规模基数快速增长，包括常住人口和流动人口。20世纪80年代大城市每年新增人口3～5万，个别5～10万，现在大城市每年新增人口10～20万，有些达到甚至超过20～30万。第二，城市居民的流动性明显加大。改革开放以前和改革开放之初，居民出行以上下班(学)、购买日用品等生存和日常生活性出行为主。每天的人均出行次数在2.0～2.5之间。而现在，除了一般的生存和日常生活性出行，人们的休闲娱乐、健身康体、商务公物、旅游度假等出行大幅度增加。每天的人均出行次数提高到2.7～3.0。第三，城市空间规模扩大，住房商品化改革，城市人口逐渐向新区集中，引发了城市居民出行距离拉长。人们的平均出行距离几乎成倍增长。第四，受经济快速发展的推动和国家汽车产业政策影响双轮驱动，机动化浪潮正席卷着全国各类城市。尤其是进入新世纪以来，各大城市私人小汽车迅猛增长，小汽车时代出现端倪；而中小城市的机动化发展则以摩托车的快速发展为主要特征。而且城市对私人机动交通的调控力度较弱，尤其是对小汽车(包括私人小汽车和公务用车)，基本上放任使用。对比国际城市，我们小汽车拥有率还比它们差很多，但是，许多大城市小汽车的出行率远远大于国际城市。北京、广州、深圳等城市小汽车出行比例已经接近甚至超过国际城市。第五，城市土地资源越来越紧缺、昂贵，迫使旧城改造后的土地开发强度大幅度提升。大城市中心区高层建筑如雨后春笋般层出不穷，导致城市中心区交通负荷度不断攀升。第六，工业化水平越来越高，产业发展呈规模化、集约化和大型化发展，制造业、商贸运输量迅猛增长，城市之间的货运交流越来越密切。加上城市建设快速推进，城市人口迅速集聚，城市经济十分繁荣，造成城市内部建筑运输量、商贸流通运输量、生活货物运输量等全面快速增长。

与此对应的，交通基础设施供应尽管也在快速发展，但是却远远赶不上上述多重因素叠加在一起而形成的交通需求的迅猛增长。北京、上海、广州等城市修建了大量快速路，高架道路、立交穿梭在高楼大厦之间。道路交通拥堵程度非但不见减缓，反而在有所加剧。每天居民用于交通出行耗费的时间、金钱、体力在持续增加。大城市公共交通体系建设严重滞后。轨道交通建设远水难解近渴；路面公交车受日趋拥堵的道路交通环境影响，车速不断下降，准点率不能得到保证，车内拥挤不堪。不仅如此，许多城市为了提高道路通行能力，保证社会车辆(主要是小汽车)正常行驶，随意将公交车站撤并，给公交换乘带来极大不便。在道路施工过程中，也大量调整、撤并公交线路、车站，更给公交乘客带来极大不便。还有一些城市为了保证机动车有效通行，提出了对自行车“给出路、不给方便”的口号，让自行车上人行道；不断地增加道路隔离栅，让行人过马路越来越不方便。这些所谓的排堵保畅措施与“以人为本”的理念是背道而驰的。

加藤嘉一先生文中这样解释“格差”一词：“格差”翻译成中文应该是“差距”，泛指各种“差距”——贫富、能力、条件、信息、地位、观念等。以此观照我们的城市交通发展，确实集中反映出贫富、能力、条件、信息、地位、观念等多方面的“差距”。

“贫富”、“地位”——现在的社会分层日趋鲜明。高收入阶层、权力阶层，拥有了私车、公车，每天依赖小汽车出行。他们每天也饱受道路交通拥堵之苦，抱怨规划缺乏预见性，道路特别是高架路修少了；抱怨骑自行车的人和行人不守规矩，乱穿马路；抱怨道路这么拥堵，还要开辟公交专用道，浪费资源，人为添乱……普通工薪阶层和低收入阶层，主要靠乘公交、骑自行车或助力车、步行上下班。他们每天要提前半小时甚至1、2小时出门，步行很长距离，去赶公交车，挤公交车，每天耗费的交通时间、费用、体力不断增加；骑车人呢？自行车道越来越窄，或者干脆被取消了，与行人挤在一起，艰难行驶；自行车偷盗猖獗，警察都管不过来；摩托车大部分城市的市区已经被禁止了，有的连助力车也要禁止；步行者呢，人行道被自行车道挤占，被小商小贩挤占；过马路呢，路段上多被隔离栅隔死了，交叉口拓宽了，机动车道数增加了，行人信号灯时间又很短，马路中间又没有行人安全岛，只好争分夺秒、见缝插针。所有这些，集中表现出社会分层化以后的路权冲突日趋显现。

“能力”——综合交通体系不完备。大容量公共交通设施供应严重滞后；投入运营的轨道交通规模严重不足；巴士公交系统能力也不足，缺少路权保障，缺少大容量快速巴士公交，缺少深入街巷的支线巴士公交；缺少换乘枢纽；缺少公交首末站；公交站点服务覆盖率严重不足；缺少为新区、偏远小区服务的灵活巴士公交等等。道路网体系不完备。快速道路网尚未完全建立，路网密度偏低，支路网奇缺；停车供应严重不足等。这些集中反映出当今大城市交通仍然处于严重供不应求的状况。

“条件”——中国大城市人口密集、土地资源短缺，原有道路基础设施薄弱，而且大部分是历史文化名城，风景名胜与文物保护要求十分严格。虽然经过改革开放30多年发展，各城市经济实力大幅度提高，但毕竟财力还有限，用于交通基础设施建设的资金仍然十分紧张。所有这些条件决定着中国大城市交通供求矛盾难以短期内迅速缓解。

“信息”——我国城市交通信息化建设与发达国家的差距都还十分巨大。基础信息方面，国内长期以来统计调查工作的基础较差，政府重视不够，投入不足，统计信息严重落后。就城市交通而言，城市客货运输的统计信息、居民出行特征的统计调查信息、企事业单位活动及货物源流的统计调查信息、交通基础设施的统计调查信息、交通管理运营的统计调查信息、国民经济与土地使用的统计调查信息等，没有建立起完整的、持续的、科学的、准确的统计调查体系和网络。另外，统计调查信息的整合、共享、公开化方面与发达国家存在极大差距。这给城市交通规划、管理、诊断、决策带来极大困难，也给广大市民、企事业单位提供有效及时的交通信息服务带来极大困难。高科技信息建设更是任重道远。数字化城市建设虽然正在大力推进，但是，基于GPS、GIS的真正面向决策、面向公众的数字化城市体系建设还刚刚起步。城市智能化公交调度、信号优先、信息服务，城市交通智能诱导、智能导航、智能化控制、智能交通应急救援等都还处于起步研制、开发和试验阶段。总之，我国的城市交通发展基础信息和高技术信息两方面都还存在极大差距。

“观念”——这也许是最重要、最多方面、也是最明显的差距。第一，我们的城市规划与交通规划没有完全整合，而城市本身是一个有机的整体，交通在城市整体发展中所起的作用既是骨架，又是血脉。把城市规划与交通规划割裂开来，是造成很多交通问题的源头问题。第二，规划的严肃性、法定性不够，决策的多变性更使许多可以避免的交通问题复杂化。第三，对交通有序发展而言，简单的需求决定供应或者供应决定需求，都不能真正根本解决问题。第四，交通的法治观念首先需要立法者、决策者、执法者、管理者、经营者来树立，其次才是对普通民众的要求。第五，交通路权的合理公平配置是解决交通问题的核心和关键。这涉及政府交通政策的制定、交通投资的分配、基础设施建设的安排、交通运行的日常管理等各个方面。第六，对全社会交通消费观念、交通消费习惯的引导教育也十分重要，包括倡导理性、节约、守法、互助、同情等。

行文至此，我对日本友人加藤嘉一先生发表的《北京交通困境与“格差”》一文提到的现象、问题和“格差”从一个交通专业人士的认识角度做了扼要的响应和解释。应该感谢加藤嘉一先生对我们提出的友好善意的批评和提醒。最后要说的是，我对中国大城市交通发展的明天并不悲观，相反是很有信心。理由是：其一，中国大城市交通拥堵并非中国独有，如前所述，世界发达城市都曾经历过这样的时期，而它们经过几十年努力所取得的成绩、经验可以供我们学习借鉴，而且我们确实正在认真努力学习借鉴；其二，国家提出了科学发展观，以人为本、公交优先、资源节约、节能减排以及民主法治、公平和谐等理念正在深入人心；其三，各方面专家学者、专业人士对城市交通发展政策、规划、建设、管理等方面的理论与实践研究探索正在取得长足进步；其四，各级政府对交通发展高度重视，正在以科学发展观为统揽和指导，深化体制改革，制定并实施相关的政策、法律、规划；其五，中国城市交通基础设施建设，尤其是轨道交通、路面公交的发展正在积极推进；其六，城市交通管理科学化、信息化、智能化、法制化水平也在不断提高，等等。相信再有10~20年的努力，中国城市交通整体面貌和运行状况必将得到极大改善。当然，有位日本交通专家对我说过，交通是一场永远打不完的仗。确实如此，到那时我们还会遇到许多新的交通问题，我们还会不断探索、不断努力、不断进步。

加藤嘉一：北京交通困境与“格差”

瞭望东方周刊 文/加藤嘉一(KatoYoshikazu)(日本)

如何在“格差”及“格差二元心态”之下理顺北京的交通困境，是政府的一个巨大挑战。

最近在日本流行一个词，即“格差(Kakusa)”。“格差”翻译成中文应该是“差距”，泛指各种“差距”——贫富、能力、条件、信息、地位、观念等等。

无论是在老百姓口中还是书架上，在今天的日本我们都不停听到和看到“格差”。随着国内外形势的变化，各种社会结构或现象正在“冲击”着日本国民。低收入劳动者、“打工族”、甚至“无工作者”的增加，新的贫困群体的出现，日益较少的“机会平等”、城乡差距的拉大等等，都属于“格差”现象。日本国似乎已经进入“格差社会”了。

我这个住在北京的日本人也常常想起“格差”，特别是在每周五傍晚必有的“堵车时光”。

上周五，我晚上7点在城东的国贸约了朋友。5点半从位于北京西北角的北大宿舍出发，一出来就在校内遭遇了“车流”。北大是学术场所，但到了周五傍晚时，似乎变成了“车展”。好容易挤出来，却又打不到车，只好走到五道口城铁站，在那里换城铁到西直门，再换乘地铁。

到了五道口，看到的又是人海。进入地铁2号线的门口，仍然到处都是人，在这里排队排了15分钟才进去。20分后到了建国门，换乘到1号线，1号线又是“人海”，挤不进去，等了两回才上车。最后7点20分钟终于到了国贸站。很惭愧迟到了20分钟，虽然绝不应该，但这种情况实在是一种常态。

为什么最近地铁里人特别多？冷静一想，原因很简单：公交费用降低了。现在坐地铁去哪里都是2元，比原来便宜半倍多。而且5号线开通了，今后还会开通几条线，奥运前后，北京人利用地铁的情况一定将进入“飞跃期”。

廉价和完善地铁系统，本来应该给城市运转带来正面影响，但北京今天的交通状况却并不那么乐观，这里面有很多值得思考的地方。

在地铁利用者增多的同时，另一方面，由于“富人”不断增多，私人汽车的拥有量也相应增多。据说，每天在北京新登记私家车达到1000辆，这实在是令人难以想象的速度。公交车呢？利用者至少没有减少吧。出租车呢？我常常打不到车，据此推断，利用者也应该没有减少吧。今天北京的各类交通手段似乎都在增多，但每一种方式却都各有困难和烦恼——开车堵，公车挤，出租车难打。

还有一些有趣的现象。今天的北京，大多数东西都涨价了——大到房子，小到食品，但地铁和公交车却越来越便宜。为什么？交通系统中的出租车比原来贵了，我刚来北京时每次都坐1块2一公里的，现在也没有了。而私家车却越来越多。这怎么理解？我只能想到阶层的“二元化”，而且相对于物价高涨，低所得者的收入没有相应的增加。日语里的“格差”正在北京显现。

对“格差”的下层来说，地铁和公交车降价也许是政府对百姓的“物质回报”。在当前社会快速并深刻转型的形势下，政府希望老百姓能够理解并且坚持。

对上面的人来说，其实，北京“地上”的交通状况这么混乱，买车、开车绝对不是明智的选择。地铁多快啊，养车费多贵啊，停车多麻烦啊，交通事故多头疼啊。

那么，为什么还有那么多人毫不犹豫地买车呢？我又想到“面子”、“物质欲”等因素。我很可以理解，在周围人还没有那么多钱的情况下，自己有了钱，确实想以物质的形式，在“格差”当中显示自己的优势，享受优越感。

如何在“格差”及“格差二元心态”之下理顺北京的交通困境，是政府的一个巨大挑战。对我这位老外来说，有根据、有逻辑，并以科学的方式去描写今天的“北京现象”，也是一件艰难的过程。我们也许都需要时间。

（本篇发表于《城市交通》2008.4）

致《城市交通理性主义宣言》作者的信

市民交通：您好！

收到您的来信，很高兴！您在“中国交通技术论坛”上发表的《宣言》（草案），我是较早拜读的一位之一，大约是在去年10月中旬。读了以后，我确实感到相当震撼和感动！当时正值中国城市交通规划学会年会即将在南京召开之际，会议由南京市人民政府、东南大学、市规划局和我们公司承办，具体操办就是本人。读到你们的《宣言》，我立即按照您留的邮箱发了一封信，希望并邀请您参加这次年会，在会上作宣读和交流。可惜没有收到您的回音，我猜想可能您没有收到这封信。后来，我将你们的《宣言》转贴到了“城市交通”网站我主持的“专家视点”栏目中，发动大家展开讨论。帖子发出后，陆续有10多位网友跟帖发表了观点和意见，大都对《宣言》表示赞同和支持，而且有的给予了很高的评价！我也跟随网友们进行了多次讨论，发表了自己的观点。不知您是否注意到，是否有不同意见？

以我对当今中国城市交通状况的理解和判断，我很赞同《宣言》提出的质疑、批判和惊呼。可以说，我本人对当今中国城市交通状况和潜在的危机也是十分忧虑和不满的，在不同的场合，包括向政府高层领导、人大会议、高层论坛、重要的评审会、研讨会、各种新闻媒体等，发表了许多尖锐的观点和意见。尤其对一些所谓的“汽车主义”新理念、新模式给予了毫不留情的批驳！您可以浏览“城市交通”网站和其他网页搜索了解到。本次全国人代会上我还提了一个关于建立和完善理性公共财政体系的建议案，要求政府调整公共财政优先顺序，杜绝城市建设中的“败家子”现象，更多关注和加强对公交、教育、低保、医保、生态、环境的投入与改善。

中国的社会处在一个急剧变革的时期，各种利益关系的冲突相当尖锐。在这样的背景下，真正可以期希的是知识分子的良知和责任。我们既要想、又要说、更要做。所以，我现在的日程表排得非常满，有政府交办的、有学术领域的、有公司业务的，还有一批研究生要指导。而所有这一切，我都想尽我所能，做出真正符合良知、理性的、负责任的应对。

交通问题十分广泛、十分复杂、更十分有趣。我很期望如果可能，我们找机会进行一次面对面的交流。我正在筹划组织一次公交优化发展的研讨会。我在南京林业大学定期组织“交通人学术沙龙”。我们公司内部也有很频繁的研讨会和交流会。

很欢迎您到南京来！当然，如果不方便，我们也完全可以通过email保持热线联系和交流。

今天就写到这儿。敬祝顺安！

2007.3.22

《中国城市理性交通宣言》（草案）

我们，一群普通市民、专业技术人员、公务员、企事业员工和城市外来劳务人员，怀着对中国城市交通现状及其发展趋势的深切忧虑，希望通过身体力行的实践，宣传关于城市理性交通的主张，实现

21 世纪中国城市交通的可持续发展。

我们不是决策者，但勇于向决策者进言，阐明自己的观点和主张的自己权利；我们不是专业权威人士，但敢于向非理性的权威观点挑战；我们不是交通管理者，但善于对缺乏理性的交通规划与管理手段提出改进意见。

我们认为：当代中国城市交通运行在“发展小汽车交通”和“提倡公共交通”的两条平行线上，而平行线永无交点意味着城市交通将没有理性化的出路。

城市交通由于非理性化而正在走向恶性循环：“人性化”的个体交通工具小汽车，携挟着“经济发展和进入普通家庭”的双重优势大举入侵城市路网，日趋强烈地冲击着城市交通的理性发展；“理性化”的公共交通却因“非人性化的弱点和缺乏经济效益”的双重劣势而无法捍卫其理性化优势，陷入更加非人性的境地，成为普通市民无可奈何的出行方式选择。

我们看到：大城市花巨资疯狂地建设高快速路网，拓宽改造现有主次道路，打通支路，目的是为小汽车交通“鸣锣开道”；鼓吹“公交优先”而大投入兴建地铁，将主流公共交通转入地下，实际上不过是为将地面交通空间“拱手”让给小汽车而“暗度陈仓”。

中、小城市限于财力而“壮志未酬”，但修路的热情依然，认定修路能致富，盼望着摩托车转化为小汽车，使个体机动化交通早日降临。公共交通却普遍因缺乏财政支持而更加势微。

几乎所有城市都不同程度地表现出对步行交通环境的漠视，对自行车交通发展的不屑一顾，对电动自行车上路的不合理设限，对贫民赖以谋生的非机动车运行不予支持，对残疾人、老年人、学生等交通行为弱势群体缺乏关怀。

当代中国城市交通立足于使汽车交通顺畅的思路，建立的是以汽车交通为主导的管理体系。设栏杆、封路口、建天桥、修地道，不遗余力地将影响小汽车交通在地面上顺畅通行的其他交通方式转移，以满足小汽车交通的速度指标要求并作为有关部门的政绩加以渲染，却很少或根本不考虑其他交通方式应受到的公平待遇。

中国目前还算不上是完整意义上的“汽车轮子上的国家”，但大部分城市都装上了汽车轮子在飞奔。飞奔的车轮碾压着中国传统的城市、悠久的文化、生存的心理、环境的生态，在所谓“汽车文明”的膜拜潮中，给中国城市的良性发展带来了巨大的负面灾难，也使传统城市失去个性，导致“千城一面”的结局。

当我们每天耳闻目睹或亲身体验下述交通现实时，知道城市交通已严重异化，同时也在催化人们道德观念的滑坡：

飞速膨胀的小汽车交通占用过多的道路空间，各类个体交通出行的争先恐后和事故频发，导致城市交通拥堵日趋加剧，严重影响了所有人的出行活动，开小汽车、坐公交车、骑自行车、步行者无一幸免，大大降低了城市运行效率和生活质量；

交通事故死亡和伤残人数多年来面临位居世界首位的尴尬，显示着非理性交通工具滥杀无辜的残忍，也透现出人性素质的悲哀；

对交通法规无知和明知故犯的违法行为交织，铸成了多少家庭的悲剧，而发生事故时的逃逸和见死不救，更给城市的道德和良知划出了深深的伤痕；

城市生态环境日益恶化：空气污染、噪声、震动、热岛效应、市民健康受损、居住质量降低等一系列现代城市病因小汽车交通泛滥而起。

我们能在每一包香烟上看见“吸烟有害健康”的警语，却看不到在任何机动车上被强制性地贴上“开车可导致死伤”、“开车危害环境与健康”的标示，就是人类对小汽车交通泛滥缺乏理性认识的表征。

在“人道”让位于“车道”的过程中，人类的理性饱受非理性交通行为的欺凌，而目前中国城市的交通规划、交通设施和交通管理都在有意无意地支持着这种欺凌，为小汽车交通泛滥张目，为城市理性交通的非理性异化助威。

对此，我们发出呼吁：中国城市交通必须从非理性化向理性化回归。

对此，我们提出口号：城市理性交通必须基于全体市民的出行平等、决策民主、人权伦理。

当《雅典宪章》明确指出城市四大活动是“居住、工作、游憩与交通”时，当《马丘比丘宪章》提出规划“必须对人类的各种需求作出解释和反应”时，当《北京宪章》认为“城市时代”需要“认识时代，正视问题，整体思考，协调行动”时，我们深切地感到：中国城市交通的理性必须植根于尊重所有参与者的平等权利、提倡交通决策与规划时的民主态度和建立相应的民主程序、发扬交通过程中处理人际关系的人权伦理精神。

这种理性必须浸透在现代城市交通的法学哲理和道德伦理之中，是实现中国城市理性交通的出发点与归属。

一、城市理性交通之“出行平等”

《中华人民共和国宪法》第三十三条明确规定：中华人民共和国公民在法律面前一律平等。国家尊重和保障人权。任何公民享有宪法和法律规定的权利，同时必须履行宪法和法律规定的义务。

对城市交通而言，强调的就是人人都具有平等的出行权利和相应的义务。城市交通规划、交通设施、交通管理都要支持和维护所有人自由选择出行方式、按计划到达目的地且不受其他交通方式干扰或危害的权利诉求。对交通法规而言，应向支持和维护交通弱势群体出行的平等权利倾斜。在合乎理性的城市交通规划与管理的框架内，所有出行者都有自觉遵守交通法规的责任和义务。

我们承认，有限的城市地面交通空间显然无法满足所有出行者随心所欲的交通需求，但这并不意味着城市交通空间应向占出行人口少数的小汽车交通使用者倾斜。

城市交通出行平等观念体现在：交通强势与弱势群体的平等，快速者与慢速者的平等，施污染者与被污染者的平等，多占空间者与少占空间者的平等，先到者与后到者的平等，执法者与被执法者的平等。不应用社会地位高低、个人权势强弱、经济收入多少、交通工具优劣等客观因素来破坏或削弱这种平等观念。

我们主张，出行者在事实上的平等权利主要应通过下述物理和管理途径来实现：

1. 城市交通空间按所有出行者的交通意愿进行建设与分配。如果城市中市民选择小汽车交通的出行量占20%~30%，而公交、自行车、步行出行量占70%~80%，那么，城市交通空间原则上也应当按此比例进行分配，而不是反之。

2. 城市地面公交实际运行车速与小汽车交通速度应当大致相当。机动化出行时间的平等是最大的平等。过慢的公交车速不利于公交的良性发展，过快的小汽车速度会导致一系列非理性交通后果。市区内小汽车实际运行车速应限制在40km/h以下，公交实际运行车速应提高到30km/h以上。

3. 城市公交乘坐舒适度和换乘方便指数应列为理性交通的关键性指标。公共交通的人性化水平是衡量城市理性交通的重要环节。公共交通必须不断克服自身非人性化的弱点，才能促进小汽车交通向公共交通的转化。

4. 城市交通规划、设计、建设和管理的所有手段与措施应首先考虑保障步行和自行车交通的顺畅、安全、便捷和舒适；所有道路交通设施应为良好的步行、骑行环境创造条件，为步行—公交换乘、骑行—公交换乘提供方便。

5. 城市核心城区的地面交通空间主要应保证公交、自行车、步行交通运行，外围与核心城区之间的交通主要靠快速地面公交集散，过境交通应绕行、建地下或高架通道穿过。地面交通空间无法满足所有交通方式理性运行的需求时，实施的应是“人在地面走，车从地下行”的原则，合理修建地铁，多建地面快速公交和地下机动车通道。

二、城市理性交通之“决策民主”

我们认为：民主是一种权利，但不是自上而下“为民做主”的权利，而是自下而上“决策民主”的权利。在城市理性交通框架内制定的交通法规，应符合大多数人的利益，体现多数市民自觉遵守的权威；城市理性交通的形成过程中，不仅是享有强势话语权的小汽车族们的民主，更是弱势话语权的步行、骑车、公交族们的民主。

小汽车进入家庭与非理性的城市交通系统本无直接关联，而缺乏决策的民主精神才是重蹈西方小汽车社会覆辙、产生小汽车交通非理性化的根源。

我们强调：城市在选择自己交通系统时，全体市民都有权利发出赞成或反对声音的权利。决策者和规划者应遵循“少数服从多数”的原则，通过民主决策程序来确定适合多数人意愿的城市理性交通系统。

我们主张交通规划、设施建设、交通管理可以通过下述决策民主途径来实现：

1. 交通规划与设施建设实现全民公决意义上的公众参与。

长期以来，“交通需求增长超过交通供给增长”的判断和类似游戏般的交通预测左右着交通规划师和决策者的思维，使其困扰于有车族的压力：“车往哪里走?”。城市当局规划环形加放射的高快速路网，动用成百上千亿投资新建、拓建道路，却没有或很少认真倾听大众的呼声：“人往哪里走?”

我们认为：真正意义上的公众参与表现在全民参与度、信息透明度、专家意见与民众意愿结合度、财政可行度和政府服务履行度。

我们相信：如果有一整套保障大多数公众参与决策的民主程序，交通规划和设施建设的决策必定趋于理性，步行、骑车、公交和小汽车出行都将各得其所，形成和谐、安全的交通氛围。

2. 交通管理形成自觉遵守意义上的公众参与。

长期以来，“市民交通素质差”的判断左右着交通管理者的思维。少数执法者与广大交通参与者之间形成“猫捉老鼠”的关系，抓一漏万，以罚代管，却很少认真考虑交通管理与设施的人性化问题。执法者的知法犯法却依靠特权逃避处罚的个例更易激起民众对守法意识的反弹。

大量事实证明：交通管理与设施的非人性化处理助长了交通违章的发生。所谓交通违法的群体性“交通素质差”不过是少数违法者导致多数人“从众”心理的反映。交通宣传与教育的普及对培育交通民主精神和守法意识至关重要。

我们认为：真正意义上的公众参与表现在“生命第一”原则、“监管教育第一”原则、“民主法治”原则、“交通设施人性化”原则和“警民协同、公众参与管理”原则。

我们相信：如果有一整套保障公众参与交通管理的民主程序，交通管理与设施的决策必定趋于理性，公众遵守交通法规必将成为所有出行者的自觉行为。

三、城市理性交通之“人权伦理”

我们认为：生存权是基本人权，因此我们不能接受一个仅仅因驾驶错误或违法驾驶就要成千上万民众付出生命死伤代价的城市交通系统。交通权是自由生活权，因此我们也不希望在步行、骑车、乘公交都难觅出路的城市中生活。

我们的原则是：让一部分人开小汽车，但不要使大多数人艰难行路甚至无路可走；让部分强势人群享受小汽车交通优势，但不能使广大交通弱势群体更加弱势。

我们倡导城市“绿色交通”。“绿色交通”不仅需要支持良好生态环境的交通方式和交通工具，更需要交通出行的“绿色文明”，即建立交通过程中良好的人际关系和发扬交通行为规范中的伦理精神。

出行者尊重他人的公德素养和严格守法的行为规范是建立公共生活良好秩序的必由之路：法规有强制性的权威，公德能催生尊重他人的自觉。各类交通出行方式之间和同一交通方式之内的出行者都应具有“己所勿欲，勿施于人”的情怀：尊老爱幼、互敬互谅、遵纪守法、热情友善、助人为乐。

为实现城市理性交通之“人权伦理”精神，我们主张这样来进行城市交通规划和设施建设：

优先布置行人步行交通网络和自行车交通系统。

重点考虑老残人等弱者的出行，行人路面安全过街的需要。

完善电动车、自行车与城市公交的换乘系统。

规划和建设更多的步行街区，林荫道，休憩小广场和宜人的景观。

公共线路必须条条是人性化的精品线路，提倡智能公交，独立的公交专用道系统。

公交服务达到大众认可的水平和制定大众能够接受的票价体系。

道路交通设施建设不以交通增长预测为主要依据，而以理性交通能安排的道路空间为基础。

鼓励小汽车交通向步行、骑车和公共交通转化。

为实现城市理性交通之“人权伦理”精神，我们主张这样来进行城市交通管理：

反对“刑不上大夫”的特权思想；支持实现在交通法规面前人人平等。

反对“目空一切”漠视生命和安全的交通行为；促进建立严格的法规执行制度。

反对小汽车交通的“唯我独尊”；真心维护其他交通方式的出行权利。

反对所有个体交通的“我行我素”；努力倡导多种交通方式的和谐共存。

反对执法简单的“以罚代管”；广泛普及公众交通法规教育和交通管理参与。

反对管理落后的“放任自流”；鼓励运用科技手段实现交通行为的监管与诱导。

反对“就事论事”的管理方法；建立健全个人违法记录与其社会信用挂钩的联动机制。

反对“主观臆断”的管理设施；提倡建设理性化的交通需求管理模式。

2006年10月20日发表以广泛征求意见。

执笔人：市民交通

联系人：lgchcc　电子邮箱：lgchcc@126.com　lgchcc@yahoo.com.cn

杨涛在“城市交通论坛”上对《中国城市理性交通宣言》的评论

中国城市交通理性化的路还很长。真正有素养的交通规划和交通工程专业人才还很有限，而体制机制方面的问题涉及面很广、很复杂。要少埋怨、多尽职、多做实事。要让中国城市交通发展走上理性之路，绝非一朝一夕就能促成，必须要全体交通人、规划人同心协力，共同努力！要有百折不挠的勇气和耐心，要像发表《中国城市理性交通宣言》的同仁那样敢于直言，大家都应当踊跃参政议政，向领导人、相关部门和广大公众广泛宣传和灌输理性交通的理念和思想。

举例来说，要推行公交专用道和BRT，必须阐明以下一些基本认识：①城市空间资源和环境容量是有限的，必须在效率优先和公平的原则下来分配城市交通时空资源；②这样的原则是面向全体公众的，包括拥车者自身、亲属、朋友在内，绝不是有意与拥车者过不去；③开辟公交专用道和推行BRT是政府必须履行的职责和义务，因为在道路资源有限的情况下，政府必须提供一种能够保证全体市民可依赖、有保障的交通服务方式来完成他们的出行目的；④在城市交通日益拥堵不堪的情况下，开辟公交专用道也是为城市提供应急救援和公共安全的有效途径，这一点也是对包括拥车者在内全体市民有利的；⑤公交专用道的车流密度大大小于普通车道既是正常的，也是必需的，不能简单认为是道路时空资源的浪费。因为：其一，公交专用道的服务水平大大高于普通车道，这本身是对民众的启示和宣示——选择乘用公交车比选择小汽车出行优越，出行更可靠、更有保障；其二，道路时空资源利用效率不应用“车”来衡量，而应用“人”来衡量，只有这样，才能真正客观反映道路时空资源的利用效率。同样，对步行交通的保障、对公交企业的补贴等，也可以这样来分析和判定。当然，媒体的责任也十分重要，绝不能误导公众。

我们现在最缺的就是规划的实施机制

此言无虚。我们现在最缺的就是规划的实施机制。尤其缺少保障规划良好实施的用人机制——在中国主要靠人而非靠法来决策的情况下，决策者和实施者的专业素养就很重要。但是，有专业素养的规划师极少真正进入决策层。甚至实施部门也很少有具备专业素养的人才。我说的专业素养是同时具备较高专业水准的城市规划、交通规划、城市经济、法律商务等复合型的人才。我们的市长、副市长、秘书长、建委主任、甚至规划局长，都是由组织部门考察选定的，选任的标准是不透明的、非专业的。有一种说法，市长、局长的选任不在于专业，而在于综合指挥能力、组织协调能力、决策办事能力等等。这也许没有错，但必须是建立在依法行政、理性决策的基础之上的。而恰恰在“法”、“依法”、“理性”、“决策”等诸多环节上，都出问题了。在中国城市建设如此之快、如此之大的情况下，城市建设可以直接依赖的法律文件仅有《城市规划法》，此法是20多年前出台的，非常笼统，也比较粗浅，很多条款已不适应现实的要求。而西方法治国家不仅有城市建设领域的一部母法，还有许多直接指导规范各项城市建设的细化的专业法律。西方国家《城市规划法》本身也比我国的《城市规划法》要细致完备得多，如日本的《城市规划法》加上《城市规划法》实施细则，篇幅几乎是我国《城市规划法》的20倍。可见，我们城市规划建设的“法”之苍白！其次，“依法决策”、“理性决策”问题更为突出。改革开放30多年来，城市规划学科本身取得的进步是巨大的，而且我们还有非常丰厚的城市规划历史遗产，也涌现出了老中青结合的一大批高水平的城市规划和交通规划专业人才，他们有事业心、责任心，有很高的专业素养，编制出了许多高水平的规划作品。但是，现实的结果往往令人遗憾，一张美好的规划蓝图，到了政府手里常常被改得面目全非。书记、市长们随意一句话就可以让规划师废寝忘食、费尽心机做出的作品变成废纸一张。所以，我们还必须要有足够的耐心，更需要付诸艰辛的努力！既要发挥自身的专业特长，做出科学的规划；更要努力去宣传、说服领导；既要向领导推销规划，更要向领导推销规划如何实施。

公务员群体不应“被特殊化”

——简评新京报：“公交车”不应变成“公务车”

原文：

“每天都有几辆166路公交车专门接送合肥市的公务员上下班，这些车中途不带客，这不是对公共交通资源的浪费吗?”据悉，自合肥市公务人员搬到政务中心办公后，一直有公交车在上下班时间段接送他们。

与一些地方购买豪华大巴专门接送公务员上下班相比，合肥市包用公交车给公务员代步，并且让公务员自掏腰包埋单，如此节约和廉洁，似乎应该报以掌声才对。

但是，这个掌我们不能鼓。城市公交车是公共交通设施，它的服务对象是城市大众，每一个人都有平等享受公交服务的权利，如果让一部分城市公交车变成公务员的专用车，那无疑是对他人乘坐公交车权利的剥夺，显然让人无法接受。而更令人担忧的是，这种剥夺建立在官员权力的基础上，所以，它可能还会引发公众对当地政府权力的信任危机。

那合肥市政府应该怎样改进，才能让老百姓满意呢？方法很简单，在公务员上下班集中的线路上，多安排一些公交车，然后让公务员以普通市民身份，和老百姓一样，平等地去“挤公交”，这样，既解决了公务员上下班的难题，又能赢得老百姓的理解。

简评：

记者对合肥政务中心开设的公交车专门接送合肥市的公务员上下

班事情既表示部分肯定，又提出质疑。从记者的角度确实有一定的新闻价值，可以引起一些人的共鸣。不过用客观公正、冷静宽容的心情态度去看待这件事情，我们也许更应该对合肥的做法给予更多的肯定、赞许。其一，合肥政府将行政机构从老城中心区黄金地段搬迁到相对较偏远的政府中心，对减轻合肥老城中心区交通压力是有极大好处的。其二，政务中心集中了相当规模的政府机关，大量的公务员居住还在城里，公务员每天上下班距离比原先大幅度增加，他们的通勤必须得到合理安排和有效保障，才能保证政府正常运转，从而为全社会提供正常服务。合肥市采取鼓励公务员乘公交上下班，减少小汽车的使用，这也是值得充分肯定的。这一点记者也注意到了。其三，合肥对公务员通勤公交采用的是有偿租用、有偿服务的方式，这既可减少政府购买专车（即使是大巴）、雇用专人开设通勤公务员通勤班车的费用，也为公交公司增加了收入。这种方式许多城市的大企业、大专院校也都采用了。其四，这种租赁式定时、专线、专用班车与正常运行的公交线不能画等号。不能要求这样的通勤专线公交沿途为其他乘客提供服务。类似的定向服务不但中国有，其他发达国家、发展中国家也都有。其五，说白了，合肥开辟的这种公务员通勤专线车与其他企业、院校的通勤专线车是一回事。现在媒体经常有意拿公务员说事，一方面要求公务员不搞特殊化，另一方面又有意将公务员群体特殊化，或者说公务员群体“被特殊化”，这种倾向是不健康的、不理性的。

不能简单限定公交车站停靠公交线路

据《南京日报》2009 年 10 月 23 日报道，提交市人大常委会一审的《南京市道路交通安全管理规定》提出《一个公交站点最多停靠6条线路》的规定条款。报道内容是：

“目前，在繁华地段公交线路扎堆的现象比比皆是，有的公交站点停靠的路线多达10多条，一辆接一辆的公交车接连进站，经常会出现市民在公交站点飞奔的场景，客观上也埋下安全隐患。不过，今后这样的情景有望不再出现。根据《规定(草案)》，开辟、调整公共汽车的行驶路线、站点，应当征求沿线居民的意见。同一公交站点一般不得超过6条公交路线停靠，避免影响道路通行。”

这条规定看似很有道理和必要性，但是，冷静思考、仔细琢磨，该条款并不完全科学合理，千万要慎重对待。应该肯定，随着公交优先理念深入人心，政府对公交投入增加、机制搞活后，公交企业积极性提高，近年来城市公交正在快速发展。公交车辆、公交线路、服务覆盖范围等都在快速增加。这是大好的形势。在公交大发展过程中，确实也带来了一些负面的影响：城市中心区、繁忙路段上的公交线路大幅度增加，公交线路重复系数急剧提高。有的已经超过10、20，最高的甚至超过50。如此之高的线路重复系数，不但影响道路交通正常运行，而且也影响公交本身的正常运行。因此，对公交线路设置用法规形式给予规范，有其必要性、合理性。但是，如何进行科学规范，这需要慎重考量。其一，规范的前提是不能忘记服务民众、方便民众的初衷和公交优先原则。其二，实践证明，公交线路重复系数不是最直接最关键的公交服务指标，公交发车频率、准点率、站点服务覆盖率等指标对乘客更敏感、更直接、更关键。其三，市中心、繁忙路段正是客流集聚的地方，公交重复系数高是必然的、正常的，某种意义上是合理的，符合公交主导、公交优先原则的。其四，公交线路重复系数过高，超出公交站点容量，确实会严重影响道路通行能力与效率，也会影响公交自身能力和效率。因此，有必要进行适当改善调整和限制。其正确的方法：一是评估道路通行能力和公交车站容量；二是有条件的情况下，尽可能扩大道路通行能力和公交车站停靠容量；三是以高峰小时进站公交车辆容量和线路发车频率检验公交线路停靠线路条数，而不是简单限定公交停靠条数。四是如果一定要规定停靠线路条数限制，那么其上限取6条，显然对南京这样的特大城市来说，这个上限偏紧，至少扩大到10条。否则将牺牲公交走廊的整体服务能力、中心地区和繁忙路段的公交服务水平、公交的灵活性和可选择性等，使得公交整体吸引力下降。倒过来使个体机动交通量增加，又会加大道路交通压力。其五，对南京这样的特大城市，最根本的是加快轨道交通建设，但是在相当长时期，路面公交不可替代，因此，公交重复系数高是必然的、必要的、合理的。因此，公交车站停靠线路数上限不宜限得太低、定得太死。

2009.10.24

节能减碳，交通当负首责

联合国气候变化大会(COP15)在哥本哈根召开。近日媒体披露南京五年来已发生了10多次“50年一遇”气象灾害事件，仅今年就发生了8次！创纪录的灾害天气发生频率日趋加速，让人们意识到“节能减排”不能再停留在政治宣言或口号上，必须切切实实、刻不容缓地采取行动了。“节能减排”作为国家战略，是建设“两型”社会的核心战略，涉及国家经济社会发展及老百姓生活各个领域，其中交通运输应担当首要责任。

目前，全球汽车消耗的石油已占石油消耗总量的1/3。美国是轮子上的国家，其能源消耗约占世界能源消耗的1/4以上，而以汽车耗能为主体的交通运输能耗占美国总能耗的70%。新世纪以来，我国机动车，尤其是小汽车呈现爆发式增长态势。北京机动车保有量今年突破400万，上海、广州均突破200万，深圳、南京、成都等城市也纷纷突破百万大关。而在20世纪90年代初，北京、上海等城市机动车保有量才不过20万辆左右，南京、成都等城市不过几万辆，据统计分析，城市大气污染中，机动车尾气污染贡献率达20%～50%，深圳高达70%，而且比重还在不断增加之中。机动车尾气排放对氮氧化合物的贡献率高达60%～70%，对CO的贡献率达30%～50%，对铅污染贡献率高达80%，足见交通污染是大气污染、全球变暖的罪魁祸首之一。

中国政府已经向国际社会庄严承诺，到2020年，中国单位GDP的二氧化碳排放比2005年减少40%～45%，充分展现了中国作为负责任大国的风采。但要完成这样的承诺，任务绝不轻松。随着国家经济实力增强，科技创新能力提升和百姓消费能力提高，在未来15年内，实现产业转型、达到节能减排目标要求，可能比较容易实现。而对于以汽车消费为主导的交通运输业来说，节能减排任务的落实和实现却很不乐观，搞不好将影响整体减碳目标的实现。这样的担忧是完全有理由的。第一，至今年，我国已跻身汽车年产量和年销售量双超千万辆的汽车大国“俱乐部”之列，而且这个俱乐部里只有美国、中国两个成员。第二，我国汽车千人拥有量还仅有50辆左右，而欧洲、日本达400～500辆，美国高达750辆。我国汽车增长还有很大的空间，而且的确在以每年15%～20%的速度高增长之中。第三，到目前为止，我国还没有明确出台任何对汽车消费的限制调控政策措施，为支持经济增长和应对金融危机，倒是出台了一些对汽车购买消费鼓励性的政策，预计今年汽车增长率将进一步拉升。第四，中国城市公交发展不理想，服务水平低，还难于担当小汽车出行的替代方式。特大城市公交分担率不超过30%，大城市公交分担率不超过20%，而东京、伦敦、香港等高达40%～60%。由此可见，要落实和实现中国的减排承诺，交通运输的节能减排该当首责，此言无虚也。

交通运输实现节能减排的核心战略是公交导向、公交优先和绿色交通。所谓“公交导向”战略是指以轨道交通、快速公交和综合客运枢纽为导向，引导城镇和城市空间向公交走廊和枢纽地区集中集聚，形成紧凑布局，既减少城镇蔓延发展，又便于人们乘用公交，减少小汽车依赖。同时还要倡导土地混合使用和功能配套，减少跨区出行，实现交通减量。所谓“公交优先”战略，是指从政策、财务、法治、管理、工程和技术各个方面形成合力，全力推进公共交通优先发展，形成高效、便捷、舒适、安全、经济的公交供应与服务体系，“让老百姓愿意乘公交，更多地乘公交”（胡总书记视察北京地铁时的讲话）。所谓绿色交通，含义非常丰富。其中最主要的理念和举措有：倡导步行优先、鼓励自行车交通、推广绿色能源和节能技术、通过网络办公减少出行等等。事实上，中国城市交通主导模式是步行+自行车+公共交通，目前这三种交通方式占中国城市居民出行的比重高达70%~90%。这正是西方国家所追求的“低碳交通”理想模式。随着收入提高和生活富裕化，同时，随着城市空间不断扩大，出行距离日益拉长，中国百姓对机动化的渴求是必然的，也是无可非议的。但是，必须正视我们的国情和市情，我国的土地资源、能源和城市路网条件都很难承受美国人那样的以小汽车出行为主导的高机动化模式。尽管中国也许不应该对汽车工业和汽车拥有采取限制措施，但对汽车消费和使用，尤其是大城市的汽车消费、使用应当采取必要的调控措施。这已经不是谁愿意不愿意、高兴不高兴、欢迎不欢迎的事情，而是到了不得不痛下决心的时候了。否则，不但中国大城市也很快会进入日本20世纪50年代经历过的“交通战争”年代，台北、首尔20世纪80年代经历过的“交通黑暗年代”，而且，必然导致日益频繁的“油荒”、“气荒”，甚至演变为“能源危机”、“环境危机”。

交通减碳，哥市榜样

全球瞩目、广泛期待的联合国第15次气候变化大会(COP15)正在丹麦首都哥本哈根进行中。COP15 选择在哥本哈根召开绝非偶然，这与哥市在城市规划建设、节能减碳方面作出的长期努力、所取得的显著成就、所提供的示范性的理念经验分不开。其中，交通减碳的理念、经验更是具有典型示范意义，对中国的城市建设和交通发展同样具有很好的借鉴价值。

我在前一篇评论中分析得出的结论是：节能减碳交通应负首责。交通减碳的核心战略包括公交引导、公交优先和绿色交通等。这些战略理念在哥市城市规划建设和交通发展中得到了充分体现和落实，取得了卓著成效。哥本哈根被认为是世界上最适合居住的城市。

首先，哥市的城市规划充分体现了公交引导下的紧凑集约发展模式，已经成为世界上城市建设优秀的范本之一。大哥本哈根区域位于丹麦东部的西兰岛上，拥有丹麦全国 500 万人口中的 170 万人口，区域面积约 2800km^2，是丹麦的首都，同时也是丹麦商业、工业和文化中心。哥本哈根城市协调发展的“指南针”是 1947 年的“手指形态规划”。用五条 30 ~ 40km 长的放射形通勤铁路将区域内五个城市发展地带支撑起来，城市开发严格限制在轨道交通沿线两侧的走廊带内，手指之间保留大片开放绿地。组团围绕轨道交通车站周围发展，组团内部配置便捷的支线接驳公交，并营造良好的步行和自行车出行条件和环境。这样的城市空间布局和土地开发模式既有利城市紧凑集约和高效利用，又有利于吸引更多市民乘用轨道交通，提高轨道交通运营效益。欣喜看到，新版的南京总体规划借鉴哥市经验，提出了“轨道引领、枢纽支撑”的设计理念和“一带五指”城市空间布局。但愿这个理念和规划布局能够像哥市那样得以顺利实现。

其次，哥市长期倡导和鼓励“公交 + 步行和自行车”的绿色出行模式。哥市居民出行方式结构中公交约占 33%，步行和自行车约占 40%，小汽车约占 27%。公交和慢行交通比重明显高于柏林、伦敦、芝加哥、纽约等其他西方大城市，小汽车出行比重明显低于这些城市。第一，这样的结果首先得益于构建了轨道交通与城市发展走廊良好切合的“手型城市”，在这些联系中心区与外围郊区的轨道走廊上，通勤高峰期公共交通出行比重高达 60% ~70%。第二，得益于步行和自行车与轨道交通车站之间良好的衔接配合。在距离车站的1km范围内，步行是最主要的接近方式；在距离车站1～1.5km范围内，自行车占据主导地位，占据约40%的比例；即使在距离车站2.5km时，自行车出行在所有到达出行中所占的比例还高达30%，小汽车仅占19%，其余约50%通过支线公交换乘。第三，得益于对步行和自行车交通的倡导鼓励。自20世纪80年代中期以来，哥市就开始努力打造自行车城市，将原有的机动车道和路侧的停车区改造为自行车专用道。从1970年到1995年，该市自行车专用道的长度从210km增加到300多公里，自行车出行量增长了65%。通勤出行中自行车出行所占的比例已高达34%，与中国的许多大城市相当。为推广自行车，哥本哈根在1995年还推出了一个名为“城市自行车”的自行车短期租赁计划，更便于市民利用自行车换乘轨道交通。

再次，对小汽车出行采取抑制和限制。在丹麦，拥有私人小汽车所需要缴纳的税款大致是购车费用的3倍。新车购置税为200%，燃油税税率为70%，除此之外还要缴纳排污税。城市中心区有意减少停车位供应，提高停车收费标准。

所有这些举措用丹麦人自己的话来概括，就是城市交通发展的“胡萝卜加大棒”政策，即一方面对公交、步行和自行车出行采用“胡萝卜政策”鼓励发展和使用，对小汽车出行采取“大棒政策”，抑制其发展和使用。这些理念和经验，对于发展成长中的中国大城市具有很好的借鉴参考价值：以公交引导下紧凑布局有利于节约土地、交通减量，并且提高公交出行比例和效益，减少小汽车依赖；倡导和鼓励步行和自行车，对中国城市而言，既十分必要，能够体现以人为本、绿色交通的理念，又具有很好的现实基础；对小汽车采取必要的调控是中国城市交通排堵保畅和节能减碳必须采取、而且应当抓紧实施的战略举措。

善待电动助力车

近日国家标准委员会引起的“电摩”、“电助”、“电自”之争成为全国大小媒体热炒话题。央视美女主播欧阳智薇稍不留神，被网友热讽，又创造出一网络名词“被赞成”。媒体发表的各种观点左、中、右都有，利益相关展开博弈，政府相关部门或有意躲闪，或出言谨慎，专家也鲜有全面、成熟的观点。国标委这一招可谓是搅浑了一池清水。

笔者认为，电动自行车或称电动助力车，自20世纪90年代开始起生产销售、使用，发展到今天全国号称已达1.2亿辆，却在技术标准、合法定位、使用规则、合理路权、科学管理等诸多方面多不明确的情况下，国标委这一搅，倒是为正本清源，理性地解决电动自行车的定位、出路，甚至创造新的城市交通模式提供了难得的机会。

严格意义上看，国标委推出的“电摩”标准无论从程度上、法规和技术上，基本上没有什么可追究的失误和错误，但是为什么会引来如此非议如此热炒呢？原因很简单，第一，它的出台将触动1.2亿电动自行车使用者的权益，这么庞大的群体，媒体无论从公义和私义上，都必然会应声而动，跟踪热议。客观体现了舆论监督、维护消费者利益，主观上可赢得收视率、收听率、点击率等。第二，在网络如此发达普及、方便的今天，1.2亿电动自行车消费者很自然、很容易地通过网络发出对国标委的反对。并且，再通过各种媒体的转载、引述、评论，迅速形成对国标委声讨的巨大声浪。第三，经过10多年的快速发展，电动自行车生产、销售已经形成了很大的一个产业门类链条和集群。这些相关利益群体绝不可能眼看自己碗饭要被砸了而无动于衷，必然要揭竿而起，强烈反对。一时间，媒体、网民和电动自行车的生产销售代表迅速形成对国标委的围攻之势，而此时政府相关部门又出言谨慎，没有哪家很明确出来为国标委撑腰解围。

那么，到底国标委和与其相悖的媒体、消费者、生产销售者谁对谁错呢，谁更有理呢？问题其实并不简单。

首先，站在国标委这一面看，国标委提出的电摩标准，从程序、法规和技术上的确并无大错，但是却在情理、伦理上却存在瑕疵。也许国标委可以争辩，出台这样的标准，是为了维护公众交通出行安全。的确有一定道理，但是，如果真正实行这一标准，没有其他相应配套的善后政策和措施，那么，1.2亿已经购买使用的电动自行车的消费者，必然深受其害，此其一。其二，电动自行车毕竟比自行车省力、快捷，如果让他们放弃电动车的行车，相信他们中相当一部分人将选择小汽车来代替。这对已经拥堵十分严峻的道路交通造成更大的压力。其三，更重要的是，电动自行车是清洁能源，1.2亿庞大的电动自行车消费者对交通减碳有巨大贡献。从以上三点来审视，国标委出台这一标准似乎不近情理，不合伦理。然而，再仔细思索，依此指责国标委，其实并不公平，因为，以上三点虽说与出台电摩标准不是毫无干系，但并非扼住要点、决定性的。

再来看，对峙的另一方面，且不说媒体热炒的对与错、功与过，仅看电动车的使用者和产销商两者。他们对国标委的质疑和指责，也并非百分之百在理、公允。

先说产销商。是他们联合起来，为了迎合消费者的嗜好、需求，突破了早已颁布的电动自行车国家标准20km/h时速以下、40kg车重的规定。这样做，显然电动自行车的产销商们早已在集体违法违规，只是，工商、质检、标准执法部门长期以来没有认真执法、严格执法，以至造成法同虚设、法不涉众的尴尬局面。也就是说，电动自行车产销商其实并无理由指责国标委出台电摩标准。

再说电动自行车消费者。他们其实不应该指责国标委出台电摩标准，相反，应该拥护和支持。出台这样的标准，是为了什么？是为了保护生命！为了保护他人的生命，也为了保护电动自行车使用者自己的生命。生命无价，一个文明的国家，文明的社会，最突出的体现是对生命的尊重、关爱和保护。而稍有常识的人都知道，电动自行车包括普通自行车在内，车速越快，危险性越大，发生意外时的危害性越大，超过一定的速度限度，一旦发生意外，就可能导致不可弥补的灾难！这种灾难于己于人都是无法挽回，也无法原谅的。

引文至此，您可能觉得我说的很在理，但再一想，又可能觉得无所适从，到底要不要出台这个电摩标准？到底要不要让1.2亿电动助力车人再继续使用作为代步工具？到底要不要让电动助力车产业继续发展下去？我说，要！都有！理由不必都说，前面都已讲过，关键如何让“鱼”和“熊掌”兼得。

解题的要害要从“人”、“车”、“路”三者同时着手。

首先说“人”。既然骑电动自行车车速可能超过20km/h，甚至达到35km/h、40km/h，必然在行驶过程中对他人也对自己的身体和生命构成安全威胁，那么，就应当而且必须有成熟的、可监测认定的驾驶技能，也即应当而且必须取得驾驶执照，并且保证自己在意识和体质完全满足正常驾驶的情况下，驾驶电动助力车。不仅如此，也还要建立相应的意外保险、补偿补救机制。这都是天经地义的，没有什么好争议和商量的。

其次说“车”。既然1.2亿辆已经生产使用的大部分超速、超重了，实质性的摩托化了，要禁、要改，其社会可接受性、经济成本等都不太可能，而且即使对它们采取既往不咎、老车老办法、新车新办法，我敢肯定，新车摩托化的冲动和趋势依然势不可挡。那么“堵”不如“疏”，让电动助力车兼有电动自行车和电动摩托车的双重属性和功能，当然前提是，驾驶这样的电动车者，就必然经专门培训认证，并取得驾驶证。

再次说“路”，这其实才是问题的真正焦点和关键。电动车助力车发展到今天，在单个城市里，已经形成几万、几十万、上百万的大军，在全国已有号称1.2亿规模，实际上与改革开放后的20世纪80年代自行车普及度差不多，很大程度上已经取代了自行车，而如此庞大的“电助”队伍，却没有获得相匹配的公平的路权。一直划归为自行车系列，不允许上机动车道行使。这应该说是不应该的、不公平的。

电动助力车作为工薪阶层的代步工具，其优点远大于缺点，相对于步行、自行车，它快速、省力，可满足更长距离、更不利地形条件下的出行；相对于公共交通，它小巧、灵活、自由，路网适应性大得多，交通可达性高很多；相对于小汽车，它对道路时空资源占用小得多，行车空间小得多，而且是清洁能源，其缺点主要是安全稳定性不如汽车，电池处理成本及后续污染等。虽然有这样一些缺点，但其上述优点是主要的。因此，总体上是应该鼓励的，至少是应该受到尊重和公平对待的。分析这些，是为了说明，我们的城市道路规划设计和建设、管理都应当考虑给电动助力车予公平对待和妥善安排了。可分三种情形来处理，一是，在既有建成区没有拓宽改造用地，主干道上的电动助力车可与自行车共板混行，但要求行驶速度控制在20km/h以下，否则应予处罚，二是次干路上和支路上的电动助力车可上机动车道行驶，并服从机动车行驶规则。三是有条件的改建道路、新建道路，如电动自行车交通量较大，可开辟电动自行车专用车道。

按照上述思路，从“人”、“车”、“路”三方面满足了发展和使用电动助力车的基本条件。光这些还不够，还要修订或专门制定相关交通法规来规范“人”、“车”、“路”，这样人们就可以放心发展和使用电动自行车。

9 解决过江交通收费问题真的很难吗?

过江交通难已经是省市党委政府和广大南京市民越来越深切感受的一块共同心病。让广大市民尤其是江北的百姓热切期盼的南京过江隧道即将建成通车了，然而，该过江通道要收费通行的消息又引起媒体和网民的热议。到底收不收费？采取何种方式收费？收费标准是什么？政府到目前为止都还没有明确定论。笔者以为，收费是肯定的，但是怎么收？收多少？收费方案的原则、依据、方法、手段等技术问题以及收费的合理性、公平性、社会可承受性等社会关注的敏感问题，需要一揽子系统研究、多方论证、公众参与、审慎决策，给社会公众合情合理的交代。

南京的过江通道跨越的是世界第三大河流，而其江面宽度也许超过世界第一、第二大河流。一座过江通道，投资都要数十亿元。单纯依靠政府财政、特别是仅靠南京本级政府财政投资建设，毋庸置疑是十分困难的。这也是在计划经济时代过江通道建设长期进展缓慢的根本原因。而在改革开放、推行社会主义市场经济以后，政府采取多元化融资、收费还贷，即让巨额的建设投资由政府和社会资本多方投入，再通过收费方式，让社会消费者共同分担，逐步偿还投资商的成本和利益，从而加快推进过江通道建设。这是市场经济条件下推进重大基础设施建设的一种通用的市场化融资手段。正因为有了这种手段，短短 20 年时间，仅从四川宜宾至上海江段长江干流段已建成通车的特大型桥梁有 39 座，在建的桥梁 17 座(不包括规划中或设计中的桥梁)，另有已建成的武汉长江隧道和即将建成南京长江隧道 2 座特大过江隧道，才让长江不再成为阻碍跨江交通的天堑。现阶段对这些利用市场化融资手段新建的过江通道收取必要的通行费，社会公众是应当、也相信是可以理解和谅解的。而一旦完成了收费还贷任务后，这些通道将作为社会共同资源，向社会公众免费开放。

长江过江交通通道通常有两种不同功能类型。一种是区域性的以过境交通和城市对外交通为主要功能的过江通道，通常是区域性高速公路跨江联系的桥梁或隧道，服务的是非通勤性的交通流。另一种是在城市区域内承担跨江城市两岸交通联系功能的过江通道。前者的收费模式与高速公路收费模式相似，通过设置收费站直接依次收取通行费。对普通消费者来说，这种通道出行通常是偶发性的出行，这样的收费方式并没有引起社会太大的争议和压力。而对于后者，大量服务的是日常通勤性交通出行，如果采取与前者同样的方式进行收费，对于每天需要过江通勤的广大普通市民来说，其交通成本，尤其是其心理压力，是比较难于承受的。同时，这种方式所耗费的人工成本也很大，更重要的是额外耗费了每辆过江车辆的通行时间，大大降低了过江通道的通行效率。对于过江交通已经十分拥堵的城市来说，这也是很难接受的。因此，上海、武汉、重庆、杭州等跨江城市都陆续推行了年票制的收费方式，取得较好的社会效果。当然，这些城市的年票模式也并非十全十美，同样存在年票制的社会公平性争议和不同功能过江通道利益分成公平性的争议。

笔者认为，南京过江交通的收费模式应当充分汲取兄弟城市的成功经验和不足教训，区分并处理好两种不同功能类型过江通道不同收费模式和利益关系，利用现代科技手段，完全可以比较妥善地解决城市过江通道收费问题。简单概括是：对于连接区域高速公路的长江二桥、三桥以及在建的长江四桥等，仍然采取现有的收费模式。对于即将通车的纬七路过江隧道和拟建的纬三路过江隧道以及已建的南京长江大桥，统筹采取期次票制收费。期票可分周票、月票、季票、年票多种票种，取不同的收费费率，由消费者根据各自过江出行频率自由选购，实现收费的公平性。期票统一用电子钱包（银行卡），可实现不停车收费。据了解，这样的技术手段南京本地的智能交通研发企业已经完全可以解决。次票仍采用人工收取，适用于没有购买电子银行卡的过往车辆，收费标准与二桥、三桥等同样标准，可避免一些车辆因城市过江通道低收费而故意绕道行驶的现象发生。另外，应当对过江公交车实行免费通行。当然，上述设想还是需要政府尽快组织专业性研究机构进行认真调研、精心设计，并进行必要的专家论证和恰当的公众参与，经慎重决策后再付诸实施。

“闯红灯”背后的根源到底有哪些？

——评加藤嘉一：北京人为什么闯红灯

今天看到《城市交通论坛》美女斑竹、蜘蛛侠——“早春的雨”发的帖子，报告日本青年才俊加藤嘉一先生的评论“北京人为什么闯红灯?”，引起我的兴趣。原因首先是我对加藤嘉一先生并不陌生。大约两年前我从网上看到加藤嘉一先生给《瞭望东方周刊》写得一篇评论“北京交通困境与‘格差’”，深有启发，随即写了一篇响应评论——“我们的‘格差’在哪里?”发表在《城市交通》杂志2008年第4期。其次，今天读到加藤嘉一先生这篇新评论(其实也不新了，网上检索可知，这篇文章是加藤嘉一先生在北京奥运会之前2008年5月为英国《金融时报》中文网撰写的评论。)，同样颇有收获和感触，也引发了我对此问题的一些思索，供大家分享。

闯红灯，在中国的确是司空见惯的街头现象，也是中国城市政府、交管部门和专家都很头疼的老大难问题。加藤嘉一先生从社会文化这个深层次角度对闯红灯现象作了深入剖析，很有见地。以小见大，不仅仅是闯红灯现象，还有其他涉及社会公共秩序和规则的许多方面，都体现出当代中国社会生活中存在的不文明、不和谐因素。加藤嘉一先生文中提到，在北京，包括中国其他城市，都没有西方意义上的上帝，也没有日本式的“世间样”。这事实意味着，对于中国人来说，没有一个能够给他们带来某种价值、行为判断标准的“价值领袖”，让广大民众有一种普世关怀、社会至上的理念和行为。这在很大程度上点到了当今中国社会的痛处。

要说中国历来就没有普世的社会关怀和规则秩序的文化背景，其实并不客观。中国有五千年灿烂的历史文明，号称文明古国、礼仪之邦。中国有十分广泛而深厚的佛教文化、儒家文化基础。佛家文化宣扬普世关怀，儒家文化倡导礼仪规则。这本是中国的主流文化，也影响了包括日本、韩国、朝鲜、越南、缅甸等在内的东南亚国家，形成了“礼仪为重、敬畏守则”的民风民俗。但是，我们又不得不承认，当今中国社会的公共秩序意识、公共法治意识、行为规范意识、文明礼让意识等社会文明意识都还比较淡薄，也许在交通行为领域表现得尤为突出。个中原因，我想还不仅仅是社会文化和文明建设的相对滞后，同时，在社会整体法治环境、文化教育、现代交通管理理念、精细化交通设计技术等诸多方面与发达国家同样存在相当大的差距。

第一，中国的近代化、现代化建设的道路十分艰辛曲折。19 世纪下半叶到20 世纪上半叶，中国经历了近百年落后挨打、战火纷飞的年代。民族屈辱受难，百姓流离失所，现代化的物质文明和精神文明建设根本无从谈起。新中国建立以后很长时期又处在反帝反修、阶级斗争的年代。尤其是十年文革对中国传统文化和道德礼仪造成巨大破坏。改革开放 30 年来，中国的改革开放、经济建设取得巨大成就，物质文明已经接近初步现代化。但是，精神文明、社会文明的现代化还远没有完成，近代中国的知识先贤们所倡导的“德先生”、“赛先生”还要经过长期努力才能真正成长和成熟起来。“物质至上”、“拜金主义”等在当今中国确实比较盛行。公民的公共责任意识、公共规范意识、公共秩序意识等却还相对淡薄。同时，中国正处在城市化、机动化、汽车化等高速发展时期，我们还没有来得及形成相对成熟的城市文明、汽车文明、现代交通文明。当今中国城市的交通拥堵、秩序混乱、事故高发，与 20 世纪五六十年代战后日本的所谓“交通战争年代”情形极其相似。

第二，我们的政治文明和法治文明建设还任重道远。我并不认同中国民众百姓的道德素质、公民意识要比其他先进国家差。中国现在每年有数以千万计的人到欧美、日本等访问、求学、旅游，他们到了国外绝大多数人都很自觉地遵守交通规则，不闯红灯了。每年也有数以千万计的外国人到中国来访问、求学、旅游，他们中的许多人到了中国城市却也不由自主地跟着中国人闯红灯了。从面层上看，我比较认同大多数人是出于“从众”心理。但从深层次看，说明我们的法治环境不理想。法治环境不理想，原因是在于法的严谨性、严肃性不够，法的威慑力、执行力不够；更重要的是社会权力阶层、精英阶层、强势阶层的守法意识和示范意识不够。

第三，普通百姓，特别是刚刚被城市化的新市民，他们的平均文化水平和受教育程度相对偏低。他们对都市生活的公共规则、公共秩序还不太熟悉、不太适应，尤其是对汽车社会必须遵守的交通规则、相应的交通标志标识以及具体含义意义等等都还不熟悉、不适应。我们既要有耐心和宽容，更要加大宣传教育的力度。我在十几年前访问日本时，了解到日本每年都有交通安全周。届时政府、学者、媒体等都要通过各种途径以群众喜闻乐见、通俗易懂的形式向社会公众宣传交通安全法规、知识。这很值得我们借鉴和推广。

第四，政府和决策、管理层的现代交通理念还不成熟，有偏差。决策者和管理者更多追求城市道路交通的畅通，主要是保证机动车的畅通，而没有更关心其他用路者(行人、自行车、公交等)交通安全、可达、舒适和顺畅。说白了，是“以车为本”，而不是“以人为本”。有的官员甚至还说：“坐在车里的也是人，为什么你们要老说要以人为本呢?”中国的官车队伍也许是世界奇观，如果仔细统计一下，在机动车闯红灯、酒后驾车、违章驾驶、违章停车等记录中，官车官员比例很可能也占了很大比例！可见，对现代交通文明的宣传普及首先还得从官员们身上做起啊。轰轰烈烈的“畅通工程”也该认真反思反思、总结总结了。

第五，我们的城市道路交通精细化设计远远没有到位。一是对交通流、交通构成、交通目的和需求、出行者的行为特性等的差异性分析远远不够深入到位；二是对不同功能、不同等级道路的路权分配、实现手段、设计形式和标准等都还不够准确明晰；三是在具体道路断面设计、安全设计、信号配时设计、标志标识设计等方面不够精细合理……美国学者提出了“自解释道路设计”的城市道路交通设计理念，要求在城市道路交通设计中要尽一切可能将交通规则融入设计方案中，通过精细化设计就可实现各种不同道路使用者的路权合理保障，并最清晰地让道路各种使用者不必通过交通警察的指挥知道行车、行路规则。这需要我们的道路交通规划师、设计师在设计理念、设计规范标准、设计手法和技巧上取得创新和突破。

加藤嘉一：北京人为什么闯红灯

加藤嘉一，日本青年才俊，曾经是北京大学日籍留学生。任多家国际媒体专栏作家、评论员，中文文笔出色，评论切中时弊，观点很有深度和见地。本文是他为英国《金融时报》中文网撰写的评论。

2003年正值“非典”高峰，我来到北京。当时就对北京产生了各种各样的印象。其中，最深刻的印象是，在城市里，市民为什么那么清一色地闯红灯？生命不受到威胁吗？市民为什么毫不犹豫地不排队？为什么不仅不排队，还侵犯他人的权利插队？市民为什么在公共场所，比如地铁、商店等，不顾周围的人大声说话、抢位子？他们为什么为有位子坐这么微小的个人利益而“奋斗”？为什么为抢到位子这么不文明的成功而感到“成就”？当时的我，在众多的“为什么”面前，似乎是一塌糊涂，没法“消化”北京现象所带来的“冲击”。

我是日本伊豆人。诺贝尔文学奖获得者、著名小说家川端康成的著作《伊豆的舞女》那部小说所描述的就是我家乡的情景。伊豆是一个半岛，位于富士山南边，有山有海，也是“温泉之乡”。伊豆是安静的、清洁的，而且有序的。毕竟是乡下，人口不多，但人们都循规蹈矩地过日子。我每一次从北京回到伊豆，感受简直是完全不同的世界。

日本的首都东京是全国各地的人极力集中的，政治、经济、文化的中心。其人口达到2000万以上，是世界最大的大都市之一。东京地少人多，人口密度相当高。环境很拥挤，但绿化比较成熟。在东京，城市的运作很有秩序，人们的生活很有规矩。东京的地铁简直像“蛛网”一样，只要在中心地区，去哪里都有地铁站，去哪个大厦或商店都有出口。东京城不愿意因人为因素而导致混乱，失去秩序。东京人更不愿意因非人为因素，而使自己的工作、生活受阻碍。总之，东京城与东京人之间的关系是“双赢”的。

我在北京待了五年了。经过这段时间的观察与思考，我对“北京现象”的看法也产生了一定的变化。首先，客观的情况本身发生了比较明显的变化。即城市正在走向秩序，市民正在走向规则。对北京来说，“秩序和规则”是新颖的变化。今天在街上、马路边上规范行人的指挥人员也好，地铁、公交里呼吁文明行为的广播也好，出租车向司机要求卫生的帖子也好，还是已经无处不在的英语标志也好，都是2003年我刚来北京时不存在的。当时，我能想象到北京今天的局面与变化吗？恐怕不能。随着“硬件”设备的制度化，市民的行为、对社会环境的认同也正在相应、逐步地走向成熟。

前几天，我碰到了曾经难以想象的场面。在王府井的公交车站，大概有30多个人特别有序地排队等车，跟交通指挥人员配合，乘客还看着旁边每月11日“排队日”的口号牌，高高兴兴地跟周围乘客聊“排队的重要性”。在地铁里，人们也开始排队买票，排队等车，逐步落实“先下后上”的国际标准。出租车里，司机的态度有了一定的提升，北京堵车是很郁闷的事情，但跟友好的司机先生聊一聊，感觉还是很开心、很舒适的。最大的变化，恐怕是餐厅服务员的素质。虽然也有例外，但现在大部分北京的餐厅服务员都很热情，很好客，有时候还觉得服务过多，比日本还“厉害”，中国的变化是“跨越性”的。

虽然，“北京现象”有了一定的改善。但我们还是有必要冷静想一想：即改善的动机究竟何在？因为，相对于北京、上海等大城市，其他城市、尤其是中西部地区的推进程度还滞后不前，至于农村，更无言可谈。为什么只有北京这样的大城市出现了改善呢？是北京人聪明，西部地区的人愚蠢吗？在同一个国家里，人与人之间的天生素质有那么明显的区别吗？我认为，“北京大推进”的背后隐藏着暗示中国今后走向的重要因素。

据我所知，在日本，市民一般是排队的，也是不闯红灯的。这习惯已经在大家之间达成了“默认的共识”。因此，日本的城市比较有序，人们也比较安心地过日子，生命一般不受到威胁。相信，欧美国家的情况也大致与日本相同。在这里，我们值得思考一下，大家为什么排队或不闯红灯呢？它的背后，应该有各种原因存在，甚至并存着。比如，经济发展水平、现代化程度、人们的文化素质、国民性以及制度设计等等。不过，最大的原因，在我看来，在于人们的价值、行为的判断标准。我分别尝试分析一下欧美与日本的情况。

在欧美，人们是倾听上帝的语言与指令生活的。上帝告诉你不可以闯红灯，你就不闯。因为，对他们来说，基督教给予的是生活上的规范与人生上的价值取向。上帝面前人们都平等，既然你是享受平等的权利，你就无法违背上帝的命令，虽然会有一些例外人士。

在日本，有一句话叫做“世间样(Sekensama)”，意思为“尊重的社会先生”，含义为“社会至上”。“世间样”要求我们，每一个国民作为个人，应该服从多数，更应该服从整个社会秩序。比如，我们面对排队还是不排队的判断时，人们首先看别人、大多数怎么做，然后决定自己怎么做。这也是一种所谓“从众心理”的表现。日本人牵涉到公共秩序的从众心理是最为明显的。我们长期以来积累下来的国民性以及战后培养出来的文明素质使得大众相当克制，日本人还是比较懂得“自律”的。总之，“世间样”面前人们都平等，既然你是享受平等的权利，从中获得“安心、稳定生活”的巨大利益，就不轻易违背“世间样”所约束的一切。日本人每时每刻无意识当中认识到，“只要服从秩序，从中能够获利。”这是明智的选择。人只要涉及自己的根本利益，就能理性。这点是世界共通的。“理性”应该也是人类普遍的价值。

而北京的情况有所不同。在北京，包括中国其他城市，都没有西方意义上的上帝，也没有日本试的“世间样”。这事实意味着，对于中国人来说，没有一个能够给他们带来某种价值、行为判断标准的“价值领袖”。因此人们对有一点是很模糊的，即“我应该凭什么判断事物？”在社会缺乏价值领袖，市民缺乏判断标准的情况下，会出现什么样的状况？这里说的“价值”不是西方“鼓吹”的民主、人权、自由等简单化的产物，也不是过去所谓的“意识形态”。我指的是，人们凭什么价值判断事务？凭什么理由服从秩序？凭什么动力与他者协调？社会凭什么手段凝固人们？凭什么工具维持秩序？凭什么方式创造和谐？

我的观点是，一个人在下决心的时候，欧美人或日本人一般以“可否”来判断事务。而中国人一般则以“能否”来判断事务。这不是两个极端，但是完全不同的两种价值取向。我们看一看具体的例子。无论在路上有车还是没车，只要是红灯，欧美人或日本人一般是不过去的。因为，在他们的脑海里很清楚，“红灯时，不可以过马路。灯变成绿后，才可以过马路。”中国人则不同。无论是有车还是没车，在红灯面前，中国人一般不考虑可不可以过马路，只要觉得能过，并且生命不受到威胁的情况下，毫无犹豫地闯过去。当然，此事实也不能否定“中国人的从众心理”。在中国，人们的从众心理在某些问题或事件上，比如，精英的就业观、对外界的敏感性、民族意识等问题上，人们是相当从众的。其浓厚程度甚至正在剥夺人们的独立思考的能力以及培育社会责任感的余地。在这个意义上，我也不排除北京今后依靠“个人服从多数、个人服从社会”的方式，创造秩序的局面。不过，这是相当漫长的过程，长远看关键在于人们的文化水平与素质，就是教育。因此，需要时间。

可是，对北京来说，许多问题是等不了时间来临的，必须快速解决的。最明显、迫切的情况就是已经倒数100天内的奥运会。奥运期间，中国观众的礼仪将如何？交通不会混乱吗？在城市上，外国人与本地人之间会不会发生冲突？外国记者会不会把一些“黑暗”的方面大量传播给本国读者？像“3·14事件”后的局势一样，中国会不会遭到国际舆论及各国政府的压力？包括上述一切，都或多或少与北京市民的文化素质有关。但在这么短的时间内，依靠“良性正常的教育”改进市民的水平现实吗？

现状明确告诉我们，从短期来看，秩序只好依靠政府“强势的公共政策”来加以推进。就像今天朝着奥运会正在奋斗的有关政府部门的政策似的，投入大量的公共财富，就是公民纳入的税金，以强制性手段去告诉公民该怎么做。你必须这么做，否则是被惩罚的。只有如此，市民才能走到理性。谁敢反抗政府呢？在今天北京的社会结构是典型的“金字塔”式，即极少数的政府是主动的，大多数的公民则是被动的。但另外方面，正因为奥运会是弘扬中华复兴的大机会，市民也认同这一点。所以，我相信，在接下来的时间内，政府与市民，即统治者与被统治者之间的“互动”，虽然有些不健全的方面，但起码是“没事儿”的。总之，对于转型中的北京来说，“自上而下”的统治模式在可预测的未来当中，是现实的，甚至是必要的。

2003 年当初，北京给我所带来的冲击正在逐步被消化。不过，随着形势的变化与北京在策略上的调整，我的思考也得相应地调整。我的观察依然继续……

11 舆论之困比堵城之困更难解

酝酿 10 余年的北京市差别化停车费率调整方案将于 2009 年 4 月 1 日正式实施。真诚地希望北京市借助这一被国际大城市交通发展经验证明行之有效的交通需求调控策略的实施，能够在一定程度上缓解北京中心商业区、中央商务区和老城区等地区的拥堵状况，也为全国各大城市治理交通拥堵探索一条道路。然而，笔者深知，也早知在中国特殊的社会人文背景和舆论环境下，此举要被政府采纳，要让社会和舆论理解和接受，要真正见到实效都是很难的很难的。解舆论之困比解堵城之困要艰难很多。

马寅初先生当年在举国上下贯彻多生光荣的背景下提出中国要控制人口增长，招来口诛笔伐，牢狱之灾。然而，历史证明，真理在马先生这一边。今天之中国，民主兴盛、舆论开放，对政府公共政策发表意见和评论不必顾虑再遭受马先生所承受的大不幸。然而，笔者所顾虑和忧虑的是，公共媒体的导向和网络舆论的博弈将严重影响公共政策的正确制定和有效实施。新加坡《联合早报》3 月 28 日报道，新加坡总理李显龙先生提醒："不应滥用互联网来影响政府决策"。

笔者的担忧绝非杞人忧天，北京的差别化停车费率方案尚未实施，笔者已看到2009 年3 月28 日《中国经营报》发表了安邦咨询高级研究员唐黎明先生的签名文章"北京收取交通拥堵费难解堵城之困"。该文拿北京与伦敦、东京等国际城市参照对比，从综合交通规划、配建停车指标、小汽车人均保有量、城市布局模式、道路网体系和公共交通设施水平等多方面、多角度论证阐述北京本应该拥有和容纳更多的小汽车，北京的交通本不应该如此拥堵，结论是北京拥堵状况愈演愈烈，是政府无所作为，规划部门难辞其咎，大幅度提高中心区、老城区停车费，难解堵城之困。该文刊发当天，已经被新浪网、网易财经、解放牛网等多家大型门户网站转载。笔者相信唐先生的大作不日还将进一步在各种网站和媒体传播，相信不仅有唐先生这样捷足先登的大作，还有更多、更多的评论出现在各地媒体。就像这几年每有专家讨论城市交通拥堵费，媒体立刻就会有大量的争辩和反对的评论，使那些有意倡导小汽车理性消费的专家学者不敢多言复议。

可以肯定，唐先生的态度和观点在业界、学界、公众和媒体等不同层面很有同感者、支持者。笔者在此谨以负责任的态度，以通过简单检索可以查证的史实和事实，就唐先生文章阐述的观点进行讨论和争辩。

应该承认，城市尤其是北京这样的千万级超级大城市，是一个复杂的巨系统。交通既是城市复杂巨系统的一部分，其本身也是复杂的巨系统。城市交通拥堵的原因十分复杂，既有交通系统自身供求关系、体系协同、政策引导、组织管理等原因，更有经济社会、城市布向、体制机制、法规教育等多重原因。唐先生文章基本反映了影响城市交通拥堵状况的主要方面。然而这些因素影响和发展的历史背景、过程以及事实并不完全支持唐先生的观点。

尽管北京市有相当多的居住区、商业区、办公娱乐场所、医院、学校等停车供应不足，但是，北京市的停车供应总量与北京市的机动车保有量是基本平衡的。北京市为编制停车发展规划，于2004年开展过一次全市地毯式停车大调查，当时北京市机动车保有量约210万辆，市区民用客车保有量约100万，停车泊位约100万，停车位缺口约20万。发展到今天400万辆机动车，也没有一辆车是悬在空中或挂在墙上的。北京从20世纪90年代后期开始实际执行的建筑场停车配建标准是北京市地方标准，新建商品房平均配车位在0.8以上，高档住宅配建车位在1.2以上，而不是唐先生的文中所说的10%。城市停车位供应主要靠建筑物配建泊位来解决。国际城市普遍的标准是配建停车泊位占总停车需求的85%，其余靠公共停车泊位解决。唐先生的文中提到，北京当前经营性停车泊位113万个。这说明北京现在的公共停车泊位并不缺，比国际城市高得多。

唐先生的文中认为，北京千人机动车拥有量只有200多辆，远远低于美国、日本600~700辆/千人水平。其实，纽约、东京的大城市的机动车千人拥有量并没有想象那么多，大约在300~400辆/千人，按照北京现在发展速度，不出3年北京将赶上甚至超过纽约、东京的千人拥有率水平。而更值得注意的是北京目前的小汽车日均使用次数和出行分担率已经与纽约、东京等城市相当，而城市中心区的小汽车使用强度北京已经高于纽约的曼哈顿和东京的内城区。北京既没有像新加坡、香港和上海那样对小汽车购买采取限制调控，也没有任何对小汽车使用进行调控的措施。北京目前的停车费率是全国大城市最低的。这充分表明，北京的交通拥堵很大程度上是由小汽车的无限制发展、无节制滥用所造成的。

诚如唐先生的文章所言，很多人认为，北京的单中心、“摊大饼”城市扩模式，还有北京的宽而稀的路网，是北京拥堵的罪魁祸首。这似乎已经成为斥责北京规划失败的公论。应该承认，北京的摊大饼和大街区、宽马路是造成北京拥堵很大原因，但绝不是惟一原因，也不是必然结果。东京、伦敦、巴黎、莫斯科的城市“大饼”也绝不比北京小多少，有的甚至更大。北京的交通拥堵主要出现在三环以内的中心区和外围出入口道路，而东京、伦敦、巴黎、莫斯科等世界大城市在汽车普及化的高潮年代，同样也经历过十分相似的严重交通拥堵。迄今为止，这些城市中心区和出入道路交通拥堵也仍然比较普遍，只不过已经没有北京当前交通拥堵那么严重罢了。

唐先生认为伦敦、东京等对中心城区收取拥堵费是建立在整个城市交通系统综合规划和发达的公交系统、高效的换乘系统基础上的。没有错，这是我们今天看到的这些城市的结果，也应当是北京、上海等国内大城市需要借鉴汲取的经验。但是，我们更应该看它们所走过的历程。日本、欧美大城市在经历了20世纪70年代石油危机和严重交通拥堵以后，就意识到了小汽车无节制滥用带来的危害，突出了公交优先和小汽车出行调控双管齐下的策略。从那时开始，就对城市中心区停车位供应进行限制，中心区停车采取高收费政策，同时积极建设地铁，优先保障公交路权，引导人们逐步放弃用小汽车进中心区通勤和办事。这些经验已经在《北京交通发展纲要》充分吸收和体现，北京的公交优先已经在大力推进实施，然而，对小汽车出行的调控却举步维艰。

简而言之，北京的摊大饼城市布局模式、宽而稀的路网布局模式，的确是造成北京交通拥堵的重要原因，但是，并非是本质原因，更不是致命原因。这两个原因已经既成事实，要去根本改变，已经绝无可能。因为我们不能、更不应该把现在的北京城推倒重来。那些将北京交通拥堵完全推卸到规划失误、政府无为的观点，既不完全客观公正，更于事无补。而想借此托辞，反对、拒绝对小汽车采取必要的、适度的调控引导，更不理智、更不可取！当今中国，城市交通拥堵绝非是北京一座城市的伤痛，而是全国各大城市、甚至中小城市共同面临的挑战和难题，我们应该共同呼喊更为理性、科学、全面的城市交通发展政策和规划付诸实施，只有这样我们才期盼城市交通拥堵早日得以缓解。

英国通信：依赖小汽车是不可避免的吗?

局长：

你的两次 email 都已收到。你将要做的 presentation(陈述)题目：Is automobile dependence inevitable(依赖小汽车是不可避免的吗)？也是我们这次交通战略研究要着重探讨回答的问题。我这里只是提供一些个人认识，供你参考。

我的观点是这个题目应该从两方面看。首先回答：what is automobile dependence? 或者，什么样的交通模式才算是 automobile dependence? 其次，再来回答：Is automobile dependence inevitable?

为什么要先提出并回答第一个问题？我的理解，也许这位西方的先生出这个题目可能就有所倾向，要求学生回答“NO!”，然后拿出理由和证据来，解释为什么是“NO!”。当然，我也是基本上赞同这一观点的。但是，我认为第一个问题也同样很重要。我们可以反过来问：现代人是否应该而且可以不依赖小汽车了呢？我想，从总体上讲，应该是不可以，也是不必要的。小汽车是人类文明进步的结晶和象征。小汽车在现有的各种交通方式中最能体现人性的发展需要。随着人的潜能的开发，自身价值的提高，时间对人越来越重要，自由、自主对人越来越重要，私密对人越来越重要，远距离的休闲、观光、旅游对人越来越有诱惑力……小汽车的快捷、舒适、私有、门到门等都远胜过其他交通工具。我们没有理由在不损害社会整体利益和他人利益、不破坏生态环境的前提下，不让人们拥有和使用自己的小汽车。小汽车的发明和发展尽管从现在看给人类社会、尤其是大城市带来很大麻烦甚至威胁，但它更多的是作为现代工业经济的主要推动力，促进了人类的富裕；更多的作为人的代步工具，扩大了人的活动范围，开发了人的潜力，促进了人类文明进步。西方人就是这样走过来的。他们现在大力鼓吹不要依赖小汽车，我想，如果这句话说给他们自己听，是100%正确的，但是是100%做不到的！如果说给中国人（包括其他发展中国家的人）听，也许有50%是对的，而且是可以做到的（只要努力）；有50%是有点饱汉不知饿汉饥。请想想，中国的小汽车保有量，尤其是私人小汽车的保有量还不及美英国家20世纪20年代的水平！说了那么多，无非是想说，我们应该公平地、理性地来看待小汽车，应该合理地、有限度地发展和使用小汽车。既不要“小汽车万岁！”，也不要“小汽车该死！”。任何事情走到极端总不是好事。对待小汽车问题也要来点“中庸之道”。

中国需要而且可能适度发展自己的汽车工业，需要而且可能适度发展小汽车交通。首先，中国经济发展需要新的增长点。汽车工业可以带动一大批相关产业、基础设施和高科技的发展和进步。其次，中国正全面进入小康社会，东部发达地区正逐步向富裕化过渡。人的富裕化，收入水平、生活水平的提高，必然要求交通服务质量的提高，就有欲望、也有能力购买私人小汽车。从公平的或者尊重个人权利的角度讲，政府不能强制性地剥夺人的这种自由选择的权利。再次，中国私人小汽车拥有水平很低。国内市场在保证大城市小汽车不过度发展和膨胀的前提下，仍然有巨大的发展空间，足以支撑汽车工业的市场需求。最后，中国私人小汽车发展（近期、中期）主要地域是东部发达的大城市外围郊区、远郊和新城，中小城市及农村地区。在大城市旧城和中心区则必须加于必要的限制和控制。

“automobile dependence”是应该而且可以避免的。我所理解的“automobile dependence”大概确切地说应该是过度的automobile dependence。那么，从东西方、发达不发达国家来看，都有正例和反例。反例：发达国家如美国，已经是积重难返，欲罢不能。但毕竟靠其强大的国力财富支撑，城市交通状况并不比不发达国家和发展中国家的城市更差！发展中国家如泰国、墨西哥。虽然人均小汽车拥有水平相比发达国家还相差不少，但对小汽车拥有和使用不加任何限制，已大大超出路网及环境的承受能力，已经成为让人难于容忍的交通沼泽地！正例：发达国家如英国伦敦、法国巴黎等，准发达国家和地区如新加坡、中国香港。它们都走的是优先发展公共交通，有限制(节制)地发展小汽车，保持了城市交通供求的适度平衡，保证了城市整体有序健康发展。当然，发达国家和准发达国家(地区)或发展中国家在实现公交优先发展、有限制发展小汽车的道路上是有很大不同的。发达国家(英法等西欧国家)在经历了资本原始积累、大肆掠夺弱国资源财产的基础上，有较雄厚的财力来大规模建设城市轨道交通，自然地吸引中低收入及一般市民乘用公共交通，减少对小汽车的依赖。而中国香港、新加坡的情况则不同。它们能维持今天的交通结构和良好的交通状况，更主要的是依靠政府有力的限制调控措施。在严格限制调控小汽车发展的同时，根据政府的财力和政策的导向来逐步发展城市公共交通。这个过程显然要比西欧城市走过的路困难许多！中国又何尝不是这样的呢？幸运的是中国政府是强有力的政府，但愿中国各级政府领导能更多地向香港、新加坡政府学习。对中国城市交通的展望，用一句老话来概括，叫做“前途是光明的，道路是曲折的”，也许是很合适的。从天津会议带回来的香港黄良会先生文章中得知，香港已坚持了30多年的小汽车限制发展政策近来也受到各方媒体和公众舆论的压力。理由是香港现行的小汽车高税收政策剥夺了相当一部分人拥有和使用小汽车的权利，是不公平的。这种说法与国内许多领导和专家的观点是一致的。香港好在坚持了这么多年，城市交通走上了良性发展道路。城市形态、格局以及大部分居民的出行选择习惯已经形成，相信香港的交通只会往好的方向进一步发展，不太可能严重恶化。我所担心的是我们大陆的大城市，弄得好，城市交通可以走上有序发展道路，且能保护城市的风貌、形态、环境和宜人的氛围(如大连)。弄不好，则有可能像曼谷、墨西哥一样(如北京、南京也有此忧)！

祝

身体好！

杨涛

1998.11.12

附　录
——访谈

《城市交通》杂志访谈

城镇化对城市交通带来的问题是什么？城市交通特性如何变化？交通需求发展的趋势是什么？

主要表现为以下五个方面：

第一，大城市人口规模的进一步扩张和产业、服务功能的集聚使本已先天不足、相当紧张的大城市交通基础设施压力继续加大。特别是人口流动性的加大，外来人口的大量增加，使按照计划经济模式下制定的交通基础设施供应标准难以适应新的市场经济条件下的城市客货运输需求。

第二，大城市中心区、CBD 的发育和增强使中心区交通矛盾进一步激化。在大城市中心区道路网、停车供应都十分紧张，公共交通又很不发达，没有大容量轨道交通支持，同时出行吸引量和机动车交通量大量增长的情况下，大城市中心区交通问题将日益突出，甚至不堪重负。

第三，老城区路网整理和交通模式选择是许多具有悠久历史的大城市的紧迫课题。在“发展是硬道理”的政策背景下，大城市政府的发展压力是很大的。因此，各大城市政府都在积极推进老城改造。在这过程中如何处理好发展与保护的关系是关系到城市特色的保护和城市能否可持续发展的大问题。就城市交通而言，老城路网改造和交通模式的选择也是老城改造过程中的一个关键。许多大城市利用老城改造的机会，拓宽老路、开辟新路、建设停车场，这无疑可以增加老城道路交通容量，一定程度上缓解老交通紧张状况。但是，老城往往都是最能反映这个城市传统风貌特色、历史文化遗产最集中的地区。

粗暴地进行大拆大建，只能解一时之渴，不能保长远之利，是很不可取的做法。

第四，大城市郊区化和机动化的联动发展使城市交通拥挤面从中心区、老城向城市外围地区迅速蔓延。与国外大城市类似，我国大城市出入口交通拥堵必将日已凸现出来。

第五，随着时间推移，人口老龄化问题将日渐突出；随着经济改革深化，失业问题及贫富差距问题也将可能加剧。因此，老年人和低收入阶层的交通保障值得引起重视。

对中小城市而言，主导交通方式必然是个体化的。目前，东部地区中小城市正处于机动化的高增长起步期，表现为自行车增长相对趋缓，摩托车、助力车高速增长，小汽车开始进入居民家庭。同时农村城市化和农民富裕化也带来机动车的高增长，并大量进入中小城市。中西部地区则仍然以步行、自行车交通为主，摩托车也在较快增长。在中小城市建设和管理中，比较普遍的问题一是缺乏合理的道路网体系规划，盲目与大城市攀比，建大马路，不重视城市合理的尺度和道路网的密度；二是重建设，轻管理，交通秩序混乱，交通事故率居高不下。

在人口高度集中、土地资源受约束的条件下，城市交通系统如何发展，应建立什么样的交通模式？推进公交优先的关键环节是什么？

对中国的大城市来说，**第一要突出强调的是面向公共交通的土地布局模式**，以城市快速轨道交通或有足够吸引力的公交优先走廊引导新区开发建设。要做好新区接驳公交线网的规划，要结合轨道交通站点布局，规划好停车换乘系统，预留足够的停车空间。要特别重视大型公交枢纽设施的规划和其周边的土地利用规划。**第二，建立科学合理的路网布局框架和等级结构**，特别要注意提高路网密度，尤其要提高支路网密度。提高路网密度必须结合土地利用规划才能真正得到落实。**第三，道路功能定位必须与沿线土地使用性质相协调。**快速路不允许直接穿越居民生活区、城市商业区(街)、城市中心区、文物保护区、景观风貌区。交通性主干道也应尽量避免这种穿越。大城市中心区外围则需要规划建设能吸引和疏解长距离穿越性机动车的城市快速(环)路或交通性主干道。反过来，在城市快速路、交通性主干道两侧以及交叉口四周，不应布置密集居民区、大型商业设施。**第四，要用定量分析的手段，科学评估城市中心商业区和大型公建设施的合理规模和开发强度，高度重视旧城与新区之间、城市峰腰地带的通道规划。第五，在新区组团和中小城市规划中，对小汽车发展要有足够的估计，规划控制好道路网络、公共和配建停车设施等。**

公交优先发展对策与措施，包括以下四个方面：①政策上的优先。政府在综合交通政策上给予公共交通发展的优先地位，主要是财政和税收的支持和优惠。②规划上的优先。在城市规划和交通规划上以公共交通优先发展为前提和基础。如制定和实施公共交通导向的城市规划和土地开发、交通规划中，一方面制定科学先进的公交体系规划(包括轨道交通)，另一方面，更重要的是规划一个能体现和实现公交优先的道路网。③建设的优先。主要是基础设施投资分配、计划安排和工程设计，向公共交通(轨道交通、公交场站、公交车辆、服务设施)倾斜。④管理上的优先。在城市道路及其交叉口的管理中，给予公共交通优先通行权。

根据日本、西欧国家的公共交通发展经验，各个城市应根据本城市的交通强度与密度、城市的地理环境，通过选择以下方法与措施发展公共交通。①规划建设大容量、快速度的轨道交通；②建设换乘枢纽并与城市的土地利用开发密切结合；③发展城市公共汽车(包括车辆、场站、线路等)；④进行公交企业改革，形成有规模、有竞争、有活力的公共交通客运市场；⑤改善公交车道路运行环境，有条件地推行公交车专用道、交叉口公交优先服务等措施；⑥通过科技进步，积极研发新型的公共交通运输系统。

随着城乡一体化的建设，交通系统的规划建设应考虑哪些关键问题？国家应采取什么样的政策和措施，鼓励和引导适应城镇化进程的城市交通系统发展？

*第一，应建立小汽车发展的区域差别政策。*根据国家汽车产业政策，鼓励私人小汽车发展已经成为一条既定方针。如前所述，中国幅员辽阔，有足够的汽车发展市场空间。但是我们对机动化给城市带来

的影响和冲击要有足够的认识和重视，主要是特大城市和大城市。对城市机动车发展尤其是小汽车发展不能不讲条件，不计后果；应当取其利而弃其弊。国家对不同规模、不同性质、不同经济发展水平的城市要制定不同的汽车发展引导性政策，也应当允许特大城市和一些条件特殊的城市（如重要的历史文化名城）制定自己的汽车交通发展政策。城市本身对中心区、主城区、外围新区、新城等不区域的汽车发展和使用应区别对待，又不同的政策，该鼓励则鼓励，该限制则限制。

第二，明确大城市公交优先发展政策。我国大城市交通正处在非常关键的历史发展时期。日本名古屋大学河上省吾教授一针见血地指出，中国大城市必须在小汽车大量进入居民家庭前，确立城市公共交通的主体地位，才能应付未来居民出行机动化高潮的到来。坚定不移坚持公交优先发展应当成为大城市交通发展长期坚持的战略。因为，购买和使用小汽车是居民个人的消费行为，城市政府不应或者也难于对其采取限制（当然，也有严格限制的，如新加坡、中国香港等）；惟有通过大力发展公共交通，为市民提供值得信赖的公共交通服务，才能引导和影响居民的出行选择。

第三，以人为本，而非以车为本，建立一体化城市综合交通体系。城市交通的根本目的是完成人和物的移动或输送，而非车辆的移动。城市交通本身也是一个有机整体，满足多种多样的交通需求。从这个根本目的出发，城市交通发展规划和建设切不可一味强调解决机动车交通问题，而要建立一体化的综合交通的理念。

第四，要继续加强城市交通基础设施建设。经过改革开放 20 多年的建设和发展，我国城市经济实力显著增强，城市交通基础设施水平有了很大提高。但是应该看到，目前城市机动化水平还较低，居民出行个体化和机动化趋向还刚刚起步，车辆增速始终高于道路增长。因此，城市目前的道路交通供求平衡是一种暂时的、低水平上的平衡。受经济发展水平制约，我国绝大部分大城市尚没有大运量轨道交通，城市交通系统依然是单一的地面道路交通系统，居民主要出行方式是自行车、步行和地面公交，且以自行车为主导方式。城市道路网结构性、功能性矛盾还比较突出。

经济发展带来的机动化加速使城市交通面临更为严峻的挑战，交通需求持续增长与相对薄弱的交通基础设施之间的矛盾将长期存在。因此，我国大城市在相当长一段时间要坚持将城市交通基础设施建设作为城市建设的重点。从长远看，大城市交通基础设施建设的根本出路和重点是快速轨道交通。同时要重视配套的地面公共交通设施建设。另一方面，对小汽车发展一味采取严格限制既不现实也不合理，因此，还要继续适度进行道路改、扩、新建，特别是支路网的建设，并且要高度重视停车场建设，以满足人们一定的机动化需求。

第五，科学地管理交通，理智地使用资源。现代城市要完全避免城市交通拥挤是不可能的。这种观点也许很悲观，但世界大城市交通发展历程可以证明，这是不得不承认的事实。城市交通需求总是大于城市交通供给，而且道路供应的增加往往诱发更多的交通需求。因此，指望仅仅依靠扩大道路交通供给来满足交通需求是不现实的。国内外城市交通发展经验证明了科学地管理城市交通，理智地使用道路交通资源与进行城市交通基础设施建设是同等重要的。而且，从某种意义上讲城市交通管理的效益比单纯的道路设施建设成效更为显著和直接。

面对机动化的趋势，在加强道路交通基础设施建设的同时，要更加重视城市交通管理。特别强调以下三点：第一，要充分应用现代交通工程理论和技术，积极应用高科技手段（如 ITS、GPS、GIS 等），强化城市道路交通管理，最大限度地挖掘和发挥道路设施的潜力。第二，合理分配道路路权，还道路以应该承担的功能。大城市道路交通管理中也要突出公交优先的理念，在城市中心区和主要通勤交通走廊的主次干道上，给公共交通以优先通行权。切实解决人车混杂、机非混杂、长距离交通与短距离集散交通混杂的矛盾。城市交通管理更应当体现以人为本的理念，对行人与自行车交通的安全性和可达性给予足够的关怀。第三，充分重视交通需求管理（TDM）政策和措施，合理调节交通需求增长、交通方式结构和交通流的时空分布。

腾讯网访谈：如何解决城市交通拥堵问题

相比国际中国交通问题个性与共性并存　用车习惯关系城市交通状况

主持人芬芬：亲爱的各位网友朋友大家好，欢迎大家关注我们两会系列访谈，我是主持人芬芬。我们这次访谈是联合江苏网、江苏人民广播电台和南京晨报共同为大家直播的。我们借鉴鲁迅先生的一句话，世上本没有路，随着走的人多了，渐渐有了路。我们世上本来不堵车的，随着私家车的增多，我们车是越来越多了，交通拥堵困扰了许多的人。今天我们请来了人大代表当中惟一一位研究交通的，他就是人大代表、南京市交通规划研究所所长、教授、博士生导师杨涛代表。欢迎您。

杨涛：谢谢。大家好，今天非常高兴有机会到腾讯网跟大家一起交流。希望大家能够热烈互动，有什么问题大家可以踊跃地提出，我也很乐意跟大家一起交换意见。

主持人芬芬：在您没来之前，我们发了预告以后，网友就已经有了强烈的互动意识，已经留下了不少问题。我们一会儿在节目当中，希望众多网友多多参与我们直播的互动，我们也会把大家的意见和大家的问题第一时间和我们的杨代表一起交流。我们说到交通拥堵，我相信您平时也会受到这方面的困扰。当您在堵车的时候，心里怎么想?

杨涛：一方面我比较着急，特别是到北京来的时候，要联系一个事情，或者是到机场，感受都比较深，交通的状况不是很好，需要提前很长时间。本身我作为交通研究的一个专业人士，我对交通问题应该说可能跟普通的市民有一些不完全一致的认识。

主持人芬芬：您作为人大代表，作为这方面的行家，当拥堵的时候，您的压力会更大一些，不仅担心这个车子能不能及时到，同时担心如果影响更多人工作和生活的话，我们应该如何规划它。

杨涛：感受是多方面的了。一方面，我们作为交通人在这个时代是一个很好的机会，我自己认为搞这个行当是非常有荣耀感，有成就感的，毕竟在中国城市快速成长当中交通本身是非常关键的要素，我们有机会赶上这样一个时代，有这样的课题要求我们研究，这是非常光荣的一件事情。第二个方面，当然也是觉得责任重大。不管是政府，还是广大百姓，都担心交通如何解决，作为专业人士来讲，有责任很好地为政府、老百姓提出科学合理的决策建议和规划方案。当然有时候也很郁闷，我们是一个参谋者，往往参谋的不是直接的决策，所以有时候自己认为是很科学的、很合理的一个点子、建议、方案，不能被决策者接受和理解，有时候也觉得比较郁闷。中国现在的交通问题跟国际比较来讲，确实既有很多的共同特点，也有很多的个性和特性。

主持人芬芬：共同特点体现在什么地方，特性又在哪些方面呢？

杨涛：共同特点就跟一个青年在成长过程当中，从他的十三四岁一个少年成长到20多岁一个比较成熟的思想，在这样一个过程当中，都会遇到供求的矛盾、思想的巨变、生活方式的变化，一个城市也是一样的。

主持人芬芬：我们对比其他国家，我们现在是哪个阶段？

杨涛：就像十三四岁的少年，到20岁、30岁之间的一个成熟的青年人，跟这个成长过程一样，就是这样一个阶段，相当于欧美“二战”以后的20世纪40年代末，50年代、60年代的时期，或者是类似于亚洲四小龙20世纪80年代经济腾飞的过程当中，他们也都遇到过头疼的交通问题、交通拥堵，包括污染、事故等等。就是在这个快速发展过程当中，或多或少都遇到过这样一些问题。

主持人芬芬：都是这条路上走过来的。

杨涛：对，所以这是共性的一面，包括人口的急剧增加，人口活动量的急剧增加，包括出行方式，从自行车到机动车的转化，这都有很强的共性。当然我们中国也有一些个性，比如说我们人口基数大、城市高密度、土地资源的紧张，同时我们很多城市都是有千年历史的文化古城，很多文化遗产需要保护，保护和发展本身既是一种互动，有时候也会出现很严重的冲突和矛盾。

同时加上我们特殊的人文背景，包括管理体制、运行机制、法制的健全，这些方面可能中国现在跟国外还有很大的差别。这就是我们交通问题的复杂性所在。

主持人芬芬：确实是，从您专业的角度来分析和国际相比的一些共同点和个性。

网友：目前之所以交通如此拥堵，是因为私家车越来越多了，是不是应该从一定程度上控制私家车的数量？

杨涛：这一点现在是社会普遍都关注的一个问题，很多人观点非常鲜明地说需要对私家车采取控制，包括在20世纪90年代，国家推出汽车产业政策的时候，学术界本身争议就非常大。我作为一个交通人，对这个问题我有自己的想法。我认为，中国是一个大国，国民经济的增长必须要有强大的推动力，我们这样一个大国在经济成长到一定阶段以后老百姓本身交通需求向更高一个层次转化也是客观的需要。所以我们认为无论从经济增长的支撑，还是从老百姓的需求来讲，我们发展自己的汽车工业可以说是无可厚非，也是应该的。汽车工业本身的特点，是一种多学科、多领域的领先性的产业，可以带动钢铁、橡胶、电子、通信、计算机等很多行业的发展。对技术的进步，对经济的拉动都是有直接的作用。也可以看出来我们这几年汽车产业发展对相关产业带动是非常明显的。从老百姓角度来讲，生活水平提高了以后，需要远距离的旅游、休闲、文化娱乐，如果说有了车以后，实际上我们的脚就伸得更长了，我们可以有更多的机会，自由地满足这方面的需求。一方面，我认为私家车的发展是必然；另一方面来讲，我们确实是一个人口大国，是土地、能源、资源的小国，包括我们环境的承载能力也是比较弱的，同时我们大量城市都是历史文化名城，我们城市交通基础资源是非常有限的，这种情况之下，如果说我们有了车以后，怎么去用车是一个很关键的问题。事实上从欧美发达国家来看，也经过了一个小汽车快速增长到理性的使用，就是交通方式的结构转化的过程。当然大家希望买上车以后，每天都能用，亲自开车，包括上下班、休闲等等。后来发现如果大家都这样用车的话，泛滥性用车的话，这个城市肯定是拥堵不堪的。最后迫使人们把用车的行为转变，主要是把小汽车作为一种非日常性的方式，一种临时性的、短暂的或者是偶发的一些休闲、旅游、探亲访友或者是应急性的，是改善生活品质的一种手段，而不是通勤交通的主要手段。

北京小汽车出行比例已超东京　杨代表提案开征燃油税

主持人芬芬：其实我们私家车发展对于交通的影响不是一个最关键的因素，重要的是大家用车方式。我们和日本的私家车保有量，包括美国都是非常高的，我们跟他们之间的区别体现在什么地方？

杨涛：我刚才讲了用车习惯问题，在日本、欧洲等国家，真正开起私家车的频率是很低的。我到过日本跟我们合作过的一个公司，500人的一个总部，是一幢大楼，看不到楼下有一辆车停着，我也很奇怪，我问了他们工作人员，说一个礼拜开几次车，他们说一个礼拜顶多开两次车。开车主要是在周末，平时就是通过地铁、公交来上下班的。他可能是住在郊外，每天可能夫人开车送他到地铁车站，所以在地铁车站有很多停车换乘系统，或者是夫人送了你到地铁车站，接个吻然后坐上地铁上班，这些车是接送的专用车位。

主持人芬芬：就是说他们更多使用一些公共的交通系统，而避免过多地使用私家车以造成交通拥堵。

杨涛：北京这个情况可能区别就很大了，北京现在汽车保有量大概是东京的1/3。

主持人芬芬：我们的用车频率呢？

杨涛：现在感觉到北京的交通拥堵情况，道路上面的车流情况要比东京高。我们调查的结果，北京现在小汽车出行比例已经超过了东京，小汽车占总的出行方式当中大概是26%～27%，已经超过了东京。这就很能说明一个问题，就是我们现在用车过于泛滥化，把很多不应该用小汽车来完成的出行目的，用小汽车来完成了。我想是有两方面原因，一方面北京的地铁系统、公共交通还不是很发达，让人们有一种选择的愿望；另外一方面，用车者本身也有一个习惯，有一个观念转变的过程，包括我们现在的政策调控可能也不到位，比如说我今年有一个提案，就是尽快地开征燃油税。

主持人芬芬：征燃油税在一定程度上可以解决哪些方面的问题呢？

杨涛：我们买了车以后，每年用车成本就是购车费、养路费，养路费每年是一次交完的，交完以后你用多、用少是一个样的。国外不是这样的，是通过燃油税的方式，来提高你的用车成本，多用就多收税，少用就少收税。如果每天作为代步工具的话，费用就会增加很多。我想这一条也是非常关键的。

主持人芬芬：就是说可以从一定程度上减少大家使用私家车的频率。

杨涛：不是一定程度上，是很大程度上，会影响到人们的选择。如果把燃油税加到汽油里面的话，可能是每分钟开着这个油表在上升的话，就意味着从我口袋里掏出的钱增加了。

网友：为什么中国许多市要等出了问题才解决呢？

主持人芬芬：交通这个话题也是出了问题才解决吗？我觉得这么多年来，国家还是一直把交通问题作为一个政策的焦点来关注的。

杨涛：我想这位网友的说法有一点绝对，客观来讲也有一些因素在里头。可以看到近几年政府，都认识到交通对城市经济的发展，老百姓生活的改变，包括城市的形象、投资环境都是非常要害的一个问题。实际上现在城市建设的兴奋点、投资重点都是在城市交通上；但城市交通如何建，如何管，确实是有一个理性的问题。我认为我们现在对城市交通的认识和研究还有待于进一步的理性化。尤其是在学术层面，我觉得我们交通学科本身是一个年轻的学科，过去在改革开放之前没有这个学科，是在20世纪80年代以后从国外引进的，当然发展很快了。在学术层面上，大家可能有很多真知灼见。但是在政府层面上、决策层面上，我认为中国各级政府可能认识水平相差很大。比如说沿海地区，如上海、北京、江苏、广州，这些城市已经先走一步，对城市交通的认识越来越理性化。但是其他一些内地城市、中西部一些城市，没有交通的人才往那边去输入，包括这些地区的行政官员也没有很好地接受这方面观念的宣传和技术的培训，所以还有很大的距离在政府决策当中存在一定的盲目性。像我们江苏对这块很重视，我们跟政府的互动、沟通是非常紧密的，我们每年要办两到三次的培训班，是各个层面的，包括市长层面的，局长层面的，规划局层面的等等，我们会邀请一些国际、国内专业人士、权威专家给他们讲授一些正确的交通观念、理论、方法。我觉得这个效果是非常好的。但是我刚才讲到了，还有范围很大的其他一些省份，特别是中西部省份还没有这样的机会。

主持人芬芬：就是还没有把一些比较好的交通规划，以及采取很好的措施的途径，很好的用到实际工作当中。

杨涛：对。

城市拥堵还要忍耐10年　三大因素增加交通需求

网友：私家车如此急剧增长，实际上道路规划还有点赶不上私家车的增长速度，这样的矛盾如何解决呢？我们对于城市规划如何更进一步地采取措施？

杨涛：我们既要有积极的应对态度，去想方设法为政府出谋划策，提出一些科学的合理的对策和建议，制定科学的方案。同时还要有耐心。为什么要有耐心呢？因为交通建设是一个过程，尤其是重大基础设施建设不可能一蹴而就，政府本身财政实力也是有限的，包括像轨道交通这样的技术支持、技术人员的队伍，现在还满足不了，同时生产能力也有一个过程。这个需要20年、30年，甚至更长一段时间才能建立比较完整的交通体系，比如说快速路、地铁、轻轨，包括快速公交，可能需要一个10年、20年、30年的这样一个过程。但是交通需求本身是快变的，与时俱进的，非常迅猛的，所以在这种情况之下，我说为什么要有一定的耐心呢？我认为在这个阶段，城市交通拥堵完全解决是不可能的，任何国家，走过这样一个快速发展的国家，都需要经历这样一个过程。

主持人芬芬：我们需要等多长时间呢？

杨涛：我基本上的判断，至少应该是在10年以上。

主持人芬芬：所以网友朋友不要太着急。

杨涛：不是说不用太着急，急肯定是急，是要有一定的可承受能力。我已经多次向媒体说，要让市民和百姓也要了解到当前这段时期交通拥堵是难以避免的，需要做好这个准备。当然自己也需要理智选择一下需要乘坐什么交通。

主持人芬芬：朋友们，现在是我们腾讯网联合江苏网、江苏人民广播电台以及南京晨报为大家特别做的这样一期有关城市交通拥堵的“城市病”的话题，为大家请来的嘉宾正在和大家探讨这个话题。我们刚才谈到了私家车和城市规划，您觉得城市目前如此堵车，以及交通状况比较困难，归纳起来您觉得有哪几个方面的原因？除了私家车的迅速增长以外。

杨涛：一方面是私家车以外，同时我们是快速增长阶段，人口大量集聚，以前的城市可能每年增加一两万人而已，现在一些南方城市可能一年就增加十几万人。第二个因素，我们城市在快速地长大，城市出行距离，老百姓的出行距离在明显地增长，过去可能平均大概是两到三公里的出行范围，现在要扩大到四到五公里。就是说同样一次出行，在道路上运行的时间或者是人公里、车公里要比以前翻一倍。第三个因素，计划经济的时候我们主要是上下班，一天要出行两次，最多也就是多一点点。现在我们的生活越来越丰富，人的欲望越来越多，这样的话我们每天的出行次数，下了班以后还有很多的业余生活，比如说唱唱歌、休闲、娱乐，出行次数也比过去增加了很多。这三者叠加起来可以想象交通需求的增长要比以前快得多。同时还有物流，我们的产业结构和规模调整以后，包括人们消费、社会建设，带来的物流大规模增长，这样多重因素造成我们供求矛盾处在严重供不应求的状态。

网友：公交优先，在什么情况下当地政府才能重视？

主持人芬芬：北京在这方面应该是做得很好了，公交系统全面降价，也鼓励大家更多地乘坐公交交通系统。

杨涛：客观上交通拥堵程度会影响决策者的选择，像北京、上海等这些特大城市，交通拥堵到了相当严重的程度，领导人都在反思过去的发展模式、建设的道路是不是完全可取，所以现在大家回归到公共交通上，觉得这是我们大城市的根本之路。但是有很多中小城市可能还没有完全感觉到那么迫切的压力和需求。这是一个方面。当然这个方面是我们被动地来理解。主动来理解的话，我觉得一个很重要的观念，也是我在两会上阐述的，而且包括提案也跟这个方面有关系。就是我们的公共财政怎样理性化。

公共财政需加强理性　四方面入手改善交通

主持人芬芬：公共财政还是更多地倾向于对于公交系统的一个支出。

杨涛：对。公共财政的理性化，过去我们这么多年下来，更多地是以经济建设为中心，这个经济建设中心是以快速的增长，以 GDP 的增长为导向，我们过去的公共财政更多的是一种建设性的财政，加上吃饭型的财政，不是真正意义上面的公共产品、公共服务、公共安全。

主持人芬芬：财政支出还需要转变它的一个投入方式。

杨涛：对。实际上公共交通是政府公共产品、公共服务的一部分。过去我们很多政府更多的精力是倾向于修道路，认为出形象、出政绩，而且认为是可以拉动经济增长，首长们都愿意去干。

主持人芬芬：盲目地修道路肯定是不对的，还需要具体的规划。

杨涛：我们在这个阶段，道路交通基础设施当然也需要。城市框架拉开，也需要道路建设，满足交通需求。但是，不能把主要的精力或者说全部的精力都放到修路上面去。要知道，解决人和物的出行才是城市交通的根本，那么解决人和物的出行，光有路是不行的，要有科学、合理的运行系统，这个运行系统不仅仅是公交了，包括公共交通、机动车交通、自行车交通、行人交通，以及车辆的停放，这是一整套的系统。我觉得都应该是政府按照系统的理念，按照以人为本的理念去系统的处理好、解决好这些问题。

网友：大城市堵车是因为路太窄，还是车太多，还是行人不自觉。

杨涛：我感觉都存在。

主持人芬芬：其实您刚刚把这三方面的问题都总结在您的观点里面了。

杨涛：没错。

网友：改善大城市的交通应该从哪几个方面入手?

杨涛：最高层次要从法律层面来解决，比如说我倡导的《公共交通法》、《道路交通安全法》，美国还有《道路交通效率法》。公共财政投入并不是说你投入越多越好，也不是说光修路就行，是按照运输人和物的效率的高低来分配。

主持人芬芬：每一笔账都得算得很明白，才能把这个钱用到合适的位置，才能解决问题。

杨涛：包括政府行为和决策当中，也要有法来支持。所以最高层面是通过法律。其次是政府的政策和战略，国外每个城市、每个州都有交通发展战略纲要或者是交通白皮书，国内也正在推行。再次是规划，要有与各个层面的总体规划、分区规划和专项的、地块的等规划相对应的完整的一个交通规划体系，来支持各种交通网络、交通项目的建设。同时在设计阶段，要有科学理论来指导我们城市交通规划和设计，目前还存在很多这样的问题。然后就是管理，管理这个层面上如何用科学的理念、正确的理论、方法，先进的技术指导我们的交通管理，这也是很重要的。再有，就是交通运输的企业，还有票制、票价也是值得研究的。

主持人芬芬：票制、票价、运行以及法律，都影响到了我们的交通规划、建设、管理和运行?

杨涛：没错，每个环节的运行都会影响交通拥堵。

网友：问题的关键是根本得不到正视，还是地铁更吸引眼球。

主持人芬芬：是不是说在公交方面的措施更能解决交通的拥堵。

梳理汽车行人成交通改善关键　构建智能系统通畅道路

网友：很多城市都信奉一个观点，就是改造一个旧城，不如建一个新城，所以他们对改造老城区不认可。

杨涛：这个问题我是不赞同的。

主持人芬芬：大家在回避这个问题，而不是正面解决这个问题。如果旧城市没有规划好的话，那么新城区也不会进行改善。

杨涛：恰恰在简单的思维模式下面，我们做了很多很遗憾的事情，我们过去认为老城交通问题很多是历史遗留问题，是前人留下的遗憾，但是我们很遗憾地看到现在我们很多的新城建设当中，交通的问题比老城并没有好多少，甚至某种意义上面将来的问题比老城更突出。

主持人芬芬：对于普通民众来说，在您刚才列举的几条当中，我们能做点什么，为交通的更好、更顺畅做出一些什么贡献呢？

杨涛：从普通民众来讲，要求不高。我认为起码的，每一个个体应该守法，不管你是步行、开车出行的话，应该是按照规则来完成自己的行为。第二，要懂得礼让，欧洲一些城市在倡导把红绿灯全部都取消掉，为什么能做到这样？他们开车到了什么程度，到了交叉口以后，肯定会减速，如果有对方过来的话，绝对让对方先行，尤其是让行人先行。所以形成了一种非常一致的行为习惯，见到了行人会减慢。人家也没有说，城市里面一定要开到30km/h、40km/h、60km/h，我看到欧洲这些城市的车速也不是强调很快，当然会有一些汽车专用路，在这个上面不会出现什么行人。但即使在专用路上面也有一个车与车之间的相互礼让问题。往往交通拥堵不是因为通行能力不够，而是因为出现了不自觉的挤车、抢道现象，这样一来的话，整个交通就混乱了，一混乱的话就会出现交通拥堵。就是说在遵纪守法上面要想到替别人着想。

主持人芬芬：希望大家有这样一种意识，比如说在欧洲他们没有红绿灯，完全就是自觉意识了。

杨涛：但目前在中国还做不到。

网友：为了解决交通拥堵，拓宽道路是不对的，关键是梳理好汽车和行人。

杨涛：这是一个问题，道路建设还是需要的，但我非常认同绝对不是说马路越宽越好，马路越多越好。路超过一定限度以后，不是更多的效率，而是负面的，比如交通事故、交通效率的降低，更不用说城市宜人的尺度、景观了。

主持人芬芬：对于车辆本身的管理，也是对交通拥堵起到了一定的促进。比如说您最早对于智能交通系统的构建，这个系统如果规划起来，会起到哪几个方面的促进作用？

杨涛：就是说通过现代化手段，使人们得到道路上面的信息资源，通过这些信息资源，得到出行线路、方式的选择，有意识地避开拥堵路段、事故路段，通过智能交通系统，提高了没有用的路段、事故路段的使用效率，自然减低了一些交通压力。

主持人芬芬：就是说通过智能系统不仅让道路更顺畅，同时让司机知道怎么样更便捷、更短时间内到达目的地。

网友：我们上海的地铁是在涨价，但还是越来越拥挤。

杨涛：上海离我们很近了，上海地铁还不足以支撑这么大城市、这么大的人流。这种地铁拥挤情况我认为也是正常的。我到过日本的东京和大阪，实际上跟中国的北京和上海很相像，尽管他们现在的地铁系统已经非常密，非常发达，但是在上下班的高峰还是非常非常的拥挤。使我想到，我们前几年在地铁规划的时候，理论界有争议的就是我们的地铁到底是用六节编组、八节编组、十节编组，很多年龄稍大一点的专家是偏于保守，我认为地铁工程是百年大计，尤其是中国城市高密度情况之下，我们地铁一定要有充分的余量。像上海，最开始是六节编组，后来改成了八节编组，如果按照上海这个规划，对比东京的情况的话，八节编组肯定不够，可能需要十节编组、十二节编组。包括发车频率，过去是 5 分钟一趟，现在要求做到两分钟一趟。但是对技术的要求就会高得多，两分钟一趟对于安全性的要求、控制系统的要求都会高很多。

主持人芬芬：还是通过一些具体切实可行的措施，不仅是多一些道路的规划，同时在使用交通系统的频率上面也要高出以前，对于安全系统也要求更高。

杨涛：对。上海这几年轨道交通发展速度也是前无古人的，在全世界应该是力度最大的，就是对轨道交通的建设力度。现在大概是 6

条线，这个在国际上面也是空前的。北京过两年以后，高峰期在建工程可能会超过两百公里。

交通工程施工需合理规划　中国交通专家获得国际尊敬

网友：我是郑州的，因为老区改造，所以经常挖沟，改造地下管道，这在一定程度上也影响了交通。

杨涛：这个问题不但是郑州了，全国各大城市普遍都有这个问题。这又是一个刚才没有说到的对城市交通雪上加霜的问题。比如说南京，一方面已经是拥堵不堪，另一方面我们又要建快速路、地铁，这些快速路和地铁，本身就是在城市交通拥堵的路段上做的，这样的话对城市交通真的是雪上加霜。从技术层面来讲，我们如何合理地安排工期，合理地进行道路占路施工期的交通组织方案的设计，我认为这点也是值得我们高度关注的。拿我们有些城市的体会来讲，工作做得不到位，这样的话交通拥堵会更加恶化。而且对公共交通是一个非常大的冲击，甚至有时候是致命的。因为这些关键性的交通建设工程，在城市的重要部位，恰恰是公交密集的地方，一占用以后，传统上面是把公用车、领导用车先用。这样的话，老百姓就只能用电动车或者是打车了，因为人家的交通出行方式转变了。这又是引起了另外一个话题。

主持人芬芬：各方面因素都很可能影响到我们整个交通系统。其实在访谈过程中，您也提到有关城市交通白皮书的规划，我们知道南京在去年的时候已经推出了这个白皮书，目前哪些城市已经推行了，推行的必要有哪几个方面呢？

杨涛：交通白皮书正式出台、推行目前还只有北京和上海，南京真正来讲从技术层面上已经编制了两年，但是政府层面上还没有正式出台。为什么要编制交通白皮书，由于交通系统的复杂性，解决交通问题的难度、牵扯的面，并不是说简单地用某种措施能够解决的，政府层面上一定用一种系统的眼光、战略的眼光、前瞻的眼光来制定一个能够高屋建瓴的，适合于自己城市的从法律、政策、规划、运营、管理等各个层面上，能够起到纲领性、指导作用的这样一个文件，来规范政府自己、各个部门，包括全体社会交通参与者的行为规范。所以我觉得交通白皮书应该起到这样一个作用。

主持人芬芬：通过我们今天的访谈也已经让大家对于交通方面的一些认识会更深了。其实在访谈开始之前，您谈到了一个话题可能大家还没有注意到，就是对于交通行业还没有一个院士，您认为这方面是不是多少有点遗憾？

杨涛：我不是多少有点遗憾，是很遗憾。我认为中国城市发展到今天，交通对于一个地区的发展，对于一个城市的发展，对于一个群众的生活、生产影响太大了。交通经过30年的磨炼、取得了长足进步，无论是从理论上，还是从实践上，解决中国的交通问题，用国际的眼光来看，我认为我们交通界的这些技术人士、前辈、专家，应该说付出了艰辛的劳动，艰苦的努力，也得到了国际同行专家的认可和尊敬。我们这么多年当中，跟国际专家的交流、合作，我可以自豪地说我们完全可以跟他们平等的对话。恰恰在这个上面，我们过去还是一种传统的习惯，具体做产品、做硬件的，似乎真正是一种科学，而做规划、策划的这样一些带有综合性、交叉性，甚至于软科学性质的这样一些研究不被重视、不被得到足够的认可，我认为这个恰恰反映了我们现在社会运行系统，城市建设过程当中的一种误区。我们常常有一句话，规划的失误带来的浪费是最大的浪费。如果说您要从工程上面去省一点钱，真正到了工程实施阶段所能够节省的资金是非常有限的。

主持人芬芬：可以说一个小时的时间非常短暂，您当了这么多年的人大代表，肯定也有自己的一些感触，有自己对于这个行业的看法，包括对网友交流的观点。最后再跟我们网友交流一下。

杨涛：今天非常高兴，这个机会非常难得。如果说从人大代表的角度上面来讲，我感觉这五年来收获也很大，感慨也很多，但我认为不虚这样一个职务。通过五年的参政议政，我也不同程度地通过我们的议案，通过我们的交流，在国家、地方等各个层面上，我的一些认识和观点，包括建议，得到了有关方面的采纳和接受。我也欣喜地看到，现在有些议案、建议和观点已经在我们实际运行当中落实、推行，这是我感到欣慰的。

主持人芬芬：还有哪些方面的遗憾吗？除了中国目前在交通领域

还没有一个院士以外。

杨涛：不能说遗憾，我当然有一种期待了。

主持人芬芬：什么样的期待？

杨涛：如果有机会继续担任人大代表的话，2900多名人大代表当中，做城市交通研究的我也许是惟一的一位，我们国家现在经济发展、城市发展当中交通这么重要，这么敏感，这么迫切的情况之下，我希望继续成为2000多名人大代表当中一位交通专业人士，通过这个平台，通过这个机会，向国家、地方、各级人民政府提出我们交通界、交通人的一些好的建议、议案，能够为国家多做贡献。

主持人芬芬：谢谢您作客我们今天的访谈，我们也在这里衷心祝愿您明年能够顺利的连任，希望在明年"两会"期间再一次参与我们的访谈，给我们带来更多有关国家的交通规划以及这个行业里面有建设性的一些意见和建议。谢谢您。

杨涛：谢谢，我们也期待着。

http：//news. QQ. com　腾讯网　2007年03月09日17：12

沙龙讨论：城建—媒体—政府—公众

——南京大学金陵学院青橙沙龙讨论记录

主题演讲人：杨涛

参与讨论者：

鞠　靖——《南方周末》记者

王传宝——南京政治学院新闻系 副教授

杨溟——南京大学金陵学院新传媒系 主任

郭静——南京大学金陵学院新传媒系 教师

邱建新——南京航空航天大学政治学 系主任

王少磊——南京师范大学新闻系 教师

金林南——河海大学公共管理学院 副教授

顾大松——东南大学法学院副教授

主办：南京大学金陵学院《橙》报

时间：2009 年 10 月 24 日(星期六)晚 7：00～10：00

地点：明故宫会所

杨涛——今天讨论的主题原定是中山东路改造问题。其实，城市规划建设很复杂，我建议不限于中山东路，我们的讨论可以放开一些。我先选一个切入点，也就是如何从传媒的角度，把公众的想法和政府的理念能够在一个平台上交融起来。

关于城市规划建设的故事很多。我刚浏览了《橙》上刊载的旅游局长对明城墙装电梯的文章，深有感触。我就从这儿说起。在城墙上建电梯，是前几年的事情。明城墙相关的规划版本有很多。最新的规划是由美国易道公司编制的。政府当时打算改造明城墙周边环境，为申遗做准备。从解放门到玄武门之间，城墙西侧原来有一条路，规划上接进香河路，控制了 33 米的红线，希望分流中央路交通压力。但是为了保持城墙西侧宜人的环境，易道公司编制规划时希望把这条路的红线缩窄，缩到 22 米。后来景观专家、历史专家说还嫌宽，要求缩小到 18 米。许多道路市政专家和领导是不太同意这个想法的。我作为交通专家，却表示支持易道和历史专家的想法。在城市规划建设决策中，往往面临多种目标和价值观的判断和选择。南京作为历史文化名城，历史文化的价值是第一位的，尤其是像明城墙这样具有世界意义的历史文化遗产，历史文化的价值更是第一位的。交通需求可以有多种途径来解决，一味靠道路建设，并不能解决交通拥堵问题。后来，经过反复讨论，市里还是采纳了易道和历史专家的意见。

回到城墙电梯的故事。易道提出，通过整治改造，要使城墙沿线展现南京的历史文化风貌和特色，同时要考虑经济财务的平衡以及现代市民的审美与享用。因为毕竟城市是现代人居住的城市，不能说是完全按照古代人的去建设，包括欧洲的一些老城改造，也是以现代人的审美观点、历史观点出发的。所以当时有一个很重要的想法：我们的城墙已经失去了防卫的功能，剩下的是一种纪念、一种符号，而且城墙那么宏伟，它一方面代表着历史，也是一种景观，但是城墙又是一种障碍，交通上的障碍和视觉上的障碍，那时希望采取一种手段能够让人能更好地贴近城墙、亲近城墙，可以上城墙来看看南京，在城墙上走走，但是如果没有一些工程措施的话，你就做不到。所以当时就想搞一个可以上城墙的观光电梯。这个观光电梯既可以是古典的、也可以是现代的。对于这样的一个概念和想法，专家层面本身是有争议的，“公说公有理，婆说婆有理”，这很正常。但是由于媒体的炒作，这设想在没有很充分、理性的讨论情况下，被炒黄掉了。我个人与旅游局长一样感到是很遗憾的事情。

应该肯定，南京的媒体很发达，从历史的眼光来看，“功莫大也”。南京从改革开放到今天，有这么一个环境，有这么个局面，在国内还是值得骄傲的。南京的媒体还是起到了很大的作用，有很多事情影响了政府的决策，而且符合老百姓的利益，符合城市的利益。但是反过来讲，也有大量的遗憾。一种情况是媒体该介入的地方没有充分地介入，没有充分地起到监督的作用。当然这不完全怪媒体，也有体制的原因，环境的原因。这方面的原因是可以理解谅解的，更多的是理解，要说谅解，只能说外人可以谅解，但媒体自身是不能谅解的。但是我们现在很悲哀的是，还有很多事情在专家、政府、百姓还没有达成共识或者已经初步达成共识的情况下，媒体的介入使得事情完全走样，完全变了味儿。往往事情本身是件好事，结果好事做不成了，媒体帮了倒忙的。比如说河西月光广场、日光广场周边，原来规划的是一片底层住宅区，按此做了控制性的规划，包括当时道路的尺度、规模、密度。但是后来因为以地补路，还有省级机关、高校住房改革以后需要新的空间，安置干部和职工，这批需求量很大，而这个位置可以说是最好的，跟老城最接近，交通当时也最方便，所以后来就没有按照控制性规划来做，容积率、强度和原来完全不一样。这样就引出来一大堆的问题，最突出的就是交通问题、停车位的问题。当时政府就希望利用月光广场、日光广场来增加一些车位，这本身是件好事，是顺理成章的，结果因为媒体的介入以后，迎合一部分当地老百姓的意见和呼声，包括《现代快报》在内，结果媒体一炒这个事就完了，就黄了。

回到中山东路这件事情上，鞠靖跟我讲是学生在网上看到这样一个帖子，针对的是刚刚改造完的中山东路，“十大怪象”。我今天中午看了一下这个帖子。写这十大怪象本身就是一怪，写的东西很一般，媒体也在炒，政府也在关注这个事情。改造以后改变了原来道路的一些外部条件、交通管制手段和措施，现在老百姓使用的过程当中一种是习惯性的，一种是本身素质问题，违章的情况比较多，大家肯定都注意到了。它说了这样一个现象，但这些现象从现时期的中国来说太普遍了，报纸每天要炒这些东西的话实在太多了。这背后其实说大的话需要经过几代人，甚至我不知道中国什么时候才能做到像西方国家那样。但是我又一个很强烈的概念就是，中国人也是人，为什么中国人到了国外去，他就不闯红灯了，他就不违反交通规则了？这是一个自然应该思考的问题，我看不管是大领导还是小老百姓，到了国外的土地上面都老老实实的。为什么我们现在在中国的大地上面，满地都是这样的现象？这就是我们要思考的一个问题。这不是简单的个人行为的问题，是一个社会环境的问题，是政治制度的问题，是文化背景的问题，还有等等，但根本上来讲是前两个。这里面也提到了还有一些技术上的问题，这是可以逐步来解决的，但就这几点来讨论，我认为没有多大的新闻价值。

从我个人来讲，中山东路改造从结果来看，客观冷静地来评价，总体上应该还可以，是成功的。因为花钱不多，时间也很短，做了这么一件事情，整个形象大有改观。但是作为一个技术人员或者一个知识分子来看，既不像老百姓那样故意地找茬，也不需要像政府说得那样完美无缺。在这个工程开始之前，南京电视台东升工作室专门做了一个专题，请了建委、市政公用局、交管局等部门的一批政府官员，给老百姓做一个事前的交代。这个里面说得就太过头了一点。意思是这是政府的一个多么、多么伟大的设想，为民办实事；又是多么、多么完美一个工程，能过多少年不落后，诸如此类说得天花乱坠。这个我个人觉得非常反感，背后隐含了你们这些小老百姓好像都是小学生，都是没有脑袋的。你何苦这样呢？本身老百姓也会理解的，第一，地铁差不多搞完了，也应该做一些恢复。第二，国庆节要到了，这次又是特殊，六十大庆，搞点这样的面子工程老百姓肯定也是赞同的。你把话说得太满了、太过头了，效果就适得其反。看来应该给现在的官员们上上传媒形象的课。

杨涛——这个话题扯开来就很远，今天晚上只能开个头。我希望可以集中一点最终有所收获。现在有一个很现实的问题，孙中山先生铜像要不要回来。我估计我们在座的就不能达成一致，不可能达成一致。但是我们通过辩论，能不能形成一个规则，在不可能达成一致的情况之下，必须要达成一个规则。而且这种规则是符合理性的、符合规范的、符合法治精神的。定下来的一个事情，这个事情是大多数正确，在这个规则底下，它就是正确的。也许超出这个范围，比如一百年以后会有人说这个规则是错的，但在现在条件下，它是一个大家都要接受的结果。这就是我们希望的一个结果。

我跟国际上的许多规划大师有过接触，其中新加坡的刘太格，南京市规划顾问。新加坡有人说是独裁国家，也有说它是民主国家。它既是独裁的又是民主的，但是我认为新加坡就是符合我刚才的那个规则的。在它的那种背景下面，以民主形式体现了独裁的。但是新加坡的结果可以肯定，新加坡是现在全球无论是从政治经济、还是文化生态的角度来看，是好的。它在其他国家眼中也受到许多指责，但是毕竟它的城市建设非常好，是个优美的城市，生态也保护得非常好。刘太格先生作为一个规划大师，我们也请教过他，新加坡为什么会建设得那么好，新加坡的规划为什么会有那么高的水平？从技术的角度、专业的角度讲，我并不认为新加坡有什么高明之处，它的规划没有什么高明之处。新加坡工业园就是我们苏州的工业园，其规划图纸上看也非常一般，但是新加坡工业园是有秩序的，生态良好的，是一个好的结果。那么背后是什么原因？背后的原因是制度的保障。那制度怎么保障呢？领导人和外行就觉得新加坡的规划非常有水准，刘本事很大。但是他自己没有这么说过，他只是说有一个好的制度，李光耀是听他的。在新加坡城市建设城市规划建设，不是李光耀说的算，是刘说的算，任何一个建设必须是尊重刘的意见，绝对不是倒过来。在城市建设中，钱什么时候花、花多少钱、花不花是李光耀说了算，但是钱怎么花一定是刘说的算。这个不是李光耀个人决定的制度，是写入宪法在法律里面的。

南京在20世纪八九十年代开始就尝试规划的开放，希望公众参与，但是刘就提醒我们不要简单地希望公众参与，如果没有规则规定的话，有可能得不到想要的结果，很可能适得其反。他不仅是指我们现在采取的这种主动态度，媒体的介入也是如此。我认为这个话太中肯了。他太了解中国了，是非常到位的。我个人回到中山东路这个问题上值得讨论的比如说中山先生铜像的问题，我也可以谈一谈中山东路的历史，这也有很多值得回味的东西。

鞠靖——刘太格，今年4月份我才和他聊过，他跟我聊的重点是政府和民众之间互动的问题，东方和西方有不同的文化价值、不同的背景。要求东方的国家照搬西方的价值，特别是在城市规划建设方面要引用他们的价值进行充分的论证，征求民意，在东方的文化氛围之下不太现实，最终可能导致没有结果，反而会越来越乱。新加坡把西方的民主和东方的文化价值很好地结合起来了，它也是相对是独裁的。关于我们今天究竟谈什么的问题，我们还是从中山东路聊起，中山东路是切入点。再一点，我们想到的很多的东西都和道路有关，比如城西干道的改造、绕城公路的收费问题。

杨涛——那我这样子，为了抓紧时间，我把中山东路的由来、过程，有些有趣的故事跟大家做一个简单的介绍。

由来我想在座的各位都是清楚的。中山东路的第一笔画是在1928年，首都规划里面确定的。某种意义上面，近代中国对南京格局革命性的变化，最大的就是民国时候的首都计划。如果让今天的媒体来炒作，很有可能它是一个会被毙掉的规划，因为它几乎是彻底地革新了南京的城市格局、古城的格局。

南京的古城格局从六朝开始，2000多年延续的是一种封建的皇权的格局。基本上是从中山路以东，玄武湖、紫金山以南，东南象限，这是风水上最好的方位。先是在鸡鸣寺、东大这个位置，六朝时期的宫城是在这个上面，现在的大行宫附近。到了南唐时期宫城南移到中华门附近。中华路是南唐时期的一条轴线。到了朱元璋时期，宫城移到富贵山这一带。古代时，我们的道路网和子午线不是正南正北，14°偏西南的一个角度，这跟南京的气候有一定的关系，也有可能有风水的关系，这是延续了2000多年的。

如果我们现在的媒体要去炒作去攻击这个规划(指《首都计划》)的话，是完全有理由的。你这样做是对历史的不尊重，是对历史的破坏。因为《首都计划》是纠正了道路网的格局，采取了正南正北的形式。当然有一条斜线是从鼓楼往中山码头的，这是与南京的地形地貌有关系的。那么最大的破坏就是中山东路，中山东路把明故宫，当时明朝的皇城，一切两半。所以要是今天的媒体去炒作的话，这个规划就完了。但是现在看来民国的计划也奠定了南京老城今天这样的一个局面。

这条路修建是1929年年初。中山先生在北京去世是在1924年，把它的灵枢运到南京是1929年。为了迎接中山先生的灵柩，抓紧实施这条中山码头到中山陵的路线，所以它也叫迎榇大道，这是一部分的历史。其次就是中山东路这个沿线，当时留下来的民国建筑很多都是中央政府的直属机构，包括当时的交通部、财政部等等。还有一些公共建筑像交通银行，基本都是在这个沿线。到今天为止还保留了很多，这是第二部分。第三部分就是这条道路当时设计的时候，南京市的机动车辆是280辆，当时红线是35米还是40米的。要从交通量来讲显然是没必要的。当时修建的时候也只修建了半幅。但是在《首都计划》里，规划的人是这么考虑的，他说我们现在这条路按这么个红线来控制将来“必不敷用”。就是将来可能还不够宽，现在是不用修这么宽。怎么办？就采取栽树的方式，栽了6排树，其中的用意就是将来交通量大的时候，可以把这个树是移掉，把道路拓宽。这就说明了后来，到20世纪90年代，对中山路——中山东路——中山北路进行改造，也是先人早就做好了准备的。历史就是这样子，它是一个积淀演化的过程。以今天人的眼光来看中山东路的话，它就是一个历史。三块板的断面，林荫大道，无论是在南京人的脑子里面，还是外地人看南京的角度，它都已经形成了一个标志和符号。而且确实从南京人的人居环境来讲，它已经超出原来规划当中的设想了。所以这时候来动这条路，既不是说完全不能动，但也不能随意地去动，你一定是把功能和美学、历史等等方方面面都充分的考虑好。所以这里面就是，整个中山路改造的过程当中，几经反复，有成功的有失败的。最粗暴的做法就是把 4 排树砍掉，把路拓成一块板断面，所以议论哗然，这就是中山路。

那么来谈谈中山东路，至少有两个过程。一个过程是当年修沪宁高速公路。沪宁高速修到了南京城边，不能丢在绕城公路上，肯定要进城。怎么办？当时争议也很大，有的说是从光华门走，有的是说从 312 走。算来算去，车还在原来的位置上面，你总要想办法把它连接起来。但是按前面的提案解决不了出城的问题，所以最后还是下决心跟中山门连接起来。但是进了中山门怎么办？当时的市领导主张沪宁高速公路的连接线必须进城，必须跨过新街口，一路高架过去。这在专家层面是遇到了极大的阻碍。可以说 90% 以上的专家没有赞同，无论是城市规划的、历史保护的、建筑的、园林的，还是搞交通的，都不赞成，坚决反对。最后是一把手市长拍了板，还是接受专家的观点，连接线到中山门，城内先不动。当时我还在学校，没有参与。这是我后来了解的情况。第二个过程就是，中山路改完了以后，1998 年，中山东路也要扩容。当时机动车道只有 12 米宽，在城市规划概念中，12 米只相当于一条支路，是等级比较低的。但我们已经是一个 200 多万的特大型城市，中山东路是道路网上非常重要的道路主干路，用支路的标准来承担一条主干路的作用，就像一个十岁的小孩要挑一百斤的担子，那显然是不行的，所以改造是必然的。一开始的方案就是和中山路一样，把三块板断面改成一块板断面，中间把分隔带去掉砍掉 4 排树。有中山路的例子，已经造成了这样一个局面，所以南京的专家是坚决出来抵制。当时在 1998 年开“两会”期间，齐康先生带领 28 位专家直接写信给李鹏总理。李鹏在会上就责成建设部来督查(是全国两会吗？是全国两会)，立即责令南京停止这个计划。那时，我正好从东南大学出来到南京交通所，当时的何局长就叫我们拿一个方案，否则这件事情僵在这里，地方政府也下不了台。我们后来就赶紧拿出了这样一个意见，做了一些调查以后，认为改造是必须的，但是没有必要像中山路那样子改成一块板，应该保留三块板的断面。从专业的视角看，这条道路的最大通行能力，路段上希望是四个车道，路口做一些渠化，路段和路口的通行能力保持匹配。城市道路里面，制约通行能力的不在路段上而在交叉口上，因为交叉口是有信号灯的。所以路口的地方稍微砍掉一点树去掉一点绿化带，从四个车道变成六到七个车道，这样正好匹配，三块板断面也保留了，通行能力也达到了极限。这样给市里面一汇报，觉得分析得有道理，就采取了这个方案。改造完了以后，建设部的周部长来看了以后还是很满意的，认为还是比较成功的。中山东路基本上就是这样一个过程。

——城市建设上，火车站那边效果蛮好的，从火车站看玄武湖，感觉很好。那南京城市规划有没有做得好的典型呢？

杨涛——南京的规划是很专业的，很西方的，也可以说是有很高水准的。这不是简单的自吹自擂，首先从首都规划，那么厚一本，考虑的东西那么周到，眼光非常长远。(执行的也比较好吧)那要看从哪个角度去看了。现在对南京的批评很多，但是批评的最简单容易的台阶就是规划。

邱建新——南京的城市规划之所以取得这么高的成就，媒体功不可没(我承认)。并不是说媒体对于规划的意见都是百分百正确的，但反过来讲，规划也不是百分百正确的。而是通过这种讨论，把公众、专家学者聚集起来，取得的结果可能更好。

我在美国的时候，在班车上面有人问我是不是日本人，我说我是中国人。“中国人，毛泽东时代非常专制的，现在依然是这样吗？”我说不是的，现在的中国已经不像你想象的那样了，就拿南京来讲，南京三个地方台，每天晚上 6 点到 7 点半，肯定是抓住一些公共话题逮到都是死骂政府的。我在华盛顿住了那么长时间，没有看到一个逮到总统或地方政府来骂的。比如上海的钓鱼事件，也许正是媒体对政府的这样一种公共话题的讨论之后，使得职能部门在行使职权的过程中，可能更考虑到一些其他的因素。当然，南京市城市交通的一些变化，是非常可喜的，那么首先归功于政府部门和设计部门，专家的精心研究，但是媒体本身也是功不可没。

——刚才说南京规划比较成功，举了首都计划的例子，仅指的是那个年代还是当代？

杨涛——包括当代。因为全国规划界元老级的人物，南京占了很大的一个比重，而且都是受西方教育的。我们上一代的邵市长，在此前的规划局长麦保真，麦是留洋回来的，还有陈福锳先生是同济大学毕业的，在武汉城建学院当过老师，后来调任南京规划局总规划师。苏则民先生是文革前吴良镛院士的第一届研究生，他当时是一把手局长，后来到建委。都是科班出身。从结果上来看，1980 年的总体规划，到 1990 年的、2000 年的、到最新的总体规划。总规对南京的地理环境、政治地缘、城市格局、历史经济等关系的处理上面，从大格局上面，是把握住了这个城市的灵魂的。从早期的“圈层式布局”到“都市圈”、“都市发展区”，从现在提出“多中心开敞式，分散组团”等等，这样一些理念都是与西方“田园城市”理论、有机疏散理论等经典规划理论是一脉相承的，都是耳熟能详的。包括今天新版的总体规划里面，我们也在进一步地更新，不是简单地这样做，我们希望用公共交通引领城市发展，就是西方 TOD，指的是精明增长，就是以公共交通来引导城市结构形态。这次就是说南京江北形成一个带型城市，江南形成一个手指状的城市，像哥本哈根那样子的以轨道交通来支持的。这有利于城市紧凑的发展。该紧凑的地方紧凑，该高密度的地方高密度，该有人气的地方有人气，但是该疏散的要疏散，该有绿色的地方有绿色，该有山水河的地方有山水河，把这些关系谨慎地处理好。

王少磊——您可能代表的是一些精英的意见，您也使我很受启发。但我想问一下，据我了解南京市规划局在管家桥对面的那个，在历年来的万人行风评比中都是倒数第一的，实际上南京的老百姓对南京规划的意见是很大的。大到规划局要掏出很大一笔资金，委托高校给他们做一个科研，怎样使老百姓对其印象还好点儿。这是第一个，为什么老百姓会有这样的反差，我们生活在其中会不舒服？另外一个，南京现在有3个大学城，其实是资源的严重浪费，南大从浦口折腾到仙林，造成了多少资源的浪费？如果3个大学城合在一起有多少资源可以共享？这三个大学城真的是科学论证的结果，还是说是权利的结果？然后再结合今天的话题就是交通，如今出了多少交通的问题，一个是鞠靖写的文章，老百姓有意见，再一个城西干道，我听到声音其实意见还是蛮大的。我想知道您对刚刚说的问题有什么看法？

杨涛——这不是一言两语可以说完的，你说的都是客观的，这里面有规划局自身的问题，规划局的精英是很好的，但也有少数干部并不称职，包括精英里也不是都是正确的。规划局里面，也有各种声音，并不说一块铁板，尤其是这几年规划局的架构、机制、体制，包括干部的配备，是存在一定问题的。这是第一。

第二关于万人评议机关。我对于万人评议机关结果感觉极大的不信任。原因是万人评议机关的过程，有极大的不公正性。就拿规划局这个结果来看的话，一部分确实是它应该承担的责任。但是有更多的，是它不应当承担的，是代人受过。这个万人评议机关构成里面，老百姓的比例是最小的，其次是开发商，再其次是区县，然后是部门，最后是市级领导。然而权重是倒过来的。最重要的权重是三部分组成，或者说两部分组成，一个是开发商，一个是区县。而规划局失分最多的就是在两个地方，这不是我今天来为规划局辩护。这恰恰是规划局的荣耀。为什么？它在这两个方面失分最多，而恰恰也许正反映了规划局的功劳。因为它坚持原则，政府在审议一个地块的开发、审议一个工程的建设时，所有部门里面能够提出不同意见的往往惟有规划部门！这个我自己可以作证。凡是在政府审议当中，真正能提出有价值、有见地的，让领导能够改变意见的，恰恰是规划部门。而这一改变，直接损失的就是开发商的利益、区县的利益。所以它的评议结果，按照这样的规则去评分，必然是倒数的，不倒数才怪。

然后来回答大学城的问题。跟大学城有关联的一连串的问题多了。我可以用麻省理工学院梅耶教授的一句话来回答你：“城市是决策的结果不是规划的结果”。那么怎么决策是很关键的，美国为什么有那么多好的城市，新加坡、欧洲为什么也是这样，一百年的规划为什么不变，因为它的决策是有法可依的，它的规划成为了法，是按法来进行决策的。

——那这是不是意味着决策者有时候没有听取专家意见？

——这个你太清楚了。

——我把这个按照杨老师刚说的，城市是一个空间，是一个利益空间，那症结就在这个地方。

——我来做一个补充，媒体应该监督这个规划形成的机制。

杨涛——问题就慢慢聚焦到一些核心问题上。本人既是一个老共产党员，也是一个大学教授，也是一个人大代表、人大常委会委员。当过人大代表，知道人大是最高权力机关。我对这些问题，思考了非常多，我感觉中国的问题非常复杂，用任何一个结论都很难去判断，包括政治体制问题。

有人送给我几本香港出版的书，也是你们新闻界的老前辈、新华日报的老社长主编的。撰稿的是一批中共90岁以上老人，包括毛泽东的秘书李锐。他们是过来人，他们来彻底地反思共产党的理念和体制，说要走西方特别是北欧民主社会主义的道路，我并不赞同。中国这种大国，文化背景、政治背景包括现在老百姓的文化程度，我们的疆域，我们没有办法。

我在思考的问题是，我们有没有可能再出一个邓小平那样的伟人，能够真正在政治体制上有所突破，而这个政治体制并不需要完全推倒重来。我们老一辈革命家当年建国之初设计国家政治体制框架时，很多理念是很好的，是正确的。只不过许多制度设计的细节上不够周到、不够完善。最核心的问题是如何处理好党（包括政府）与人大的关系，人大的立法权、重大事项决定权、人事任免权和监督权，这四权怎样真正得以落实。如果能够将落实人大的四个权与坚持党的领导的关系处理好，我相信中国的问题能解决一大半。中国不缺精英、不缺理念、不缺技术，我认为只要能够处理好这个问题，很多问题都能解决。所以我们，很多的技术问题归根结底到这样一个问题上。比方说刚刚说到的三个大学城问题，我们规划上面其实并不认同，包括奥体中心的选址问题，我们也不认同。

——那你们理想的奥体中心应该在什么位置呢？

杨涛——我们当时提出过至少 3 到 4 个选址，比方说仙林大学城。在 1990 年编制总体规划的时候，从南京的风水条件、政治地缘关系或者是南京的地理空间关系资源关系来分析，认为这个地区是一个很好的地方。当年将仙林地区定位为南京的副中心。所以规划部门认为，这是奥体中心一个很好的选址。而且当时，已经启动了在一城三区，如果有一个好的触媒和拉动的话，对仙林大学城是很有好处的。结果是因为一个非常小的理由，改变了领导的决策。这也许是很遗憾的。但是，回过头来平静地去思考的话，就是拿梅尔先生这句话，“城市是决策的结果不是规划的结果”，现在回过头来讲，应该平静地接受这个结果。而且在中国的这种政治框架下面，从倒过来正面去理解这件事情的话，也不是说一定不能接受。中国有一个很大的特点就是，政府真正想干的事情可能最后是能干成的，你现在去看看河西的这一块，确确实实并不是我们当年就这么悲观，那么绝望，现在奥体中心周围的情况，我那天正好去参加过江通道审查，在那边开会，我平时因为很忙，也很少出去转，改制以后，基本上全国各地都在跑，河西好长时间没去了。那天开会我到那边一看，大吃一惊，我觉得那边的人气已经上来了。那么现在我们回过头来讲呢，我们这一轮的规划里面，既然已经定在这个地方了，我们就怎么样把这个地方做得更好，至少不会让它死掉。现在这一块已经既成事实了，而且从前景来看我觉得还是很乐观的。

王少磊——刚才几个老师都提到了一个资本，刚才邱老师也说了。有的时候是一个利益空间的问题，包括您刚才提到的那个案例，中山陵孙中山铜像的问题，这个话题在很多不同的媒体上都讨论过。就在前几天我们还就玄武湖的规划问题做了一个讨论。我们在演播室里面所谈到的，就是资本的力量。资本背后的故事是什么？资本实际上没有自己的空间决定权，导致这个东西是没有公权的。回到这个问题上，我们现在要尊重意识形态和金融政策，这个大家都有数的。我的疑问是，我们作为知识分子，我们自己的作为空间在哪儿，我们自己的抉择在哪里？

我要说的意思是，他们作为这样一个知识分子，我发现我们自己的抉择其实还是有空间可做的。我们要是简单地把问题往体制上一推，那我们的学问可以不用做了。那么我们该怎么做，这么多年我一直在观察，其实就是在贵行业。你们这个圈子里也是有选择的。比方说咱们南京最有名的一个建筑大师，我不想说出他的名字，他是一个技术权威。我对他的了解，就以鼓楼的绿地广场为例，他的态度前后变化很大。中间的原因是什么，他有没有恪守自己的职业理念？那么反过来再讲一个例子，薛林先生，我们前几天还在一块儿聊天，他其实也是技术上的人，他是做建筑系专业的。但是在这么多年内，他一边要做出项目出来，一边还要捍卫自己的价值观，这个在一定程度上也做出了一些启蒙。所以说这是一个怪圈，中国的政治土壤就是这个样子，我们没有办法。但是有的时候反过来想一想，要按照实际情况，中国不能照搬西方的情况。我们群众的文化基础不一样，可是我们的文化基础不一样的原因在哪儿？那你就会陷入这个逻辑怪圈，永远也找不出答案。我想来想去，可能还是要寻找一个大家伙共同渐变的过程，不然的话这个中间就没有答案了。

我觉得杨老师已经提供了一个很好的例子。就是南京市规划局里头还是有不少的基础知识分子的。他们还是在恪守一些东西的，在体制之内是要坚持这些的。我倒觉得这个对于我们媒介，甚至我们高校老师是很好的，因为现在大部分官员都是高校教育出来的。

杨涛——我为什么非常看重这次机会，因为我非常希望，我们都是社会的知识分子，有良心的知识分子，我们都希望这个社会越来越好。那么我们都希望有所作为。我们希望媒体能够更进一步。我今天下午给现代快报的记者发了条短信。内容是这样：最近城市建设问题一直是媒体关注的热点问题，昨天开了人大常委会，这次提交审议的《南京市道路交通安全管理条例》，（这个条例我已经参加了两次审议，一次是政府法制办的审议，另外一次是人大常委会的审议。在人大常委会的审议上，我已经提了非常多的意见，大部分都被采纳了。

这次我到上海去参加交通规划年会，所以没有参加会议。）昨天晚上我看到报纸上发了消息，其中讲到一个可能是新加进来的内容，交管部门提出对公交站点的公交停靠线路数要做出上限6条线的规定。我希望针对交通热点问题找机会和快报的主编面谈一次，不限南京，进行长期合作。重点点评，合理引导。相信于国于民，于政于报，都很有利。

我的意思是，很多事情媒体如果简单地去炒作的话，第一，深度不够，第二，有可能会把握不准确，第三，有可能误导群众。所以我希望我们专业人士跟媒体能够更好地结合。比方说，就这个例子而言，听似有理，公交线路太多了，现在有一个现象就是公交站点停靠线路太多，一个公交站台上面一来就是几十辆车，列车化排队。这个现象太严重，严重影响道路交通，影响城市形象。但是我们如果说简单地用一个行政手段，而且是上升为法规来规定一个站点只能6条线路，你设想一下会是一个什么样的结果？但是我们又不能简单地去说，你不能这么做，我们要有理有据地去告诉对方。所以我在网上发了个帖子，我说了一些这方面的理由。这些事情是要通过一定的途径和手段来改变的。

有一个成功的例子是去年，审议《轨道交通管理条例》，一开始是禁止折叠自行车带上地铁的。这是我们通常的做法，就是为了管理的方便，同时也有一部分老百姓认同。这种前提之下，就采取了这么一个措施。但是我不赞同，但我又不能简单地去反对，要有理有据，所以我请我的研究生做了一个700份的民意调查，然后又搜集了大量的国际案例来说明这件事情是可以妥善处理好的。不能简单的就是禁止，但是也不能简单地开放。我们得有条件地进行开放。比如说，应该允许携带折叠自行车，但是前提是不能过分地侵犯别人的利益，要注意安全，要注意保洁，要注意尽量地缩小占用空间。那么在这种前提之下，给百姓提供方便，鼓励百姓多乘坐地铁。而且我们这个观点是得到民意支持的，有75%的百姓表示非常赞成或赞成。那么我把这个拿到人大常委会去审议的时候，我们陈书记也认同了我这个报告，后来就对条例进行了修改。所以我很认同刚才王老师你的观点，就是我们真的是应该有所作为。

王传宝——就是刚才少磊的话我也很赞同。就是我们怎么看待媒体和规划部门的关系的问题。虽然我是高校的老师，但实际上也跟媒体打交道比较多，也经历过很多事情。比如说，以前的紫金山天文台观景台的问题，包括还有鼓楼高层建筑的问题，还包括城西干道的问题。媒体也是在不断进步的。刚开始，当百姓的感觉与规划部门的意见出现强烈相左的时候，媒体习惯性的会站在老百姓的立场上，可能不够专业，当然现在媒体的专业水平也在不断提高的过程当中，这是一个我们需要考虑的问题。所以我觉得媒体和规划部门这样一个关系，实际上更多的是起到一个纠偏作用。最高人民法院院长讲媒体经常越位，给司法独立造成了一些影响。但是我们讲，司法独立受到的影响太多了，行政意志、长官意志、金钱都可以影响到这个司法独立。这个时候强调媒体不要影响司法独立，实际上是不合适的。反而能起到一定的纠偏作用。比方说，观景台的事情是媒体炒掉的，反映了老百姓的呼声。包括现在这个城西干道，我们老百姓在非专业角度，就有不理解，“有好好的高架可以用，为什么还突然间要建一条隧道?”

王传宝——关于媒体和规划部门的关系，我想还有一个问题，我们的规划部门制定规划的刚性到底在哪里？就比如说城西干道，原来是没有规划的，所以媒体和老百姓就感觉到很意外。它是怎么能够通过的?

杨涛——我刚才的意思是说，第一，我们要有足够的耐心和宽容，容许错误，容许遗憾；第二，我们要尽力，想方设法避免错误和遗憾。足够的宽容和耐心，因为我们目前面临的政治体制和环境，让我们没有办法做到理想化，没有办法完全避免遗憾。因为我是当事人，我要说的遗憾和错误太多、太多了。但是我希望我们不是无所作为的，我们要有积极的姿态去。

比方说汉口路的事情，这个鞠靖知道。我跟他原来是不认识。我是在网络上跟帖，跟帖之后，他是通过网络上的跟帖内容发现了我，给我发了信。然后我知道他可能是一个记者，我就主动回了一个，然后才有他这篇南方周末的稿子出来。炒到今天，这件事情我可以跟大家打个预防针，这件事情没有办法解决，可能南京会留下一个永远的遗憾。这个也只是遗憾之一。要举的例子太多了，比方说，惠民河，这是一条多好的河啊，但是却被填掉了，我当时是坚决反对的。在规划局内讨论的时候，当着局长的面我是当面表示我的观点的，我们规划院的杨总，同济大学搞历史文化保护规划的，听到我这个搞交通的也反对填惠民河，非常激动。但是非常遗憾，虽然我们反对，没有能够扭转这个局面。而且这个事情不仅大众不承认，这个事情做完半年以后，市里面的主要领导就觉得很后悔，做错了。

鞠靖——我前段时间看了一段材料，有个人写了一篇文章，我没看具体内容，但是题目叫做《消失的河流》，就是讲南京的，最近30几年消失了34条河流。

——杨老师，围绕中山东路，我想问一些很微观的问题。中山东路改造之后，媒体和群众大部分是表示赞同的，但是确实是有一点遗憾。这个遗憾就是在城东干道横穿马路这个问题比较严重。它很可能导致管理的成本上升。这就涉及我们在交通管理上的一个理念，就是如何把钢筋混凝土和沥青和民众的生活习惯以及和一个特定的地理区域位置能够结合起来?

我认为现在中国这种交通混乱的问题，在美国其实也不是能够完全按照交通规则来办的，到纽约也能看到到处都是横穿马路的人。人的位置会导致社会结构的变形。另外一个如果是一个特定的位置，比如某人的太太在医院，他必须赶到医院，但是面前是红灯，必须等到绿灯才能过马路，作为一个伤者在医院的家属，他是一种什么样的心情，我们有没有去考虑过这一点。这种时候特定事件本身他会加剧这个行为的发展。所以说作为一个规划方面的专家，就目前这个道路，有没有可能我们通过大量的警察和保安的投放，能够通过道路的设计化解呢？就现在这个情况，从技术层面上来讲。

杨涛——这个问题是非常值得考虑的，这是很细节的问题了。我们中国的规划部门一开始是建设局或者建委底下的一个科，后来慢慢地变成一个独立的局，这个局是二级局，然后现在变成一个一级局，但虽然是一级局，几乎90%以上的规划局是在建委的统筹下面，所有的经费都是在建委名下，建委完全有权直接否定规划局的规划。现在只有上海、北京、深圳这三个市，规划部门是真正完全独立的一级局，是市委市政府直接统管的。这样的规划才是有足够的权威性。

你说的是太正确了。比如说龙蟠中路，就是太岗路，这条路拓宽到50米，当时我们规划出的红线必须是四块板要有中央分隔带的。因为这条路车速非常快，沿线没有什么其他的建筑。从行人安全的角度考虑，我们才强调要做成有中央分隔带的四块板的路面。这么大的尺度，让一个正常健康的青年人，要在20秒之内跨过10个车道，这是根本不可能的，更不要说老年人和儿童。这个事情按道理来讲，如果规划有权威性的话，那绝对应该按照这个来办，当时施工的时候，市长一句话，建委主任一句话，就把它变成了一个一块板的断面。结果半年多时间还不到一年，这条路才1公里多，死了9个人。整个玄武区一年大概交通事故也就死十几个人，它占了有2/3，鲜血淋淋。

——我还有一个问题，我对鼓楼比较感兴趣，因为鼓楼在南京的位置应该是有一定的识别性的。目前特别典型的一个案例。就是紫峰大厦，现在是450多米，号称比紫金山还高，但我知道在学界存在巨大的争议，我想您肯定知道。我想问一下，河西那边我觉得高度还不足以才成为一个国际性。这么些高楼，整个天际线，与鼓楼民国建筑的呼应关系，您觉得应该怎么协调？

杨涛——我毕竟只是一名交通专家，虽然也懂一点城市规划，这个问题很复杂。就我现在的能力还不能给出个非常完满的答案，或者说我自己没有形成一个完全能够说服我自己的想法。这个地方建高架是绝对不可能的，我相信任何一个市长书记绝对不敢拍这个板，不会愿意拍这个板。(地质条件?)不是的，这个地方太敏感了。

关于紫峰大厦这个事情，这个过程大概也有20年了。鼓楼因为是敏感地带，规划、研究一直在做，我也参与过很多。拿整个南京旧城来讲的话，如果我们的领导真正有很高的审美价值和历史观，南京老城就不是今天这个样子了。我们当年到南京来上学的时候那是一个多么好的城市，现在已经不是那个情况了。所以要宽容和理解，毕竟现代人的生活，现代人的使用产生的结果，我们也不要过多地去指责。紫峰大厦建在这个地方，从审美的角度来讲有一定的道理，它这种对比，周边开阔的空间感确实有它的优点。当然每个人都有不同角度的审美，不能绝对化。从功能的角度来讲，我个人认为这个地方交通问题是一个最突出的问题。所以当年我们在做这个地块交通影响评价的时候是研究过的，包括现在的建筑退让、周边道路的交通组织、停车位的配置，我们都是按专业的眼光给它建立了很多的条件，总体来讲也是按照我们的方案实施的。当时的配建车位如果按照南京的配建标准估计要配5000个车位。那么设想一下5000个车位放在这个地方，从体量上面来讲有这种需求，但是不符合现实，道路网完全无法承受。那么只有转变人的出行行为，因为这个地方是一个地铁换乘枢纽。按照国际的经验来看，地铁的容量是非常之大的，如果80%的人乘用地铁的话不会造成很大的交通压力，最后配的车位大约2000个。最后我们和他们进行了沟通，他们的建筑往后退后了20米。一方面，他们也有专业人士，是明白道理的，另一方面做开发商的工作，告诉他，这个事情不光为了城市，是为你自己(开发商)着想。

邱建新——您刚刚提到一个如何提高地铁承载量的问题。南京的地铁主要是在主城区，这里我发现南京在道路设计、地铁设计上一个非常大的问题。像国外很多地方，它的地铁在城郊结合部，那里有很多大型的停车场，让很多人可以免费停车乘坐地铁到市区去办事。但是南京几乎所有的地铁口都没有一个大型的停车场，如果我们的地铁旁边全部搞的是房地产开发，搞得越多对地铁功能的发挥越是不好的。这作为一个规划问题来讲是很重要的。

杨涛——这个问题跟我刚才讲的一样，这个事情也是要有耐心的。我跟周局长提过很多次了，我们不能只有一张交通网，我们还有很多工作要做，每条线每个车站周边的土地利用调整、配套设施的规划都要做。

鞠靖——你刚才说到地铁一号线90%是成功，10%是失败的，能不能跟我们具体说一下？

杨涛——失败主要就是当时沿线的配套没做好。为什么说90%

是成功的呢，比方说新街口这一带，规划部门还是功不可没的，他留下了大概有 17 个还是 19 个出入口，他所有的案子批的时候都跟开发商谈过，这个也是不容易的。我当事人是很清楚的，在中国这个阶段，你要挑毛病实在是太多了，但是你横向比较，我们南京无论是城市规划、交通规划各个方面你跟其他城市比的话还是有很多成功之处的，尤其交通方面，我自己做这一行，有很多遗憾，但是大的框架、大的路向还是把握得比较好的。

鞠靖——现在存在两个现象，第一个就是说城市规划建设专家这个圈子是一个相对比较封闭的圈子，就是说“闷声发财”。他有什么想法他不说。他不会向媒体或者其他人说我为什么要这样做？即使媒体报道了，他也不吭声的。因为这个财他已经发到了，政府已经给他了。他不愿意来解释这个事情。

杨涛——你不能这么说，不能这么理解。在有些事情上面，媒体的报道显然是不全面的。

鞠靖——我的第二个感觉就是媒体的话语权这方面在中国受到一定的限制。

杨涛——我打断你一下，所以说这些先生们不敢也不愿意跟媒体（透露），这里面有很大程度上就是因为这个原因。当然我理解，还有很大程度上是现在媒体的辨别能力、自身的职业操守，这方面是有很大很大的欠缺。所以，每当面对媒体的时候，我也是非常小心谨慎的。但是我并不是一味地拒绝，我还是接受采访的。

鞠靖——我正要说这个事情，就是说媒体在专业技术专业知识包括职业操守方面无法取信于专家。

杨涛——是，没错。

——我觉得这个背后的事情是，媒体本身确实获得不了更多的真实信息，我们很多的这些信息几乎是对公众封闭的。

鞠靖——那么我们怎样来解决这两个问题呢？

杨涛——所以我刚才为什么要说我要发个短信给现代快报的记者呢，我有这个愿望呢。比方说，就是交通问题，现在出现某些问题的话，我们以某种比较体面的也是比较稳妥的方式把专家跟媒体能够结合起来。我可以不用实名，我可以用一种第三者的这个角度发表一些更专业的、更符合理性的看法。这样的话可能起到一个很好的效果。你认为呢？

鞠靖——刚才休息的时候我跟几位老师也交流了一下，我们搞这个东西有一个附加的功能就是想做一个中介，这边是媒体，这边是专家的知识，作为一个中介。比如说你以你的方式，媒体是在这样一个场合获得这样一个信息，但是他可以不说具体是谁透露这个信息。

杨涛——我希望就是在媒体介入这个事件之前，已经由专家在背后引导，而不是说媒体介入以后，然后再回过头来去吵。选题只要是百姓关注的，你任何一个题目都可以去报道，都应该去报道。关键是说你以什么角度、什么深度、什么广度去报道，你应该有所交流。

鞠靖——我举个例子就是说，谁提供炮弹，提供什么样的炮弹给媒体，再由媒体把它打出去。

——这个问题我认为实际上是一个公平社会的问题，我们习惯上所讲的公平社会，在西方社会有很多势力，比如说我们围绕着城市交通，是不是有这样一批学者和专家们对这方面有理念有探索，能够作为一个智囊团或者专家团，它是独立于政府也独立于媒体之外，这样一种角色他可能更冷静，更客观地做一些指导。

杨涛——对呀，这个事情我们没有延续下去。大概在5年前，扬子晚报的主任记者顾煜的“关于中国的小汽车发展问题”它是作为一个经济版的专题报道，我跟她谈了两个小时，写了一篇很好的文章，我本来是希望当时她这种方式能够延续下去，结果就到此而已，就到此为止没有继续下去。我不知道现在媒体什么原因，很遗憾，我们的平面媒体，我们的视频，实际上是南京的这些媒体报道空间太窄了。我经常说我老婆的，我说你成天看那些张家长李家短的有什么意义呢？但是她喜欢看，那说明就是说现在南京的媒体呢在主动地迎合。

——这个是收视率的问题。关键问题是观众需要。关键是要多样性，要有深度意义上的。

杨涛——我觉得我不要求所有的报道都要有深度，但是，媒体应该有更深的、更专业的内容出来。

——就是我们说的专家当然不仅仅只是为了鉴定包括规划这方面的问题，也包括我们这些写东西的人，就比如说城南，我觉得他们想坚持自己的独立判断有很多困难，压力太大了，有正反两个方面的压力。我举个例子，比方说总统府的照壁，我觉得南京是一个市民文化很发达的地方，是坏处也是好处，你可以说他家长里短，鸡零狗碎，但同时呢，老百姓包括一些老大娘，你发一个数据，如果她觉得不合适，她就可能会爆料媒体的。总统府照壁在拆除的时候第一次是遭到群众围攻的，施工无法进行，然后群众就要求拿出有专家审批意见的正规手续，施工方拿不出来。但是，很短的时间里，就拿出来了。其实我曾经采访过很多相关人员。就是说，如果你在这个圈子里面你不听话，你刺儿头，那咱们下次就不带你玩儿了。

——从这个意义上说，这个专家的声音，我觉得也有点……

——所以这个就是寡头，寡头在一起就麻烦了。

——我觉得也不能够全怪是专家没有站出来，你要在这个圈子吃饭呀，现在吃饭这个是一个很大的事情。我曾经采访过中国几乎所有的建筑方面的大师，他们在私下场合我们交流的时候，对于这个东西都有很清醒的认识，却很无奈。

——你在这个位置上，你还有其他商业利益，你还有领导，你还有其他员工。

杨涛——所以我说，第一个我们不要把目标放得太大了，或者说期望值太高，第二呢，我们还是积极地去探索一些途径。

——但是这个城市规划有一个什么问题，像您说的，以后我们可以再改动。但是城市规划里面有一个最重大的问题就是，在很大程度上具有不可逆性。你说你错了，我们罚你可以，但是城西干道建好了以后怎么改动?

杨涛——这个事情你跟我想的一样的。

——你老城南有朝一日说拆了是不对的，但是我们还上哪里去找去。

杨涛——这个事情很复杂嘛，我们就是作为一个理性人的话，我们就像带一个孩子从小带大，如果你希望这个孩子成长的话，你是要每一步都应该精心设计，或者说这个，但是你要有这种思想准备，准备承受任何结果。有很多事情不是完全由你的愿望所决定的。所以，我的导师其实也是搞工程出身的，他是安徽安庆人，他也算是一个文化人，很有根底，我从本科、硕士、博士一直跟着他，他常念叨的事情就是说，任何事情的话凭自己的良心做事，做人第一，做事第二，然后呢，你自己按照自己的良心去做事，尽最大的努力，至于说结果怎么样，不完全是你自己所能掌控的。所以我想就是说，尤其是社会这么复杂，你不可能说是完全按照自己的意思。

鞠靖——那么我想问呢，顾老师呢，他是搞法律的，曾经因为高敏扬这个事情告过一阵子。

顾大松——是曾经吵过这么一阵子，高敏扬是这个样子，他是个技术专家，实际上现在也是我们人大这方面法律的重要的立法参与者。

因为我自己觉得呢，刚刚讲老城南，我最近一直在做一个事情，就是那个甘家大院的改造。现在不是被国务院还是建设部叫停了嘛。但是我们觉得，里面强行动手，就是上层先决定，就是强拆决定。然后现在在白下区，让我给他们做代理。我感觉到一个问题，可能在城市规划问题当中，有些问题是法律没有跟上的。在甘家大院的搬迁问题上，当时他们创设了一个叫“强制搬迁”，我们现在叫强拆，“强制拆迁”，拆和迁合在一起了。那么白下区政府下了一个决定叫做“强制搬迁”，就是把人搬走，但是房子不一定拆，但是到后来还是把房子拆掉了。但是实际上我们也在思考，就是说城市规划、城市建设的法律这一块，可能比较欠缺，可能这是一个很重要的原因。

我们院也搞了一个叫“城市发展与法制研究所”。我特别想请教你一个问题就是，法律有时候要对这种城市发展的事情，怎么样才能顺着它的路走下去？就是能不能有一种规则引导一下？可能我们法律上的人不懂这一些，好多人都是从法律事后的结果来讲这个规划违法不违法。但实际上前期规划它就已经发生了，不可逆了。这就是说法律在这个中间的参与是非常重要的。我们一般来讲的参与就是听证啊什么的，但是它不仅仅限于这个块，所以我就想在这方面请教杨院长，你在人大也参与这样子的事情，比如说，法律在这种规划引导它的参与，这方面前期的工作上应该怎么做？因为我们也是想在这方面想思考，甚至是从我们东大法学院有所发展这一块。就是说我们院呢，因为是工科院校，想要有所发展的话，在传统学科可能不大好搞，现在搞了一个985二期的交叉工程，就是工科和这个文科交叉的这么一个工程，我们准备搞一个基地。所以我特别想了解就是我们规划这一块。因为规划它上升到法律层面的一般都是事后的。前期的这种参与，上次省法的规划条例的辩论会我还跑去辩论了一番。所以我觉得在这一块在以后还更多和杨老师您进行交流。因为觉得事后讲，现在法律介入的太少太少了，这个规则没有前期的规则，是这样一个概念。

鞠靖——我曾经采访过国际规划协会的主席，他不是学建筑也不是学规划的，叫皮埃尔，比利时人，他是双博士，是学法律和历史的，他是国际规划协会的主席，我跟他聊的时候就问他，你这个怎么当上？而且他还做过意大利的一个项目获得过联合国的人居奖，你不是学这个的怎么做这个东西啊。他就讲就是说，欧洲的这种观念，做规划首先不是说技术啊，不是的，首要理顺的是法律关系，这块地的权属产权，征集民意，包括这个地源的问题。他觉得他的专业，法律、历史再合适不过了。但是在我们中国那就是不一样了。

——我就想说的是，可能城市啊，它是一个形成的过程，规划它是一个形成的过程。关注结果，建成建筑。法律就像你们开始的时候讲的它的规则意识比较重要，我们现在可能很大程度上这个规划就是墙上挂挂，纸上画画，然后就是各个领导的一句话。

杨涛——你要说到这上面呢，这个又是一个很大很大的话题。可以肯定，城市规划无论是从结果、还是从过程，它就是一个公共政策。它既然是一个公共政策的话，它协调的是公共利益嘛。所以从严格意义上来说，城市规划必须是有非常强的法律来支持的，而且是非常具体的、细致的、全面的法律来支持的。否则的话，就会到来很大的问题。所有的这些问题归结到就是这个本源上。但是从目前来讲，我们这个国家现在远远还没有到这个程度。这个东西恐怕不是短期内能够突破的，这个恐怕一百年两百年。这个我想还不是那么容易做到的。

杨滉——听了金老师的话，我再补充两句，因为刚才讲了半天，我们讲的都是结果形成的机制，但实际上我们要想出更好的办法，讲了半天还是体制问题，所有问题归结到最后，我们的作为呢？其实就刚才说的这些我归纳一下，能够比较现实的解决的，还是靠媒体。只不过就是说，一个是媒体的素质问题，或者说更直接的就是媒体的机制是如何形成的，就比如媒体在报道的专业性上以及它的职业操守方面，在它的专业水平方面，包括行政机制，有一个专题或者怎么样出来，在这个问题上它的空间实际上是非常之小的。

杨涛——杨老师，我倒是觉得对这个不完全认同啦。其实，我要说期望在哪里，我是说期望还是在于我们中国的知识分子精英团队。因为每一个人他的角色不一样，他的岗位不一样，但是他的责任是一样的，他都是中国人，中国的民主政治、社会进步，希望中国的知识分子能够在自己的岗位上，能够尽到自己知识分子的责任，能够为这个国家去尽各自的责任。媒体是媒体的责任，我现在是我的责任，我现在角色也比较多咯。人大的、专家的、企业的，各种身份都在，但是就是你可以任何一个岗位的话都可以发挥你的作用，就是大家要形成一种合力。

我今天来的话，跟大家交流也是以这么一种愿望，就是我有我的专长，有我的岗位，我可以通过我的影响力来影响这个社会，来影响政府的决策。媒体，我希望也这样，你们也很重要。但是我们过去可能是各自认为我这一块是最重要的。恰恰中国人缺少的是形成合力，合作起来。所以我现在，我抱的心态就是说，比方说跟领导，他领导有自己的个性，有自己的判断，但是我是个专家，我认为的这件事情，正确的方向是什么样子的，我以一种合适的方式告诉领导，希望领导能够接受。

往往很多情况之下，领导也是通情达理，也是理性的。那么，我相信就是说，你的大部分的东西，他应该还是能够接受的。但是领导也是社会人，领导他上面还有更大的领导。第一，他判断不可能全面。第二，他的决策他不可能完全是由他来决策，所以说你提出来的东西他不一定完全接受。不一定完全接受的一种原因，可能他自己本身的原因，可能是他的观念、他的认识和判断跟你不完全相同，第二，他可能同意我，但是他有更大的领导在左右他。这种就不具体来举例了，其实是比比皆是的。

——我比较能赞同杨总的看法，领导层的觉悟它实际上属于自娱的范畴。实际上我们之所以说媒体有力量，包括知识分子发言，通过媒体发言的话，能够放大这种效应，能够启蒙更多的人，或者说能够产生更大的影响。从这个意义上来说，从杨总说的这个媒体，我可能更偏向于我自己所从事的这个方向。

杨溟——就是新闻媒体这一块。就是前面一个讲的。个人自身的素质的提升和悟性的提高，这个肯定是很重要的。但另外我觉得还可以分析的是，恰恰是一种机制性，在机制性方面我们可以发挥更加重要的职能。就是我们最后能够决定的或者评价的，不要只限于表象的或者结果的东西，而是要看清这个性质。

杨涛——所以我是很看好媒体的，因为有了互联网以后。这个几年啊，就是有多少重大的事情因为媒体的介入以后，转变了。这就是媒体的作用。

王传宝——以前是官员影响媒体，现在是媒体也可以影响官员。

杨溟——这是对媒体自身要求的提高，就是你新媒体来了以后，你这个机制不是那么容易的，他新媒体比传统媒体更快，你不要说他事先再来请专家什么的，根本不可能的。他没有时间，就把事情发出去了。

郭静——我只是说说我自己的经历，我原来在合肥的时候，有一段时间公交公司，突然说要压缩公交线路。本来有100多条的，它说要压缩到60条，这样在当时就很可笑。当时城市在扩展，公交线路应该是不断在扩展，你怎么能还压缩公交线路，然后它这个方案一出来，所有的媒体都在报道，而且全都是负面的报道。但是一开始媒体报道都找不到很好的切入点，就只是在不断地找市民来讲，我本来怎么怎么样，你现在路线换了我就怎么怎么样，就始终在关心他的结果是什么。然后到后来，这个方案的一稿出来，二稿出来，三稿出来，直到最后要定稿的时候，这时候才有一个专家出来，是行政这方面的专家，他说，你们不应该只关注他这个结果从100条减少到60条这个变法对不对，合不合理，你们应该关注的是像这种变化他是不是应该进行听证，他的过程他的程序是不是公正。然后根据专家的意见，然后我们就开始报道该不该要进行听证。然后三稿最后没有出台，这个事情就解决了。

杨涛——所以这点上面来讲呢，她说得很对，就是你们媒体注意一个角度，就是要有理有据。就是要让他不得不承认。因为实际上中国不缺法律不缺制度，就是你要在这个法律和制度的情况下，沿着这条线你去追根究源这个过程，他自己是不是按自己说的去做了。

杨溟——杨总你给了我一个非常大的启发，就是对媒体智慧啊，你去追踪他的角色过程，恰恰就找到了他的角色。

杨涛——所以现在媒体的监督很重要，所以说这种是很有价值的，你这种去追问的话。我现在就是说我为什么非常感谢媒体，实际上媒体只要真正有深度的报道，或者真正有水平的媒体的话，它是顺着这样的一种规则。

鞠靖——今天感谢大家抽这个时间来聊一聊，我们今天虽然是围绕这个交通，这个中山东路入手，但是我觉得我们还是涉及了很多的话题，比如决策的过程，法律制定的过程，媒体的作用，我们可以做什么，我们现在存在什么问题。涉及的话题还是非常多。我觉得应该是各自都有自己的收获，应该是这样的。我们是希望今后这样的活动能够定期化、经常化，能够让大家觉得愿意来。

开征汽车燃油税　停征养路费

都10年了，汽车燃油税还难产。

江苏25位人大代表联名提交建议：开征汽车燃油税，停征养路费。

在江苏代表团25位代表联名提交的这份关于征收汽车燃油税的建议上，记者看到了如下信息：

此建议形成方式：专题调研；

建议内容多年多次提出：3年；

希望承办单位在办理过程中加强与代表联系沟通……

在上述内容上打钩的，是这份建议的主提案人、全国人大代表、南京交通规划研究所所长杨涛教授。

连续三年呼吁开征燃油税

“燃油税开征可谓10年难产！”杨涛说，他这是连续第三年提出相同的建议。1997年由全国人大通过的《公路法》明确了以燃油附加费(后于1998年改为燃油税)替代养路费。但据称由于汽车“费改税”涉及农用车辆、运输运营车辆成本与补贴、国际油价居高且不稳定等多方面问题需要妥善解决而被一推再推，国家有关部门也多次做出解释和择机出台的承诺。“但我们认为，上述理由并不充分，开征燃油税不能再拖，必须尽快出台。”所以，这次他作为主提案人，再次强烈呼吁：尽快停止公路养路费征收，开征汽车燃油税。

小汽车过度使用增加路堵

作为国内知名的交通规划领域的专家，杨涛整天与城市交通问题打交道：“我国已经进入小汽车爆发式增长期，许多城市和地区私家车增长率已经连续多年保持30%甚至50%以上，由此导致城市和城际交通拥堵日趋严峻。不但特大城市大城市拥堵严重，不少中小城市也开始出现拥堵；不仅中心区拥堵严重，城市外围道路也比较拥堵；不仅高峰期拥堵，平峰期也比较拥堵。涉及城市之多、拥堵面之广，是前所未有的。”

杨涛分析，造成这种局面的原因是多方面的，其中最重要的原因是城市和城际交通供求失衡。尽管近年来各地投入巨资加快道路交通基础设施建设，但仍然远远跟不上小汽车的增长速度。不仅如此，统计资料显示，我国的小汽车使用率大大高于发达国家的使用率，小汽车拥有量增长和小汽车的高使用率双重因素叠加，使道路交通负荷雪上加霜。

五大后果不能不防

虽然从拉动消费、发展汽车工业的角度而言，小汽车的迅速发展是件好事。但杨涛建议，在具体的消费中，小汽车应该有节制地使用，否则带来的后果会很严重：一是造成城市与城际道路网络不堪重负，交通拥堵日趋严重，由此带来的有形和无形的经济损失十分巨大；二是因不断修建公路和城市道路而造成大量的土地资源浪费；三是造成能源消耗飞速增长，加剧能源紧张；四是造成城市环境恶化，人居环境遭受破坏；五是影响无车者、公交乘客出行的权利和道路周边居民的生活环境。

用经济杠杆调节汽车使用

杨涛介绍说，国际上通行的做法是通过燃油税的设置，鼓励汽车的购买，抑制其无节制地使用。在这样的税收杠杆引导下，人们把小汽车只当成休闲、旅游、度假和应急的交通方式，而非日常通勤交通方式。

对于开征燃油税是否会带来汽油价格的上涨问题，杨涛表示，在停征养路费的基础上开征燃油税，正可以使得汽车使用率低的消费者减负，也能使高频率的使用者适当减少汽车的使用。用经济杠杆来引导人们理智使用小汽车、避免过度使用小汽车，是一条既非常必要又非常有效的调控政策。因此，紧急呼吁国家有关部门尽快消除出台燃油税的人为障碍、体制障碍，依法开征燃油税，以遏制城市和城际交通拥堵日趋蔓延加剧的势头。

快报特派记者　郑春平　陈英

来源：现代快报　2007 年 03 月 01 日

发展交通不能只靠高速公路

【南京日报北京3月10日电】全国人大代表、南京交通规划研究所所长杨涛在接受南京日报记者专访时说："交通运输行业是国民经济的重要产业，但目前我国交通运输行业结构不合理问题还比较突出，尤其是区域性运输结构中，铁路和水运的优势未得到充分发挥。"

过多依赖于公路交通，导致高速公路建成后很快就饱和

1995年时，我国高速公路拥有里程数排世界第36位，但目前已达到世界第2位。以较发达的长三角地区为例，这里人口、城镇、产业密集度高；环境压力大；资源短缺，经济发展更需要迅速改善城际间快速交通。经过大力建设，目前长三角地区高速公路初步成网，城际间汽车运输联系方便。但随着客户需求越来越旺盛、运输结构不合理，过多地依赖于公路交通，高速公路建成后很快就饱和。如沪宁线，已由双向四车道拓宽到双向八车道，仍赶不上车辆数量增长的速度。

铁路发展严重滞后，影响地区经济发展

杨涛代表告诉记者，目前我国铁路里程是世界铁路总里程的1/6，承担的运量却达到1/4，发展严重滞后。同样以长三角地区为例，由于电气化改造未完成，这一地区的客货运量饱和度相当高，严重滞后于地区发展需要。与世界上相似的城市带如东京—大阪—名古屋、伦敦—伯明翰—曼彻斯特、芝加哥—纽约—华盛顿比较，长三角地区铁路网密度仅相当于上述各城市带的1/10左右。再有，目前长三角地区高速公路已实现城市互通，但铁路却不行，宁杭间就没有铁路相通，宁沪、沪杭铁路运量也充分饱和。

未来5～10年，我国交通运输行业将进入阵痛阶段

水运交通也是同样，长三角地区拥有长江黄金水道，但水运优势远未充分发挥。因此未来5～10年，我国交通运输行业将会进入阵痛阶段。我建议，国家应调整交通运输发展战略，加大交通资源的整合力度，利用财税、价格等杠杆，按照高效、集约、环保的理念，突出铁路、水运资源的利用，真正做到公路、铁路、水运航空、城市轨道交通优势互补、协调发展。

南京要加大快速公交及公交专用通道建设

杨涛代表还就南京的交通发展现状提出了自己的想法。他说，目前我国许多城市的交通方式都处于转型阶段，城市道路压力大。这样的条件下，要加快轨道交通建设，结合南京实际就是，首先要围绕市委、市政府提出的“一疏散、三集中”和“一城三区”发展战略，构建快速轨道交通、公交道路网体系，带动“一城三区”开发建设。其次，要全面提升公共交通竞争力，塑造以公交为主体的城市客运交通模式，突出公交优先发展的核心政策，加大快速公交及公交专用通道建设；交通管理要为公交优先创造良好的条件，考核理念也要从衡量机动车运行速度转到衡量人的运输效果上。

杨涛代表说，目前公交企业面临着油价、工资上涨及车辆更新等压力，政府应承担起相应的责任，加大对公共交通的扶持力度，在公共财政补贴、公交场站建设、交通管理、公交运行路权等方面给予具体的保障。

杨涛透露，即将编制完成的《南京交通发展白皮书》中，明确提出当前及今后一段时期南京交通发展的战略性任务和重大对策，其中包括交通体系的整合、土地规划和交通的协调发展、提高公共交通的综合竞争力；提出以公共交通为主体引领城市交通发展、对私人机动车给予适当调控、时间区域差别化的调控措施等；提出了以科技先导，以现代科学技术合理使用道路资源等诸多具体的、可操作的办法。

城市公交：用市场化实现公益性

对于发展公共交通，我们并不陌生，这是提了20多年的口号，但如何发展的问题仍然在困惑着我们。2004年7月，全长22.5km、贯通北京闹市区的“康恩专线”正式停运，这条由北京、香港合作办起的第一条公共交通线在运营了7年后，正式退出北京公交运营市场。2006年10月，在北京运营了7年之久的北京巴士股份有限公司将拥有的110多条公交线路、6000多辆车整体移交至北京公交集团。在重庆，取得公交特许经营权的老板突然停止运营，理由是企业已入不敷出……

在大力提倡公交优先的今天，作为一种公共服务，公共交通如何在市场经济的大潮中谋发展？日前，记者采访了全国人大代表、中国城市交通规划学会副理事长、南京市交通规划研究所有限责任公司董事长杨涛教授。

杨涛指出，当前，政府加深对市场经济的认识，加强驾驭市场经济的能力和手段，是一个非常现实和紧迫的课题。在发展公共交通事业中，社会有什么需求，政府如何处理市场与需求的关系，政府应该发挥什么作用，企业应该发挥什么作用等问题都需要认真研究。提出公交特许经营权的问题，是因为它自身的特殊性——首先，它是解决城市交通问题的根本出路，政府必须给予优先发展、优先保障。其次，老百姓选择何种出行方式是自由的，政府不可能强制，公交运行质量的好坏，直接决定老百姓选不选择公交。因此，政府为了让百姓乐意选择公交出行，就必须按照百姓意愿制定严格的公交服务标准。第三，城市公交的角色和作用就是公共服务，尽管也需要引入市场竞争机制，但不能完全市场化，更不能无限、无序竞争。第四，由于城市资源有限，尤其是土地资源、环境资源的局限，只有把大部分的出行吸引到公交上来，才有可能避免拥堵，避免资源的大量消耗，避免环境的恶化。某种意义上说，能否真正确立公共交通在城市客运交通中的主体地位，关系到城市乃至国家的公共安全。

杨涛认为，这样一个行业的发展，是要通过企业来完成的。企业作为主体，要讲究成本和效益，要在维持合理的收支平衡和可以接受的利润水平下维持再生产，这就涉及经营性和公益性之间的关系怎么来处理。政府的作用是要解决市场缺失的调控功能。既然市政公用事业，特别是公交行业具有公共产品公益性的性质，显然仅仅靠市场的手段，很难维持企业的合理生存。

比如说公交线路，既然是公益性的，线路的开辟、运营的车次、票价的确定等就不能以盈利为主要标准，而要以百姓能够满意和接受的服务为主要标准。公交的服务标准不能由企业说了算，要由政府按老百姓的需求来规定。所以，它不能按完全市场化的行业来运作，而要设立特许经营权。这个行业的竞争不能是完全自由化的，是有控制、有限度的竞争。所谓特许经营权，实际上是政府按照百姓选择公交服务的意愿为企业进入公交行业而特别设立的门槛和标准。

杨涛强调，特许经营对服务的质量和标准是有严格考核指标的，如车辆档次、发车频率、到站准点率、服务满意度等。一方面要满足严格的考核指标，另一方面要制定与其他出行方式比较，更有竞争力的票价。这个票价不是以企业的效益、收支平衡来衡量，而是以整个交通系统的效率、效益，经济、社会、环境的综合效益来考虑的。所以，公交必须由公共财政来支持。

杨涛指出，推行公交特许经营的前提是必须设计建立一套规范而严密的制度。科学的公交特许经营准入和考核指标体系只是公交特许经营的第一个关键环节。除此之外，政府还必须建立起负责任的、专业化的公交特许经营管理机构和队伍，建立严密的考核评估机制，投诉和监督机制。在制度设计、准入标准、指标体系、考核评估以及审计监督等各个环节中，要充分考虑和发挥人大、专家、中介机构以及民意代表的作用。

杨涛介绍说，在其他国家公交运营有几种模式。一种在日本、北欧等一些福利性国家，公交不是采用企业化运作，而是作为公共产品纳入政府公共财政，公交企业员工纳入公务员系列。第二种用市场机制来运作的模式。如香港，由政府制定了非常严格的定量化指标，建立合理的机制，企业通过竞争，取得公交线路的特许经营权。只要一年中企业能满足政府核定的服务指标和标准，政府通过对企业的票价收入和企业成本核算后，保证企业合理的收益率，约在10%～15%。如果企业满足了政府的考核指标要求，一年中票价收入达不到这个利润水平，政府从公用财政中拿出钱来补贴企业的收入。如果票价收入超过了这个利润水平，政府就要求企业降低票价。通过这种调节，企业不会有经济上的负担，更多的围绕政府设定的指标来经营。那中国内地城市能否采用香港的模式?

杨涛认为，如果说10年前城市政府财政维持这种模式还有困难的话，现在，政府完全有财力维持公共交通的发展。杨涛表示，长期以来，城市政府对公交欠账太多，公共财政投入的优先次序颠倒。有人认为公交是一种纯投入，其实公交也是一种公共服务和公共产品。如果在观念上转变后，政府每年少修几座立交桥、几公里快速路，完全可以解决公交的投入问题。据了解，在每年巨额的基础设施投入中，由于公共财政监管体系未完善，加上前期论证不足、决策不科学、过程监督的不严密等，造成的浪费非常巨大，其中包括过度装修、重复建设、盲目建设等。目前，我国道路、桥梁等基础设施的寿命只有发达国家的1/3，这说明前几年，我国各级政府投入的几十亿、上百亿，甚至上千亿的巨额投入中，有相当大的部分是无效投入。所以，今年杨涛就提出了《建立理性化公共财政体系的建议》，希望政府要理性地使用好我们的公共财政资源。把这些钱用好了，从现在的城市政府财政上来解决公交优先、公交投入、公交补贴等，都没有问题。

杨涛认为，公交的特许经营化应是今后公交发展的主要方向。但他说，今后不管是用市场的手段还是政府公共财政的手段，只要是有利于公共交通发展、满足老百姓对服务质量的需求、对价格的需求，老百姓乐意、愿意选择公交，才是根本目的。至于采取什么样的手段，需要政府认真研究，不能排斥任何一种形式。

杨涛强调，公交企业由于长期处于计划经济体制下，企业没有营销的概念。但随着公交乘客的多元化、经济承受能力的提高，如果还仅仅以某一种票价来维持市场经营的话，是一种很不科学、不符合市场经济规律的做法。他介绍说，在国外，一个城市中常常有几十种票制，有年票、季票、月票、日票、联票等，票制非常灵活，是完全按照消费者的不同层次、不同需求设置使其乐意接受的票价。所以，杨涛建议，在公益性服务行业中也要充分应用好市场机制和市场营销等手段。

《中国建设报》2007. 3. 15

公交优先：一篇造福百姓的大文章

一了解到记者要采访公交优先话题，全国人大代表、南京市交通规划研究所有限责任公司董事长杨涛就拿出《政府工作报告》对记者说，温总理在《报告》中就提到要“坚持优先发展公共交通”。杨涛说，公交优先是一篇造福百姓的大文章，要做到公交优先，最重要的是政府要有强烈的意识，因为保证公交优先在技术层面没有问题，但如果没有意识去解决公交优先，想解决城市交通问题是根本不可能的。

公交优先：需确立公交的主体地位

杨涛指出，目前，城市交通处于一个非常敏感、关键的时期。一方面，老百姓收入水平提高了，不满足于过去那种步行、自行车出行的方式，不满足于低水平的公共交通服务；另一方面，城市的扩张，包括住房、就业调整后，出行特征发生了极大的改变。由于居民出行距离明显加长，所以就必须依靠机动化的交通工具，如果公共交通不发达，人们就会选择个体化的机动交通方式，如摩托车、电动车、小汽车等，在他可能接受的时间内达到他的出行目的。

他说，我国目前仍处于快速城镇化发展之中，大城市、中等城市，尤其是东部地区城镇化率提高得很快，在这种情况下，原有的道路交通基础设施已明显跟不上交通需求的增长。尽管近10年来，各地都投入大量、巨额资金用于道路基础设施建设，但还是跟不上城镇化快速发展带来的人口增长，跟不上小汽车的快速需求以及城市规模扩张、扩建以后的出行距离的增长。这些因素综合形成了当前城市交通严重的供求矛盾，城市交通的拥堵状况日益严重。

目前，公交优先日益提到日程上来。但杨涛认为，要想推广公交优先，就应该在小汽车普及之前，确立公共交通的主体地位。不然的话，当大家都用上了小汽车，再让大家放弃小汽车，靠公共交通出行可能性就不大了。他说，在十届全国人大一次会议召开时，我就提交了《尽快制定出台〈公共交通法〉的建议》，又提出了《国家要研究制定汽车交通政策的建议》和《尽快开征燃油税的建议》，就是要合理引导小汽车的有序发展、理性使用。

公交优先：一项系统工程

杨涛认为，公交优先是一个涉及方方面面的系统工程。

一是要抓紧公共交通的立法工作。据了解，建设部起草的《公共交通管理条例》已提交国务院审议。公交优先在法律层面上应首先解决公共交通的地位、公交发展的大政方针，包括公共财政的保障，公交运行环境、质量的保障等。

二是公共交通要明确它的公益性。公共交通是公共产品和公共服务，所以，在政府的公共财政中要优先保障。公共交通设施的建设运营、优惠的票制票价、对公交企业的财务平衡、弱势群体的补贴等，都需要纳入公共财政统筹安排；公共交通设施用地、建设时序的安排上都需要优先保障。

三是要在城市规划中落实以公共交通为导向的城市空间布局和土地开发的模式。杨涛认为，这是非常关键的。因为它是保证客流、引导城市节约开发、节省土地、节约资源、减少环境污染的一个关键举措。

杨涛解释说，因为资金的来源、成本的维持等都需要规划提供可能。比方说，轨道交通建设对中国的大城市来说是非常关键的，轨道交通不管是建设还是运营都需要巨额资金，如果仅仅简单地依靠公共财政投入和维持的话是非常困难的。他建议，可以按照国际的成功经验，通过土地的运作，以联合开发的模式或土地储备以后的征用，维持或刺激轨道交通的建设，包括公交场站。他说，由于公交场站是基础设施，无法讲回报，而我们现在也没有在政策上解决这个问题，所以，往往是我们做了大量的规划，但由于没有回报，公交企业没有资金、政府没有政策，所以往往耽误了建设。有时，一些小的场站政府想纳入到土地开发中，硬性要求让开发商来建，但由于没有政策机制来保障，现实是开发商能不建就不建。如果采用国外联合开发的成功模式，则会达到共赢的目的。因为公交枢纽、公交场站是交通可达性最好的地方，是最能聚集人气的地方，所以是土地价值最好的地方。国外采取政府与开发商联合开发，开发商提供土地、资金，政府允许开发商提高开发强度、提高容积率，实际上等于给了开发商额外的利益。这些场站中的很多都是和建筑融为一体，下面是场站，上面是建筑，既节约了土地，又解决了资金、带来了人气，实现了多赢，值得我们借鉴。

公交优先：政府要有强烈的意识

杨涛说，长期以来，我们的交通管理理念主要是保证车辆的畅通。畅通工程的主要指标就是车速。但这个车速里没有区分哪种车辆应该或者必须要保障的，哪种车只能是有条件保障的。如果所有的车辆都要保障，要达到满意的车速几乎是不可能的。如果说，10 年前小汽车主要是公务用车的话，今天，普通百姓私家车大量增长后，如果没有引导，想保障所有车辆的畅通是绝对做不到的。在这种情况下，城市交通的根本目的首先是完善人和物的出行，而不是车的移动。

杨涛认为，衡量城市交通的有效性就是能不能在可接受的服务水平下，满足大多数居民的生活、出行要求，所以，在这种情况下，我们应该优先考虑的就是保证公共交通。他说，在交通管理中，保证公交车辆的良好运行环境是非常重要的。现在，公交吸引力小、服务水平低，关键是交通管理的理念还没有转移到以人为本上来，转移到保障大多数人的出行便利上来。比如，公交站点的设置，要求离交叉路口 80～100 米远，但交叉口恰恰是不同线路公交乘客换乘的重要地方，这样虽然保证了社会车辆的畅通运行，但侵害了乘公交车人的权利，换乘很不方便，致使公交的服务水平大打折扣。另外，道路施工时也往往没有把保证公交线路的稳定放在首要条件，一遇道路施工，就调整公交线路、站点，这影响了公共交通的发展。如果说，前一部分的工作在于如何争取客源，那么，在快速城镇化的今天，各个城市每年都有大量的占路施工，如果不能保证公交线路优先，那么，因道路施工随意调整线路、站点后，原来习惯乘坐公交车的人也流失掉了。这样一来，前一部分人没有“抓”回来，后一部分人又失掉了，公交还有什么出路呢？所以，杨涛提出，政府一定要做好公交优先这篇造福百姓的大文章。

《中国建设报》2007. 3. 8

公交优先：城市交通发展的重中之重

——访全国人大代表、南京市交通规划研究所有限公司董事长杨涛

来自南京的全国人大代表、南京市交通规划研究所有限公司董事

长杨涛在接受本报记者采访时说，优先发展公共交通，是城市交通发展的重中之重。

公交发展要关注“盲区”

杨涛向记者介绍了近几年南京公共交通发展的情况。在20世纪80年代后期及20世纪90年代初期，当时政府对公交建设投入比较少，加上在公交市场上出现了一批中巴车，与正规的公交运营单位进行无序竞争，公交市场比较混乱。以上原因造成当时南京的公交出行比率很低，据统计数据显示只有8.2%。

为了解决公交发展问题，从1997年开始，南京开始实施公交体制改革，政府也对公交建设加大了投入，一系列措施的实施使南京的公交发展很快，在短短3年时间里，公交出行率从1997年的8.2%增加到2000年初的19%。2000年之后，南京的公交出行率还在持续上升。

总结近几年南京在城市公交发展方面的成功经验，杨涛认为，在公交发展过程中应该首先关注一些公交系统的“盲区”。他说，在很多城市里，存在一些几十年都没有得到过公交服务的地区，面对这些“盲区”，公交一定要想办法“开进去”。当然，要让公交开进“盲区”，需要各地政府大力支持，要投资修路，先打通公交盲区内必要的道路通道，确保公交车能够正常运行。其次，公交线路要向外扩张。目前各个城市住区建设都在向市区四周发展，对于公交系统来说，新住区建在哪里，公交线路就要开通到哪里。再次，要关注以往流失的部分客源。通过改善公交服务、加密公交线网、增加配车，以减少乘客候车时间和换乘时间以及两端的步行距离，提供方便的公交承运条件，使部分因为原来公交不够便捷而不得已选择其他出行方式的人群重新选择公交出行。

杨涛说，以上这三部分客源是最容易争取的，南京的公交系统正是因为重点抓住了以上这三方面的客源，才得以在短短3年的时间里获得了长足的发展。

城市交通正处于“阵痛”阶段。随着我国经济的发展，在很多城市中私家车呈现高速增长的态势，这使我国城市的交通拥挤度越来越高。尤其是类似北京、上海这样的特大型城市，高密度的人口加上私家车的高拥有率、高使用率，现有城市道路很难满足人们的出行需求。

在大城市中，在私家车快速增长的同时，城市各项建设还都在进行之中。各种大型的土木工程建设，包括地铁的建设以及道路的建设都还有待完成。城市中现有的路网条件本身不是很完善，大量的工程建设又占用了部分的路面，再加上私家车的冲击，所以现在公交的运行速度得不到保障，这是目前我国各大城市都共同面临的交通难题。

另外，杨涛介绍说，当前，公交企业也面临一些困难，例如油价上涨造成了公交的运营成本增加。目前，有不少城市都在计划进行公交涨价，但是他认为，公交涨价不是解决问题的根本之道，通过涨价来消化部分运营成本并不是公交发展的上策。有些城市原来公交售票的价格很低，存在一定的上涨空间，针对这种情况，适当的提高票价是可行的，但是如果因为涨价使公交系统流失了部分客源，那么这部分人群就又将增加城市交通的压力，这是不利于城市整体发展的。杨涛提出，当前，政府应该充分认识到自己的责任，应该加大对公交的投入力度，这其实也是一种基础设施的投入。

轨道交通将有效改善未来交通状况

面对城市道路越来越拥挤的状况，杨涛认为，大城市发展轨道交通将是大势所趋。几年前，有些地方政府领导眼光不够长远，认为建设轨道交通的成本投入过高，并且并不一定是城市发展的关键所在，不太重视轨道交通的建设。在采访中，杨涛一再强调，轨道交通是解决大城市交通问题的重要出路。只有保证公共交通手段的多元化，才能找到进一步解决公交客流的思路。他介绍说，南京的轨道交通建设工作在国内是起步较早的，目前南京的地铁一号线已经完工。

从目前我国的社会发展状况来看，许多业内专家也一致认为，应加强轨道交通建设。近几年，我国的经济一直持续快速增长，政府每年对社会公用事业的投入远远超出我们的想象。以南京为例，在“八五”期间，5年时间只投入了五六亿元，到“九五”期间，5年的投入就已经上升到100亿元，到“十五”期间，政府投入将近1000亿元。

在轨道交通的发展过程中，杨涛认为，停车换乘系统是现在需要重视的问题之一。他介绍说，南京的地铁一号线当初在设计时对于这方面的考虑不是很充分，今年他们在二号线设计的过程中，特意做了一个专门的课题，就是关于在沿线配套停车换乘以及公交换乘的研究。针对这个问题，杨涛一直在呼吁，在城市轨道交通现网编制完成后，对每条线路的沿线站点都应该做好地面配套交通设施规划控制。

杨涛说，我们不必过于担心大城市长远的交通拥堵问题。因为他相信，经过20年左右的发展，我国的各种公共交通设施，包括轨道交通的建设将得到进一步的完善，所以未来的交通状况一定会变得很好。我们迫切要面对的是未来5~10年十分紧张棘手的大城市交通拥堵问题。

公交优先发展有利于社会进步

优先发展公共交通使人们减少了对小汽车的依赖，这符合中央提出的“建设节约型社会”的理念。杨涛指出，用高效的、大运量的方式来满足人们的出行需求，这对提高道路资源使用效率是非常有利的。另外，我国的大城市只有在公交得到充分发展后，才有条件、有可能适应大城市高密度开发，才能进一步发展集中型的商业商务区域。从环保和节约能源的角度来看，公交优先更是城市交通发展的重中之重。

当然，要落实公交优先发展政策关键要靠政府。政府公共财政投放应该向公交倾斜，要实现战略性的转移。另外，从管理层面看，过去城市交通管理是遵循“以车为本”思想，杨涛认为，以全社会道路运行速度指标来衡量道路是否畅通的做法很不科学。

杨涛提出，现在我们发展交通应转换到“以人为本”角度来看待这个问题，要以道路运送人的数量来衡量这条道路的运行质量和运行效率。要围绕如何保证城市公交的优先通行路权、保证公交的运行速度、保证公交的方便性来做文章。

《中国建设报》2006.3.7 本报记者　林培

客运站外移解决不了城市拥堵

“客运站边缘化有三害一利。”在昨天下午召开的南京市交通局政风行风评议反馈及客运站枢纽规划“金点子”征集市民汇报会上，南京市交通规划研究所杨涛所长语出惊人。

针对这两年越刮越盛的客运站外移城市边缘的风潮，他表示，客运站外移不是解决城市拥堵的理想手段，反而会影响城市经济的发展和百姓正常的出行服务。

“外移”最受百姓关注

7月26日开始，南京市交通局通过多种形式首次向社会公示了《南京市公路客运主枢纽布局规划（市区）》，并向市民及社会各界征求“金点子”。15天公示期间，数千人通过不同的方式发表了13709条各种观点、建议和意见。相对于规划理念、规划格局，市民们更关注的是“客运站边缘化”的问题，并且呈现出正、反两方面的观点：大部分市民认为，应该坚持“以人为本”这一首要原则，不能片面地因为在城市中心地带设置客运站容易交通拥堵就把客运站一味边缘化，加大了旅客的换乘时间和出行成本，给旅客带来不便，也削弱了公路客运“门到门”服务的最大优势；持赞同意见的市民则认为，为减轻市区内繁重的交通压力，应该减少或撤销主城内公路客运站，

“边缘化”是必然趋势。南京市交通局相关负责人介绍说，此次公示中，对规划表示满意和基本满意的，占总人数的78%，表示不满意的市民占总人数的22%。

“边缘化”利少弊多

针对“客运站边缘化”的问题，南京市交通规划研究所所长杨涛在汇报会上提出了“三害一利”的观点。杨涛曾经参与南京市交通“十五”规划，同时率先在全国提出一小时都市圈的概念，对于现在全国刮起的客运枢纽站外移到郊区的“风潮”很不赞同。杨涛说，“三害”之一首先是增加了市民的出行成本、出行时间和出行体力；其次是害了企业，杨涛做过一个调查，市中心某客运站每年赢利可达到500万元，但搬迁到边缘几个月后亏损就达到近300万，春运结束后更是门可罗雀；再次就是制约了城市的发展。杨涛举例说，客运站外移后并不会缓解市内的交通，本来一辆长途车就可以把50个人一下子拉到市中心，现在却必须通过公交、出租车等城市交通接驳，就算2/3的坐上公交车进市区，剩下的1/3还是得打车或者有人来接，无形中的一辆车变成了十几辆车，不仅没有减少交通压力，反而加大了交通压力。杨涛认为，客运交通应当以人为本，公路枢纽应当像很多国外城市一样，完全设置在市区，甚至可以设立一种立体形式的交通枢纽，地面是客运车站，地下几层是公共停车场，地上部分则是大型商业设施，这样不仅解决了长途出行问题，也使这个地块的土地得到综合开发，得以统筹利用。

通讯员　王玮　金陵晚报记者　陶菲　实习生　史文金陵晚报报道

后记

中国城市的机动化时代正在到来，相对通俗但不很贴切地讲，也可以说“小汽车时代”正在到来。与已经经历过机动化洗礼的世界其他城市一样，中国城市正在承受着快速机动化带来的日趋严峻的道路交通高饱和、高拥挤的困扰。作者领衔的城市与交通规划设计咨询团队既有应接不暇的城市交通规划咨询业务，又几乎每天要承接各级领导关注的应急指令性任务，并经常接受众多媒体就城市交通拥堵、排堵方面的质询和采访。我们很清楚，作为从事这项工作的专业人士，担负着义不容辞的专业使命和职责，既要为政府和城市提供科学而可行的规划设计方案和建议，又要针对社会、媒体和公众所关心的交通热点、难点问题，从专业角度做出客观、公正而理性的解释、说明，以引导媒体和公众对城市交通问题症结、发展方向、解决途径有正确的判断与认识。

本书所收录的正是我近几年来响应政府领导指令、多家媒体采访以及本人出于对专业的热忱与责任所撰写或发表的一些评述、访谈和博客稿件。尽管本书大部分内容分别在相关著作、杂志、报刊及网络上发表过，但收录在一起，可以让读者较系统全面地了解一个专业人士对中国城市交通发展所处的阶段、面临的问题与挑战、正确的发展理念和解决途径等的理解与判断。所汇集的篇章也并非按原发表时的稿件全盘照收。有些内容恢复了在原书刊、报纸发稿前我自己的真实观点，有些内容在本次汇撰过程中作了更新、修正和校对，也有一部分内容(主要是博客稿)是未正式发表过的。

本书起初并未打算正式出版，而是在我过五十周岁之际作为纪念礼物送给我的研究生和我自己及家人的。后来与中国建筑工业出版社陆新之主任会面时聊起相关话题，提到这本小书，引起他的兴趣和关注。承蒙陆主任和编辑部的厚爱支持，能够在建工出版社出版，本人深感荣幸，深表感激。更令我感激不尽的是，邹德慈院士和全永燊教授两位著名的学界前辈欣然命笔，为这本不足挂齿的小书作序，使我受宠若惊！在本书出版之际，我也衷心地对我亲爱的妻子谢华女士和儿子杨旸表示深深的歉意与感谢。因为，本书中除了几篇记者采访稿之外，其余稿件都是在繁忙的工作之余，利用晚间、深夜或节假日写成的。我不但没有履行好家庭成员应尽的家庭责任和义务，更影响了妻子的正常休息和儿子的复习应考。而妻子的理解支持和儿子的懂事争气让我倍感欣慰。

杨涛

2010 年 7 月